社会病理学講座

④

社会病理学と臨床社会学
―臨床と社会学的研究のブリッジング―

畠中宗一・清水新二・広瀬卓爾

［編著］

学文社

執 筆 者

＊畠中　宗一	大阪市立大学	(序章, 第2章)
岩井　阿礼	淑徳大学	(第1章)
本村　　汎	梅花女子大学	(第3章)
＊清水　新二	奈良女子大学	(第4章, 第8章)
井上眞理子	京都女子大学	(第5章)
杉井　潤子	奈良教育大学	(第6章)
小宮　信夫	立正大学	(第7章)
秋山　博介	実践女子大学	(第9章)
内藤　朝雄	明治大学	(第10章)
植田　　章	佛教大学	(第11章)
中井　孝章	大阪市立大学	(第12章)
＊広瀬　卓爾	佛教大学	

(執筆順＊は編者)

◆ はしがき ◆

　本巻は，前3巻の企画と連動しつつ，社会病理学が固有に内在させてきた問題意識を，「臨床社会学」という名称のもとに止揚しようとするひとつの試みである。臨床社会学の特徴は，ミクロ・レベル，メゾ・レベル，マクロ・レベルの問題群に対して，アセスメントにとどまらず，社会学的介入を行ない，各レベルの問題群の解消・解決が指向されるところにある。介入という行為は，一定の専門性が担保された分野で行なわれるのが通例である。例えば，ミクロ，メゾ・レベルに限定すれば，心理学の分野で，臨床心理士，家族心理士，家族相談士などが，社会福祉学の分野で，社会福祉士，介護福祉士，精神保健福祉士，などが存在している。社会学の分野では，社会調査士，精神保健社会士（メンタルヘルスコンサルタント）などが，具体的活動をはじめている。したがって，専門性が担保されない分野では，介入行為それ自体が敬遠される。

　臨床社会学に関するイメージの多様性は，社会学的介入を行なうか否かの立場の違いが大きく関連している。これまでの社会学は，アセスメントにとどまり，介入とは無縁であった。このこととも関連して，第1部と第2部の記述には，多少のばらつきがみられる。その理由として，第1に，わが国における臨床社会学研究が，その「学」のイメージすら多様に解釈されていることを反映していること，第2に，臨床社会学の方法に関する共通理解があったとしても，事前評価，介入計画の作成，介入計画の実行，事後評価といった一連の介入プロセスに関する自覚の程度に個人差がみられること，第3に，フィールドにおける活動の有無が影響していると考えられること，第4に，問題解決指向における2つの方向性，すなわち臨床的問題解決と政策的問題解決の違いがみられること，第5に，テーマによってはその概念すら明確になっていない問題も存在していること，などが考えられる。

　しかし，これらのばらつきをもって，本巻がまとまりのない論文集として片

付けられてしまうことは本意ではない。本巻を一読して戴ければ，臨床社会学のスタンスがそれなりに浮上していると思われる。また個々の論文のなかには，臨床社会学としての知的インパクトを十分もった完成度の高い論文も散見される。

　したがって，臨床社会学には，第3部や第4部の記述に耳を傾けながら，社会学的介入を可能にする道筋を探索していくことがさらに今後の課題として存在している。また，〈臨床社会学というネイミングは使われないものの〉以前からの社会病理学的研究にも臨床社会学的な視点からみて注目すべき研究も少なくない。これらの社会病理学的研究の整理と統合といった地道な作業ももうひとつの残された課題である。本巻は，臨床社会学研究における一里塚に過ぎない。忌憚のない批判をいただければ幸いである。

　最後に，本巻の企画をお認め戴いた講座企画委員会および本企画にご協力をいただいた執筆者の方々にお礼を申し上げます。加えて，2002年11月末日の原稿締め切りから1年以上の期間，辛抱強く原稿を待っていただいた学文社社長，田中千津子氏にこの場を借りてお礼を述べたいと思う。

　2004年1月

編者を代表して　　畠中　宗一

目　次

序章　社会病理学への臨床社会学の貢献 …………………………………… 1

 Ⅰ　富裕化社会における社会病理現象　　1

 Ⅱ　社会病理現象の多発化と社会病理学　　3

 Ⅲ　社会病理学の現在と再生の条件　　4

 Ⅳ　社会病理学と臨床社会学　　7

 Ⅴ　社会病理学への臨床社会学からの貢献　　9

第1部　臨床社会学の歴史と方法

第1章　臨床社会学の歴史 ……………………………………………………… 17

 Ⅰ　テーマの限定　　17

 Ⅱ　アメリカにおける臨床社会学の成立　　18

  (1) 1920～30年代　18／(2) 1940年代　19／(3) 1950～60年代　20／(4) 1970～80年代後半　21／(5) 1980年代後半～90年代　22

 Ⅲ　日本における臨床社会学会　　24

  (1) 1950年代　24／(2) 1960年代　25／(3) 1970～80年代　25／(4) 1990年代から現在　27／(5) 今後の発展に向けて　28

第2章　臨床社会学の方法：ミクロ，メゾ水準を中心に ………………………… 33

 Ⅰ　臨床社会学における「臨床」　　33

 Ⅱ　臨床社会学の基本的枠組み　　35

  (1) 臨床社会学的アプローチ　35／(2) ミクロ，メゾ，マクロ水準間の相互作用　37／(3) 科学的社会学と臨床社会学の関係　38／(4) 介入プロセス　39

 Ⅲ　結果目標と過程目標の具体例　　42

 Ⅳ　政策・実践指向　　44

第2部　臨床社会学の展開

第3章　「文化拘束症候群」としての摂食障害 …………………… 49

Ⅰ　問題意識と目的　49

Ⅱ　生物有機体と心と社会システムの交差理論　51

Ⅲ　摂食障害(過食症)の診断基準　55

Ⅳ　摂食障害(過食症)の臨床社会学的仮説　57

Ⅴ　臨床例でみる摂食障害(過食症)　59

(1) 両親と過剰同一化と「自己受容の低下　59／(2) 自己の体型と理想とされる「細身型身体文化」との影響　61

Ⅵ　総括と今後の課題　62

第4章　アルコール問題 …………………………………………… 67

Ⅰ　社会・文化的問題としてのアルコール依存症　67

(1) アルコール依存症と個体条件　67／(2) アルコール依存症と社会・文化的要因　68

Ⅱ　わが国の飲酒文化とアルコール関連問題　70

(1) 飲酒文化と社会システム――アルコホリック・ソーシャル・システム――　70／(2) アルコール関連問題の概念と問題領域　71

Ⅲ　アルコール関連問題の実態　73

(1) 顕在的アルコール関連問題　74／(2) 潜在的アルコール関連問題　80

Ⅳ　社会的対応　84

(1) 寛容な飲酒文化とアルコール関連問題構築　84／(2) 臨床介入的対応　86／(3) 政策的対応　89

第5章　子ども虐待への臨床社会学的介入 ……………………… 95

Ⅰ　臨床社会学の特性　95

Ⅱ　子ども虐待の現状　99

(1) アメリカ　99／(2) イギリス　100／(3) 日本　100
　Ⅲ　日本における子ども虐待への対応の諸過程とその問題点　101
　　(1) 福祉的対応と司法的対応　101／(2)「道徳的義務」としての通告義務　106／(3) 十分に活用されない立ち入り調査権　108／(4) 児童福祉司に関する問題　108／(5) 親子分離後における子どもの受け入れ先の問題　109／(6)「親権」をめぐる問題　110
　Ⅳ　子ども虐待への臨床社会学的介入の可能性　111

第6章　老人虐待……………………………………………………………115
　Ⅰ　高齢社会における老齢者への偏見・差別と虐待　115
　　(1) 老齢者に対する偏見・差別　115／(2) 老齢者に対する虐待　116
　Ⅱ　老人虐待問題とその理解　117
　　(1) 老人虐待とは　117／(2) 老人虐待に対する理解のむずかしさ　118／(3) 自立と依存のせめぎ合い　119／(4) 普遍的な病理性の不在　120
　Ⅲ　老人虐待問題の真相──老齢者にとって生きにくい現代日本社会
　　　──　121
　　(1) 老齢者自身の声から　121／(2) 漫画というメディアから　123／(3)「あってはいけないこと」は「あり得ないこと」という論理の矛盾　125
　Ⅳ　虐待の2つのレベル──Elder Mistreatment と Elder Abuse──　126
　　(1) 老人虐待における「虐待」とは何か　126／(2) Mistreatment と Abuse との区別　127
　Ⅴ　臨床社会学が成し得ること　129

第7章　犯罪，地域，NPO──臨床社会学的自分史──………………133
　Ⅰ　法律学から社会学へ　133
　Ⅱ　思弁からフィールドワークへ　135
　Ⅲ　調査に根ざした理論の生成　137
　Ⅳ　コミュニティとコモンズの二層構造　140

Ⅴ　調査を通した理論の検証　142
　Ⅵ　犯罪防止NPOの5Cと5M　144
　Ⅶ　調査から実践へ　146

第3部　臨床社会学と実践的課題

第8章　臨床社会学とフィールド研究 ……………………………151
　Ⅰ　アメリカ社会問題論の伝統と臨床社会学――A.M. Leeの所説を手がかりに――　151
　　(1) 社会に関する臨床的研究とフィールド　152
　Ⅱ　問題解決志向性と問題探索性　154
　　(1) 問題解決志向性　154／(2) 問題探索性　156
　Ⅲ　問題構築と社会的対応　157
　Ⅳ　臨床社会学とフィールドとの関わり　160
　　(1) 負け犬論と共同作業論　160／(2) 研究者・実践者と対象者・当事者関係の原則　161／(3) フィールドとの関わりにおける経験的留意点――実践の魔性，ナルチシズム，マゾヒズム――　163

第9章　専門性の問題 ……………………………………………169
　Ⅰ　問題意識　169
　Ⅱ　社会病理学と臨床社会学の専門性　170
　Ⅲ　「臨床」という社会学のアイデンティティと専門性　172
　Ⅳ　分野別の専門性　174
　　(1) 医療の臨床社会学と実際の臨床社会学の専門性　176／(2) 高齢者分析の臨床社会学　180
　Ⅴ　結論　184

目　次

第10章　社会病理学の終わりと，自由な社会の構想から得られた2水準モデルの臨床社会学……………………………………………………187
 I　問題意識　187
 II　社会病理学と臨床社会学の何が問われるのか　188
 III　社会病理学の凋落　189
 IV　臨床社会学の可能性と問題点　194
 V　自由な社会の構想と臨床社会学　196
 VI　自由な社会についてのひとつの理念的な像　198
 VII　臨床社会学の2つの水準　203

第4部　臨床社会学と隣接科学

第11章　隣接科学からの期待：臨床福祉学の立場から……………………211
 I　問題意識　211
 II　社会福祉のパラダイム転換とソーシャルワークの価値　212
 III　痴呆症の人たちの「心の世界」をどう理解するのか　214
 IV　「痴呆とともに生きること」の先駆的な探求　216
 V　相互作用に焦点をあてた援助のあり方　218
 VI　「臨床社会学」への期待　222

第12章　隣接科学からの期待：臨床教育学の立場から……………………227
 I　教育臨床への臨床社会学的射程――「対象としての臨床」と「方法としての臨床」――　227
 II　現実の社会的構成過程――「現実の心理学化」と「心理学の現実化」――　228
 III　臨床社会学からみた教育関係の病理――「心理学の現実化」にともなう学校秩序のゆらぎ――　233
 IV　臨床社会学との対話に向けて　237

索引 …………………………………………………………………………243

序章　社会病理学への臨床社会学の貢献[1]

I　富裕化社会における社会病理現象

　20世紀後半以降のわが国に限定すれば，いわゆる社会病理現象の多くは，「富裕化」[2]と関連して出現してきたように思われる。ここでいう「富裕化」社会の病理現象とは，経済の高度化に随伴する負の社会現象である。このことにいち早く着眼した研究者に，故村上泰亮がいる。彼はその著書『産業社会の病理』(1975)において，「経済の高度化が新しい個人主義を育てる」という命題を提示した[3]。また馬場宏二は，「過剰効率社会日本の労働」(『思想の科学』1988年11月号)という論文において，バブル経済下にあったわが国の現状を，「過剰商品化社会」「過剰富裕社会」「過剰効率社会」のキーワードによって，鋭い社会診断を行なった[4]。村上泰亮や馬場宏二の認識には共通するものがみられる。それは，経済の高度化という肯定的な側面に対して，それを背後から支えているものに，「過剰─社会」という負の側面を自覚していたことである。すなわち，「過剰な富裕化」が，「過剰な商品化」や「過剰な効率化」の随伴結果であることを認識させたことである。しかし，過剰に生産された商品は消費されない限り，富裕化社会を維持していくことは困難になる。バブル経済の崩壊は，そのことを象徴的に物語っている。

　敗戦によってさまざまな水準における規範を喪失したわが国は，理念なき経済復興に邁進し，「経済大国」を築き上げた。しかし，少し冷静に判断すれば，それは，さまざまな忍耐のもとで人間らしさから程遠い生活でもあった。たとえば，日本的集団主義のもとでの「過剰適応」は，その典型である。企業や会社が利益を最優先するために，「過労死」という悲劇も出現するに至った。社

会全体が，企業や会社中心に運営され，そのしわ寄せが「家族や個人」の生活を息苦しいものにしてきた。これらは，経済の高度化の負の遺産として理解された。富裕化社会を経済的に支えてきたおとなたちは，富裕化の負の遺産に対して鈍感であった。豊かな生活を享受するためにがむしゃらに仕事に邁進してきたというのが実感に近いかもしれない。それは，高度成長期を支えた固定的な性別役割分業とも符合し，稼ぎ手としての自負を強化するものでもあった。

しかし，村上泰亮が指摘したように，「経済の高度化が新しい個人主義を育てる」という命題は，その第2世代にあっては，一方で富裕化を享受しながら，他方で大人たちの働き方・生き方への異議申し立てが行なわれてきた。おとな世代の働き方・生き方は，子ども世代にとっては，息苦しいものでしかなかった。

この世代感覚の差異は，幾分逆説的である。すなわち，おとな世代は，豊かな生活を享受することが目的であるかのように，組織に「過剰適応」し，「仕事中毒」というレッテルに甘んじた。おとな世代の生き方は，単に賃金の稼ぎ手であって，それは，家族生活や個人生活を犠牲にしたライフスタイルであった。一方，子ども世代は，富裕化のなかで育ってきた新しい個人主義あるいは私事化を享受する主体でもあった。組織に「過剰適応」し，「仕事中毒」というレッテルに甘んじたおとな世代と，富裕化のなかで育ってきた新しい個人主義あるいは私事化を享受する子ども世代の間にみられる世代感覚の差異は，富裕化を形成した世代と富裕化を享受する世代の齟齬でもあるが，その齟齬がお互いの世代に懐疑的になるところに時代の制約が付きまとう。すなわち，おとな世代には，富裕化の肯定的な側面が，そして子ども世代には，その否定的な側面がより強く意識されているのであろう。しかし，子ども世代のジレンマは，おとな世代に異議申立てをしつつ，現在の生活水準を落とすことに対しても抵抗感が存在する訳であるから，彼らの生き方は，迷路のなかを逃走するようなものである。このように富裕化によって育てられた私事化傾向は，おとな世代との齟齬を増幅し，多くの社会病理現象を出現させてきている。

II 社会病理現象の多発化と社会病理学

　富裕化社会が社会病理現象を多発化してきているのとは対照的に，社会病理学という学問は若い世代にとってそれほど魅力的なものになっていないように思われる。若い世代が多く集まる学会には，方法と対象の多様さを容認する自由度が存在する。このことは，富裕化社会が私事化社会でもあることと関連をもっているように思われる。

　なぜ社会病理学という学問は，若い世代にとってそれほど魅力的なものになってこないのであろうか。その理由の第１として，社会病理学は，社会学の連字符社会学として発達してきた。したがって，社会病理学の方法と対象は，多くを社会学のそれに依拠している。しかも，社会病理学の固有の方法論は開発されるまでに至っていない。このことは，社会病理現象の解明に社会病理学という名称を使用する根拠を希薄化させる。それは，社会学という範疇で十分展開可能であるからである。

　第２に，日本社会病理学会はその発足当初から名称をめぐる課題を合わせもっていた。すなわち，それは，アメリカ社会学とマルクス社会学という方法論の異なるものから構成されていた。アメリカ社会学に親和性をもつ研究者が，Social Pathology という呼称に愛着を示す一方で，マルクス社会学に親和性をもつ研究者は，Social Problem という呼称を好んだ。学会発足当初は，水と油の関係にある研究者が，社会病理現象への理論的・実証的研究という大義に大同団結していたが，学会の英文名称をめぐって問題が再燃した。和文名称が日本社会病理学会であるのに対して，英文名称は，Japanese Association of Social Problems で決着した。この決着は，世界の趨勢として Social Pathology という呼称が使用されなくなってきていることを反映するものであるが，和文名称はこれまでの慣例を引き継ぐというものであった。

　第３に，社会病理学という呼称のもとで社会病理現象の素材として取り上げ

られるものの一部に違和感が表明されてきている。たとえば、性的逸脱としての同性愛、離婚・家出・単親家族・高齢者世帯・養護児童などの家族生活に関連することがらを、社会病理現象として任意に措定することに対する異議申し立てがそれである。価値観の多様化が一般化するなかで、病理判定の根拠が希薄化してきているという一般的文脈とも相俟って、社会病理現象が任意に措定されることは問題である。確かに、規範優先社会にあっては、マジョリティとマイノリティの関係は、「正常」と「異常」を境界づける根拠として機能していた。しかし、私事化優先社会にあっては、その根拠は不確かである。

　これらの理由が重なってか、社会病理現象が多発化しているにもかかわらず、社会病理学は問題解決のための臨床的・政策的提言を積極的に行なってきたとはいいがたい。それでは、社会病理現象に関する研究そのものが低迷しているといえるであろうか。そうではない。社会学会や教育社会学会などでは、社会病理現象に関する研究は盛んである。社会病理学会が固有のテーマとして位置づけているものが、関連学会で発表されているのが実態である。歴史社会学的アプローチや構築主義的アプローチを使用した研究が勢いをもっている。

　「社会病理現象」、「問題解決指向」といった対象や方法の限定が、加えて「病理」という言葉が発する陰鬱な気分などが、学会の雰囲気を息苦しいものにし、若い世代が近づきにくい雰囲気を構成してきたのではないか。言葉を換えれば、「病理」と「診断」という言葉から連想される「医学モデル」への反発も容易に想像される。

Ⅲ　社会病理学の現在と再生の条件

　社会病理学は、このように幾つかの理由が重なることによって、不本意な状況におかれている。その再生のための条件を列挙するとすれば、以下のようになる。

　第1に、その固有の対象と方法を明確にすることである。連字符社会学に甘

んじている以上，社会学との異同を鮮明にすることはできない。社会病理現象は，社会システムの構造的な特性から派生するものから，精神力動による心理システムの問題までが相互に影響しあっている場合が多い。換言すると，個人臨床→家族臨床→社会臨床という一連の思考様式でとらえたほうが理解しやすい。たとえば，不登校現象は，個人臨床としても，家族臨床としても接近可能である。しかし，この現象が依然として増加傾向にあるという事実は，それが社会臨床の対象を構成することを意味する[5]。つまり，その増加背景に社会システム上の問題が予想されるという認識である。この認識の前提には，単に社会学的な枠組みをもつだけでは十分ではない。そこには，個人臨床や家族臨床に関する知識も要請される。より限定的に表現すれば，社会病理現象の理解は，個人臨床や家族臨床の知見を必要条件とし，社会臨床としての社会学的認識を十分条件とするという表現も可能である。したがって，社会病理学の対象と方法は，おのずと学際的な色彩を帯びてくる。このことの自覚が希薄であれば，社会病理学と社会学の異同を鮮明にすることはむずかしい。

　第2に，社会病理学会の現実に照らせば，臨床的指向をもつ研究者および臨床的実践に身を置く実務家は少ない。このことは，この学会がこれらの研究者や実務家のニーズを充たしていないということを意味する。社会学の範疇で，アノミー論，社会解体論，逸脱行動論等に関する論議に終始することによって，臨床指向や臨床的実践の芽を育ててこなかったということかもしれない。社会病理学会に内在する2つの指向性に着眼すれば，臨床指向への親和性をもつ研究者には，Social Pathology に違和感をもたない人びとが，他方，マルクス社会学に親和性をもつ研究者には，Social Problem を好む傾向がみられる。後者の立場は，臨床指向や臨床的実践と親和性をもつことが少ないように思われる。というのは，臨床指向および臨床的実践に親和性をもつ研究者や実務家は，個別の領域で「病理的」と判定したい誘惑や状況を頻繁に経験する。しかし，経済構造や社会構造の矛盾という認識を相対的に多く含む指向性に馴染んだ研究者にとって，人間関係論的知見は小さな問題でしかない。人間や家族が織り成す

現象を社会病理学として措定する行為は，社会構造レベルと人間関係レベルを往復する想像力を必要とする。社会学や心理学の「学」のアイデンティティに執着することは，その想像力を枯渇させる。

　第3に，心理学と社会学の歴史は，水と油の関係として表現される。お互いの発想は違い過ぎるため，このような表現がされるのであろう。したがって，この2つの学問への指向性は，対人関係レベルへの収斂を好むか，それとも社会構造レベルへの収斂を好むか，といった好みのレベルに収斂されることが多い。しかし，この2つの学問が，相互に交流し，それぞれをより豊かにすることも可能である。すなわち，心理学のなかに社会学的なものを取り込むことによって，また社会学のなかに心理学的なものを取り込むことによって，それぞれの学問の裾野が拡大し，より豊かなものを形成する可能性をはらんでいる。しかし，それぞれの学問の現実は，それぞれの固有の土俵を頑なに守り，それぞれの学問のインターフェイス（交差領域）を切り開く努力が不足しているように思われる。社会病理学は，そのことを可能にする位置にいながら，そのことに自覚的でなかった。

　ところで，社会病理学は，問題解決指向を謳ってきた。しかし，このことは，必ずしも社会病理学のおはことはいえない。臨床指向，実践指向，政策指向といったキーワードによって特徴づけられる社会福祉学でも，問題解決指向は共通のキーワードになっている。したがって，社会福祉学との関連でも，社会病理学のスタンスに新鮮味はない。一方で，多くの社会学が現代社会の理論的・実証的解明にエネルギーを投入しているとすれば，他方で，社会福祉学が現代社会における生活問題等の臨床的・実践的・政策的研究に研究の焦点を合わせているのに対して，社会病理学は，両者の間でその独自性を発揮することもなく中途半端な状態を余儀なくされているように思われる。

　社会病理学の現在をこのように認識すると，社会病理学の再生の条件はどのようにスケッチされるであろうか。すなわち，その第1は，社会病理現象に関する研究が，学際的なものであることを自覚することであり，心理学や社会福

祉学など，関連領域との交差領域を切り開く努力を続けることである。心理学との交差領域では，臨床的知見から出発し，それを社会学の認識へと拡大させることによって，社会病理現象の内実をより豊かに解釈することが可能となる。社会福祉学との交差領域では，社会病理現象の内実を政策的範疇で論議する可能性を高めることになろう。

　第2に，社会病理学会のなかでSocial Problemへのアイデンティティをもつ研究者は，社会福祉学との親和性をもつと思われる。したがって，社会病理学から社会問題学への呼称の変更が期待されるかもしれない。しかし，Social Pathologyへのアイデンティティをもつ研究者は，社会病理学への呼称にこだわることが予想される。つまり，社会病理学，社会問題学という呼称では，それぞれの立場のニーズを充足させることはできない。もちろん，これまでどおり社会病理現象への理論的・実証的研究という大義に大同団結することも可能であるが，水と油の関係にあるそれぞれの指向性をこのような形でまとめた結果が，今日の低迷に繋がっているとも解釈されよう。

　したがって，第3に，社会病理学でも社会問題学でもない，第3の呼称を探して，この矛盾を止揚する道を考えることが要請される。

Ⅳ　社会病理学と臨床社会学

　第3の呼称として，ここでは臨床社会学を提案したい。臨床社会学の方法には，事前評価(assessment)，介入計画の作成(program planning)，介入計画の実行(program implementation)，事後評価(evaluation)といった一連の介入プロセスが含まれる[6]。その対象は，個人臨床から産業，医療，保健，福祉，学校などの各種の集団や組織，加えて政策領域までを含む。それぞれの場において，事前評価，介入計画の作成，介入計画の実行，事後評価という介入プロセスが遂行されることによって，臨床社会学は構成される。

　これらの介入プロセスは，いわゆる個人臨床や家族臨床において，臨床家と

しての専門性において行使される。これらの領域は，臨床心理士がその専門性を代表している。家族問題を家族システムへの介入によって対処する家族心理士や家族相談士といった専門家も登場している。この他，産業場面における産業カウンセラー，医療場面における MSW(医療ソーシャルワーカー)，保健場面における精神保健福祉士，福祉場面における社会福祉士，学校場面におけるスクール・カウンセラーなどがあげられる。すなわち，介入は，臨床家としての専門性の名のもとに展開される行為である。したがって，そのような専門性が確立していない分野においては，介入そのものが困難である。さまざまな領域において専門性に依拠した介入を可能にするためには，これらの専門性の他に，「臨床社会士」(仮称)[7]といった専門性を確立することも必要になってくるであろう。

個人や組織への介入が専門性の名のもとに展開される場合，そこには介入にともなう倫理の問題は避けて通れない。個人や組織のプライバシーに対して，専門性に依拠して介入が許される訳であるから，いわゆる倫理綱領あるいは倫理基準を守ることが介入するものの責任として要請される。

社会病理現象が多発化する一方で，社会病理学が低迷するという今日的状況は，単に「病理」とか「診断」といった言葉がもつマイナス・イメージだけではあるまい。社会病理学の固有の対象と方法が必ずしも明確でないこと，加えて私事化の広がりが，「病理」とか「診断」の基準や根拠を希薄化させてきていることもその大きな理由であるように思われる。したがって，社会病理学を社会問題学に変更したところで，学会の抜本的な活性化には繋がらないように思われる。

臨床社会学という呼称のもとに，一方で，「事前評価→介入計画の作成→介入計画の実行→事後評価」といった一連の介入プロセスが展開される土壌を開拓し，他方で，社会学的介入を専門性の名のもとに保証する「臨床社会士」(仮称)という専門職を確立することによってはじめて，社会病理現象の多発化に対処する，問題解決指向をもった，学際的な，学問が成立するように思われ

る。

　臨床社会学に関するわが国におけるイメージは多様であり，いまだ合意形成を行なえるような状況にはない[8]。しかし，呼称はどうであれ，多発化する社会病理現象への個別のアプローチは，それぞれの領域で存在している。個別の領域で，それらは，心理臨床，教育臨床，福祉臨床などとよばれているが，これらの活動を，臨床社会学という呼称で包含した学際領域を設定することは有意義である。

　社会病理学がその固有の問題意識として設定した問題解決指向も，このような学際的指向のなかで活性化することが可能ではないか。

　今日，多発化する社会病理現象は，個別の学問に収斂させるだけでは実際的解決にはほど遠い場合が多い。複数のディシプリンの交差領域で，具体的な処方箋を書くことが求められている。したがって，ここでいう臨床社会学は，前半の「臨床」で，問題解決指向を介入プロセスによって具体化する。加えて，後半の「社会学」は，社会構造レベルと人間関係レベルを往復する想像力を含む学際的意味を付与する。その意味で，従来の社会学と心理学にみられた「学」のアイデンティティとも異なる。

　幾分ラディカルな議論を展開してきたが，社会病理学から臨床社会学へという思考には，以上のような思いが込められている。具体的な目標として，社会学的介入を可能にする「臨床社会士」(仮称)を専門職として位置づけることによって，「事前評価→介入計画の作成→介入計画の実行→事後評価」といった一連の介入プロセスのもとに，臨床社会学の具体的成果を蓄積していくことが，社会的にも期待されているように思われる。

V　社会病理学への臨床社会学からの貢献

　以上の記述からも明らかなように，本巻のタイトルには，以下の意図が含まれている。すなわち，第1に，社会病理学という学問は，病理判定の根拠が規

範等によって担保されていた時代にあっては,対象を「社会病理」現象として措定することが容易であった。しかし,私事化の広がりは,病理判定の根拠を希薄化させてきている。研究者の主観による対象の措定が物議を醸す時代に入った。社会病理学への否定的な反応のなかには,社会病理学研究者の研究態度そのものへの批判も含まれている。これらの批判に対して,「社会病理」現象に対処しようとするものは,よりセンシティブでありたい。この文脈において,「臨床社会学」という呼称は,ニュートラルな表現である。したがって,「社会病理」現象を任意に措定する「社会病理学」よりベターである。

　第2に,社会病理学の基本的なモチーフとして,問題解決指向が存在していた。しかし,富裕化社会における「社会病理」現象の多発化にもかかわらず,社会病理学は問題解決指向としての実績を印象づける業績にそれほど恵まれなかった。したがって,そのことは,社会病理学の低迷という現象を引き起こしている。加えて問題解決指向は,必ずしも社会病理学のおはこではない。社会福祉学を含む生活科学など学際的なフィールドでも日常的に使用される。「社会病理」現象を任意に措定する「社会病理学」は,この文脈においてもその固有性を主張することが困難である。

　第3に,問題解決指向を錦の御旗に掲げつつも,社会病理研究の実際は,実態調査に依拠した問題の指摘,せいぜい「アセスメント」どまりであった。このことは,社会学や社会福祉学と比較しても,社会病理学の固有な方法論として主張するには弱いものがあった。したがって,社会病理学という名称を積極的に名乗る根拠も希薄である。

　もちろん,社会学の範疇において,現代社会のマクロ,メゾ,ミクロな問題群を対象に措定し,「アセスメント」を行なうことが無意味であるといっている訳ではない。社会病理学の固有の問題意識を生かしながら,現実社会における発言力をより高めていくために,さらに一歩踏み込んだフレームワークが求められているのではないか。それを,ここでは,「臨床社会学」[9]とよんでおきたい。また「一歩踏み込んだフレームワーク」という意味は,「アセスメン

ト」に加えて,「介入計画の作成」「介入計画の実行」「エバリュエーション」といった介入プロセスを含めることが意図される。しかも,この「一歩踏み込んだフレームワーク」を視野に入れることで,さらなる課題に遭遇することになる。すなわち,介入プロセスを可能にする「専門性」の問題である。マクロ,メゾ,ミクロな問題群への介入を可能にするためには,「専門性」が担保されなければならない。その「専門性」を,「臨床社会士」（仮称）とよんでおきたい。

社会病理学が,臨床的・実践的な問題解決指向を目指すのであれば,「アセスメント」「介入計画の作成」「介入計画の実行」「エバリュエーション」といった一連の介入プロセスが展開される必要があろう。それは,「臨床社会学」という名称にふさわしい方法論でもある。

このように認識すると,「臨床社会学」は,社会病理学の基本的モチーフとして主張された問題解決指向を,単なるスローガンではなく,一歩踏み込んでより具体的なスキームのもとで展開したものと表現することもできる。もちろん,これまでどおり社会病理学の方法を,「アセスメント」に限定する認識を否定するつもりはない。われわれは,「アセスメント」は,問題解決指向の第一歩,すなわち始まりでしかないと認識している[10]。したがって,介入プロセスを重視する。これまでどおりの社会病理学は,「アセスメント」に対する処方箋も任意なものでしかなく,結果をフォローすることも行なわれることは少なかった。加えて,「アセスメント」と「介入」を分業する方法も理論的には可能であるが,その成果を論じるまでには至っていない。日本社会学会が近い将来具体化する「社会調査士」も「アセスメント」どまりである。社会調査の技法を駆使できる「社会調査士」が,さまざまなフィールドで「アセスメント」に従事することは,それなりに意味をもつ。しかし,それは,あくまでも問題解決のための第一歩でしかない。したがって,「アセスメント」の結果を,行政や団体がそれぞれの政策立案に利用するという行為は成立する。われわれがめざすものは,あくまでも一連の介入プロセスを取る。それを「臨床社会

学」とよぶことにする。このような主張をするからといって,「アセスメント」に踏みとどまる立場を否定するものではない。

　このような認識に立てば,社会病理学への臨床社会学からの貢献は,以下のようにまとめることができよう。すなわち,これまでの社会病理学の方法の曖昧さをより明確にしたことである。それを具体的にあげれば,第1に,問題解決指向を「介入プロセス」で具体化したこと。第2に,「介入プロセス」の第一歩「アセスメント」において,社会学の概念や認識を動員すること。第3に,社会病理学を連字符社会学のひとつではなく,学際的用語として位置づけたこと。第4に,「学」のアイデンティティに固執することなく,「学」のアイデンティティを維持しながら,学際的指向をもつことによって,問題解決指向を高めること。第5に,社会学という用語を,学際的用語として位置づけたこと,などである。臨床社会学という用語には,これらの貢献の諸側面が込められている。

　繰り返しになるが,したがって,臨床社会学は,社会病理学を否定する立場にはない。それは,社会病理学と共通の問題意識をもちながら,「アセスメント」から「介入プロセス」全体を視野に入れた社会学の行為として特化させた領域として認識することが妥当であろう。したがって,本巻は,前3巻の企画と連動しつつ,社会病理学が固有に内在させてきた問題意識を,「臨床社会学」という名称のもとに止揚しようとするひとつの試みである。

　最後に,本巻の内容を簡単に紹介すると,以下のとおりである。すなわち,第1部では,臨床社会学の歴史と方法が明らかにされる。第1章(岩井論文)の臨床社会学の歴史では,米国と日本のレビューの形式がとられている。第2章(畠中論文)の臨床社会学の方法は,Bruhn. J.G. & Rebach, H.M. (1996)に依拠している。それは,事前評価,介入計画の作成,介入計画の実行,事後評価といった介入プロセスとそこに動員される社会学的認識によって特徴づけられる。

　第2部では,現代社会で生起しているミクロ・レベル,メゾ・レベルの問題群を対象に措定し,どのような介入が可能かに焦点があてられる。第3章(本

村論文)では,摂食障害(過食症)が文化拘束症候群として認識され,演繹法のスキームのなかで仮説が提示され,臨床例で確認するスタイルがとられている。第4章(清水論文)のアルコール問題では,アルコホリック・ソーシャル・システムという視点から,アルコール関連問題の実態と社会的対応が論じられている。第5章(井上論文)では,子ども虐待を対象に,福祉システム,司法システムのマクロ・レベルからのアセスメントと課題の提示が行なわれている。第6章(杉井論文)では,老人虐待を対象に,「不適切な対応」の解明が臨床社会学の課題として提示されている。第7章(小宮論文)では,コモンズとコミュニティの概念を使用し,地域安全マップを作成する試みが子どもの健全育成にも役立つという臨床社会学の実践が記述される。

　第3部では,第8章(清水論文)でフィールドに関連して,また第9章(秋山論文)で専門性に関して,それぞれ現時点における課題が整理されている。これらは,臨床社会学的研究を具体化させるときの2つの困難と呼んでもよい。また第10章(内藤論文)は,①共存条件確保水準,②個別の善の追求水準という概念をもちいて,①を②の機制条件とするタイプの臨床社会学の提示を行なっている。

　第4部では,隣接科学からの臨床社会学への期待が論じられる。第11章(植田論文)は,臨床福祉学の立場から,臨床社会学が相互作用に焦点をあてた援助のあり方や社会福祉調査に関心を払うことを示唆している。また第12章(中井論文)は,臨床教育学の立場から,ナラティブ・セラピーを教育臨床にどのように応用するかが論じられている。

注)
1) 本稿は,以下の既発表論文に依拠し,大幅な書き直しを行なっている。畠中宗一「社会病理学から臨床社会学へ」畠中宗一編『臨床社会学の展開』『現代のエスプリ』393号,至文堂,2000,pp.196-203.
2) 運営委員会「現代日本社会の構造と特殊性:問題の提起」東京大学社会科学研究所編『現代日本社会1　課題と視角』東京大学出版会,1991,pp.7-10.

3）村上泰亮『産業社会の病理』中央公論社，1975，p.166.
4）馬場宏二「過剰効率社会日本の労働」『思想の科学』11，1988，pp.4-13.
5）畠中宗一『子ども家族支援の社会学』世界思想社，2000，pp.68-88.
6）臨床社会学の方法については，第2章を参照のこと。
7）「臨床社会士」（仮称）という資格の性格については，以下のように考えている。すなわち，近接領域に多様な資格が存在する現在，資格の固有性を理念的に明確にすることが重要である。近接領域の資格との異同を明確にできないようであれば，ミクロ水準では，家族心理士，家族相談士など既存の資格で代用することもよいのではないか。当面，マクロ水準に対応する資格としては想定しない。したがって，メゾ水準に焦点を絞った資格でよいのではないか。
8）大村英昭・本村汎・井上眞理子・畠中宗一「座談会：臨床社会学の課題と展望」『現代の社会病理』16，2001，pp.19-39.
9）臨床社会学という呼称は，シカゴ学派にその源流をもつ。詳しくは，第1部第1章を参照のこと。また臨床社会学の主要文献は，以下のとおりである。

　Bruhn, J.G. & Rebach, H.M., 1996, *Clinical Sociology : An Agenda For Action*, Plenum Press.

　Rebach, H.M. & Bruhn, J.G.（eds.）, 1991, *Handbook of Clinical Sociology*, Plenum Press.

　さらにわが国では，以下の文献がある。

　畠中宗一編「臨床社会学の展開」『現代のエスプリ』393号，至文堂，2000.

　畠中宗一『家族臨床の社会学』世界思想社，2000.

　大村英昭・野口裕二編『臨床社会学のすすめ』有斐閣，2000.

　野口裕二・大村英昭編『臨床社会学の実践』有斐閣，2001.

　畠中宗一「臨床社会学からみた人間と家族」日本家族社会学会編『家族社会学研究』13-2, 2002, pp.41-48.

10）社会学の分野においても，量的・質的社会調査の技法が発展し，「アセスメント」の能力を高めている。日本社会学会における「社会調査士」の動きもこれに呼応している。問題は，「アセスメント」に踏みとどまるか，「介入プロセス」全体に踏み込むか，の違いである。臨床社会学は，問題解決指向を「介入プロセス」によって具体化するため，後者のスタンスを取ることになる。

第1部

臨床社会学の歴史と方法

第1章　臨床社会学の歴史

I　テーマの限定

　臨床社会学の歴史を編もうとするとき，まず初めに遭遇するのは，何を「臨床社会学」のなかに含めるかという，範囲の問題である。というのは，「臨床社会学」という言葉はいろいろな意味で用いられており，「臨床社会学」を名乗る研究には，かなりの多様性があるからである。日本の「臨床社会学」とアメリカの「クリニカル・ソシオロジー」では意味する領域が異なっているし，日本の国内に限ってみても「臨床社会学」という言葉はさまざまな意味に使われている。

　「臨床社会学」がさまざまな研究を包含する一方で，「臨床社会学」を名乗らない臨床社会学的な研究も数多く存在する。「臨床社会学」の定義によっては，社会病理学や医療社会学の名の下で行なわれている多くの研究が，「臨床社会学」と重なる。また，社会学が研究を蓄積することで，個人・集団・社会やその関係についての理解を深め，直接的・間接的に，それらの抱える諸問題を解決に導くことに役立つならば，社会学の研究の多くが，「臨床社会学」的であるとも思えてしまうのである。また，医学の視点から行なわれる研究，たとえば公衆衛生学などの領域や，臨床の現場に携わる医師やサイコロジストが行なう社会学的な研究も，「臨床社会学」的な内容を含んでいる。研究ばかりでなく，実践についても，臨床社会学を名乗らない，臨床社会学的な実践は，数多く存在する。

　広義には，これらの研究や実践も，臨床社会学に含まれるべきであり，それら多くの研究の重要性を否定することは，無論，できない。しかし，それらの

幅広い研究を網羅的に紹介するには，より多くの紙数が必要であり，本章のなかにおさめることは，到底，不可能である。そこで，本章においては，「臨床社会学」という名の下に行なわれたアメリカと日本の研究を中心に紹介を進めていくが，臨床社会学の歴史が，本章に述べられたものだけで完結するわけではないということを，はじめに断っておきたい。

II アメリカにおける臨床社会学の成立

(1) 1920～30年代

アメリカにおける臨床社会学の成立については，スワン(Swan, L.A.)[1]，フリッツ(Fritz, J.M.)[2,3,4]，クラーク[5]，グラス[6]等によってまとめられている。また，本村汎[7]は，フリッツ[8]の論文をもとに，アメリカの臨床社会学の歴史を紹介した。

フリッツ[9]によれば，アメリカにおいて「臨床社会学」という言葉が使われるようになったのは，1920年代末から1930年代初めにかけてであったという。はっきりと出版物のなかで，「臨床」という言葉と「社会学」という言葉を結びつけたのは，1920～35年までイェール大学の医学部の学部長を務めたウィンターニッツ(Winternitz, M.C.)であった。出版物のなかで確認されるのは1930年が最初であるが，それに先だって，遅くとも1929には，「臨床社会学科」を医学部内に設立する計画を進めていたという。その提案は，結局実現しなかったが，臨床社会学科のための計画を直接モデルとした，医学大学院の公衆衛生部門に，ひとつの科目を設置することには成功している。

一方，社会学者による「臨床社会学」の講義や，論文などの出版も，このころから行なわれはじめていた。フリッツによれば，「臨床社会学」と名づけられた最初の講義は，1928年，シカゴ大学のバージェス(Burgess, E.W.)によって行なわれたという。

フリッツは，バージェスの著作をはじめ，当時の講義要項や，授業の共同担

当者の講義ノートといった資料を分析し，当時の講義内容を，おぼろげながら浮かび上がらせている。それによると，講義要項のなかで，臨床社会学は犯罪や精神病理を扱う社会病理学のグループに入っていたとされ，当時，臨床社会学が，社会病理学の一分野，あるいは社会病理学に近いものとして認識されていたのではないかと推測することができる[10]。

また，フリッツによれば，社会学者によって書かれた「臨床社会学」に関する出版物の第1号は，ワース(Wirth, L.)が，1931年に発表した「臨床社会学」という論文であるという。このなかで，彼は子どもの発達臨床に関わる場面(たとえば，児童相談所，裁判所，警察等)で，社会学者が果たすべき役割があると述べている[11]。グラス(Glass, J.F.)によれば，ワースは，社会学者が研究，診断，人格障害の治療に，重要な役割を果たすことができるし，また，実際果たしてきたと，強く主張していた。また，彼は，ワースが理論と実践の関心を結びつける必要性を強調し，児童相談所で働く社会学者の実例を示し，精神科医やソーシャルワーカー，心理学者とともに，自分たちの視点を導入したと述べている[12]。

(2) 1940年代

本村は，1940年代を「臨床社会学」の実践領域の拡大の時期と名づけている[13]。1920〜30年代の「臨床社会学」が扱っていたのは，非行，犯罪，精神病理といった，限定された領域であった。それに対し，1940年代の「臨床社会学」は，対象とする範囲を広げて，人種問題，労働問題などを扱うようになり，それとともに，介入のレベルも拡大する。20〜30年代に児童相談所で行なわれていたような，問題を抱えた個人や小集団に対する直接的働きかけを中心とした方法に加え，40年代には，問題を抱えた個人を包むより大きな集団や社会全体に，直接働きかける社会政策的な方法に関する研究が，多くなされたのである。

たとえば，ヘインズ(Haynes, G.E.)は，1946年，「人種間，文化間の関係における臨床的方法」という論文を発表している。その論文では，人種間の緊張と

葛藤を，明確で具体的な行動プログラムによって取り扱う相談所を，都市に置くことを提案している[14]。新たな機関の設置という提案は，ヘインズの視野に社会政策があることを示している。ヘインズは，実際にも，アメリカ政府の大統領非公式顧問団のポストに就いた初の黒人であり，明確な社会政策指向をもっていたといえるであろう。

1940年代は，社会学事典に臨床社会学の項目が初めて採用されるなど，「臨床社会学」という概念の周知もまた拡大した時期であった。「臨床社会学」という項目が採用されたのは，1944年，フェアチャイルド(Fairchild, H.P.)によって編集された『社会学事典』で，執筆者は，臨床社会学会立ち上げの主要メンバーのひとりであるリー(Lee, A.M.)である。

彼の考える「臨床社会学」は，一言でいえば，ミクロレベルとマクロレベルの統合を意図したものである。それは問題を抱えた個人に対して社会を視野に入れて精神的ケアを行なう人びとのグループ(social psychiatrists)と，もっとマクロレベルの問題を扱う社会的技術をもった人びとのグループの間で，情報を共有し，経験を統合してゆくといったものであった。第1のグループに入るのは，主に，ソーシャルワーカー，人事管理者，精神科医，職業指導の専門家などで，第2のグループに入るのは，主に，広報コンサルタント，政治家，世論分析家，伝道者，広告者などである[15]。

(3) 1950〜60年代

1950〜60年代を本村は，「臨床社会学」のアイデンティティ模索の時期と名づけている[16]。確かに，40年代に発表された論文の過半数がプロパガンダ研究，人種問題，労働問題といった各論的な内容であるのに対し，50年代，60年代は，臨床社会学とは何かという定義に関する問いかけや，臨床社会学を社会学内部でどのように位置づけるかといった問題，隣接領域との比較や，方法論等，臨床社会学の輪郭を明確にすることをめざした論文が多く書かれたことで，これは，内的アイデンティティ模索の動きと理解できる。また，臨床社会学の名をタイトルに冠した入門書的な単行本も出版され[17]ているが，これは，対外的に

第1章　臨床社会学の歴史

も自らを認知させ，アイデンティティを確立しようとする動きと考えることができる。

たとえば，50年代では，社会学を現実社会に応用するという点で共通する部分のある社会工学と，臨床社会学についてその異同を論じたグールドナー(Gouldner, A.)の論文[18]や，社会学一般の領域のなかで臨床社会学について論述したシュレンバーグ(Schellenberg, J.)の論文[19]がある。また，60年代においては，テイラー(Taylor, J.)とキャットン(Catton, W.)が臨床社会学における解釈の問題について論じ[20]，ライトホール(Lighthall, F.)とディードリッヒ(Diedrich, R.)は，スクール・サイコロジストを例に，何が臨床社会学とよばれるべきかを論じた[21]。また，リーは，社会科学者が臨床現場と関わる時の方法をいくつか上げ，臨床社会学研究の方法論について論じた[22]。

とはいえ，上記のようなアイデンティティ探索的な研究ばかりではなく，各論的な論文もいくつかみられ，50年代にはカーグマン(Kargman, M.)が，結婚カウンセリングにおける社会システム理論の臨床的使用について論じ[23]，60年代にはダンハム(Dunham, W.)が，臨床社会学の視点からパーソナリティの脆弱性について論じている[24]。

(4) 1970～80年代後半

1970～80年代を，本村は臨床社会学のアイデンティティ確立期と名づけている[25]。学会の設立，ニューズレター，学会誌の発行開始，論文数の飛躍的増加等，さまざまな臨床技法の提案が行なわれたのがこの時期であった。

臨床社会学にとって，1970年代のもっとも大きな出来事は，1978年の臨床社会学会(Clinical Sociology Association, CSA)の設立であろう。この経緯は，CSAの初代会長であるグラスの論文[26]に詳述されている。

1976年9月3日，ニューヨークで開催された米国社会学会で，グラスの司会による，臨床社会学に関するラウンドテーブル・ディスカッションが行なわれた。それ以前にも臨床社会学に関する大会発表はあったが，組織だった動きはそれが最初であった。その時の配付資料には「臨床社会学：新しい専門職とな

るか？」とタイトルがつけられていたという。

そのラウンドテーブルには10人が出席し，そのなかには，後の臨床社会学会の中核メンバーもいた。それをきっかけに非公式なネットワークができ，1978年の夏，はじめてニューズレターが編集される。そして，その年の9月にはサンフランシスコのヒルトンホテルに30人が集まり，臨床社会学会(CSA)が結成されたのである。

CSAが出版活動を重視したこともあり，学会設立の後，臨床社会学に関する論文数は飛躍的に増加した。フリッツによれば，それまでさまざまな意味に用いられていたいくつかの基本的概念の定義について，合意がみられはじめたのも，この70年代であるという。フリッツはこの時期に発表された論文の特徴として，特定の専門化した領域における臨床社会学的実践について述べるだけでなく，さまざまな実践の領域を臨床社会学のなかに位置づけようとする試みがあらわれてきたことをあげている[27]。また，実験室直面化法や，社会学的サイコセラピー[28]といった，社会学的な技術についての提案や議論も行なわれた。

そして，80年代前半には，学術雑誌の創刊や，ハンドブックの出版による，流通情報量の拡大，集積があった。1982年に，『臨床社会学レビュー』という学術雑誌が創刊され，年に1回発行されるその雑誌上で，臨床社会学研究が数多く発表されるようになった。1985年には『臨床社会学ハンドブック』が出版され，情報の共有化に大きな役割を果たしたのである。このように，1970年代から80年代前半までは，臨床社会学のアイデンティティ確立期とよぶにまさにふさわしい時期であったといえる。

(5) 1980年代後半～90年代

1989年のフリッツ論文に紹介された文献をもとにアメリカ臨床社会学の歴史を紹介している本村は，80年代より後の名づけを行なっていないが，筆者は，1980年代後半より後を，アイデンティティ再模索期と名づけるのが適当であると考える。というのは，その時期には，学会・学会誌の名称変更や応用社会学会と連携した組織づくりといった，大きな組織的な変更があったからである。

80年代前半には，学会誌やハンドブックの出版によって情報の共有化が進み，臨床社会学のアイデンティティが堅固なものになりつつあるかにみえたが，ハンドブック出版の翌年，1986年には，学会の名称から「臨床社会学」の文字が消えてしまう。会員数の増加と研究・実践内容の社会への周知をめざし，臨床・応用社会学の多様性を示すという目的で，学会は名称を「社会学的実践学会(Sociological Practice Association)」に変更したのである[29]。

しかし，『臨床社会学レビュー』がその役割を『社会学的実践(Sociological Plactice)』に譲るのは，それから13年もたってからのことであった。『臨床社会学レビュー』は1998年まで発行され，16号までが米国国会図書館に所蔵されている。『社会学的実践』の創刊は翌1999年であるが，それ以降，毎年4冊を発行し，臨床社会学的な研究は，より多くの発表の場をもつようになったといえる。

一方，『臨床社会学レビュー』の発行が取りやめられる少し前，1995年に，応用・臨床社会学委員会(The Commission on Applied and Clinical Sociology)が設立され，「臨床社会学」の名称を冠する組織が再び現われた。それは，社会学的実践学会(臨床社会学会が改称されたもの)と，応用社会学会によって設立された組織で，そのホームページをみると，委員会のメンバーには，本章でも紹介したフリッツ(Fritz, J.)やカレン(Kallen, D.)といった，臨床社会学の創立者たちが顔をそろえている。

応用・臨床社会学委員会は，その目的として，応用・臨床分野における良質の社会学教育や社会学実践を発達・促進させ，サポートすることをあげている。適切なプログラムの認定や，認定されたプログラムを終了した学生の登録，職業上のライセンシングや認証の領域で，社会学を支持することを通じて，社会学的実践の質・量を支えているのである[30]。

このように，学会や学会誌の名称変更を行ないながら，より多くの社会的認知や，会員数の獲得，情報発信量の拡大をめざしつつ，社会学的実践を支える制度づくりを行なうなど，80～90年代の臨床社会学は，さらなる成長に向けて

のアイデンティティ再模索の動きのなかにあったといえよう。

III 日本における臨床社会学会

(1) 1950年代

　日本における「臨床社会学」の始まりは，1950年代にさかのぼることができる。

　牛窪浩は，「臨床社会学の構想と課題」というタイトルの論文のなかで，臨床社会学をめぐるこの当時の4つの立場を紹介した。4つの立場とは，理論構成に重点をおいた立場，個別事例に臨床的にアプローチする際の臨床技術に重きをおいた立場，社会不調整に重点をおいた立場，教育を通じての働きかけを重視する立場である[31]。

　横山定雄によって書かれた，地域組織化活動が社会的緊張の調整に果たす役割に関する論文[32]は，「社会的不調整に重点を置いた立場」，牛窪のものは「理論構成に重点を置いた立場」といえよう。また，最後の「教育を通じた働きかけを重視する立場」は，教育社会学会がその中心となっていた。志水宏吉によれば，1954年，教育社会学会において，牧野巽が，臨床社会学を，パーソナリティ，人間関係，小集団，コミュニティに関係する問題を扱う，実践や応用を重視した社会学であると定義した。彼は，これらの諸問題を解決することは，人の心の持ち方を変える，いわゆる「教育」に帰着すると考えており，それゆえ教育社会学会で，臨床社会学という用語の採用を提案したという[33]。「臨床社会学」という言葉を冠した日本で最初の単行本，『臨床社會學序説』を著した加藤正泰は，当時の日本教育社会学会の幹事であり，当時の教育社会学会における臨床社会学に対する関心の高まりをうかがわせる。この著作における加藤の関心は広範囲にわたり，社会的精神医学や，グループダイナミクス，ケース・トリートメントといった，マクロ，メゾ，ミクロのそれぞれのレベルでの理論構築をめざしていた[34]。

第1章　臨床社会学の歴史

(2) 1960年代

　臨床社会学を論文題目に含んだ研究は，1960年代にはみつからない。しかし，この時期，臨床社会学研究者は，いくつかのフィールドで試行錯誤を行なっていた。

　広瀬によれば，柏熊岬二は，昭和30年代半ばに，日本で最初のカウンセリング研究所を大正大学に設け，心理学の専門家とともに，犯罪社会学の橋本重三や，臨床家族社会学の田村健二といった社会学者を招聘し，どちらかというと，心理臨床よりも社会学的臨床を志向するカウンセリング研究とカウンセラーの養成にあたったという[35]。

　また，本村によれば，1960年には，国立精神衛生研究所(後に国立精神神経センターと改称された)の社会精神衛生部に，社会学者が所属し，臨床的活動に従事していたという。そこでは，先にも紹介した横山定雄が社会精神衛生部の部長をつとめ，田村健二も臨床活動を行なっていた。そこで行なわれていたのは，来室したクライエントを，生理的側面のみならず，心理的・社会的側面をもった存在としてとらえ，援助するという斬新な発想の試みである。医師のみならず心理学者，社会学者，ソーシャルワーカーといった，異なる分野の専門家たちが，治療計画を協同で議論するチーム・コンファランス・アプローチが取られ，情緒障害，学校恐怖症，非行，アノレキシア等の問題に取り組んでいた。

　しかしながら，本村によれば，当時は医師の権限が強く，社会学者の提言はなかなか受け入れられにくかったこともあり，社会学者は治療計画確立のためのコンファランスに参加しなくなったという。また，実践の現場で役立つような臨床的な実証データを提示していくという点でも，社会学は課題を多く残していたと本村は述べている[36]。

(3) 1970〜80年代

　1970年代には，臨床社会学に関する論文が，2本書かれている。どちらかといえば，柏熊岬二[37]がメゾ・レベルに，足立叡[38]はマクロ・レベルに関心をも

ち，前者が具体的な臨床技法に，後者が理論的問題を取り上げているという違いはあるが，両者の認識や主張には，共通点も多い。

　まず，双方とも，臨床社会学の可能性について論じた，いわば臨床社会学のアイデンティティを模索した研究である。柏熊は臨床社会学の「課題と方法」について論じ，臨床社会学の方法として生活環境へのアプローチとそのための技法を提案している。また，足立は，ミクロレベルの援助技術論とマクロレベルの政策論の統合可能性について論じている。

　そして，両者とも，臨床社会学がソーシャルワーカーの理論的なバックグラウンドとして期待され，必要とされる状況がありながら，臨床社会学という学問領域が十分に確立されていないために知識が利用されにくい状態にあること，実証的なデータの蓄積や理論体系の構築で一層の努力を要する状態であることに関して，共通の認識をもっている。

　70年代の論文が，臨床社会学が取り組むべき課題や方法について述べたアイデンティティ探索的な色彩をもっていたのに対し，80年代には，具体的で各論的な内容の業績が多く出された。たとえば，田口は「死の臨床社会学・序説」[39] で，現代社会における死の隠蔽について論じ，高橋は誌上シンポジウムで，家族のなかの子どもについて社会学的な論述を行なった。また，書籍も2冊出版され，情報の発信量も徐々に増加してきたといえよう。柏熊は非行について[40]，斉藤学と波田あい子[41]は，臨床精神医学と女性論について論じている。

　なお，1950～80年代における日本の臨床社会学研究が，建学の精神の背景に宗教をもつ，いわゆる宗教大学によって支えられていたことは興味深い。50年代～70年代にかけて書かれた4本の論文のうち，3本はキリスト教を建学の精神にもつ立教大学の出版物に掲載された。また，残る1本の論文と3冊の書籍のうちの1冊は，柏熊が執筆したものであるが，柏熊は60年代に，仏教学部をもつ大正大学に設けられた日本初のカウンセリング研究所の設立者として，実践活動に携わっていたのである。

(4) 1990年代から現在

　90年代におけるもっとも重要なできごとのひとつとしてあげられるのは，日本社会学会大会に設けられた臨床社会学に関するテーマ部会であろう。それは，98年，99年と2年連続で行なわれ，熱心な参加者を数多く集めて，活発な報告や意見交換が行なわれた。

　この前後から，自由報告やシンポジウムといった学会での議論や，論文や書籍といった出版物の発表などが盛んになった。たとえば日本社会病理学会でも，2001年に行なわれた第17回大会のラウンドテーブルで臨床社会学の課題とその展開について，報告や意見交換が行なわれている。論文や書籍といった出版物は，実践的研究・理論的研究ともに増加し，研究者向けの専門書のみならず，初学者が幅広い領域を見渡すことができる入門書的な書籍も出版された[42]。

　また，内容的にも多様な研究が発表されるようになり，理論的研究・実践的研究ともに厚みを増してきている。たとえば，実践に関する研究であれば，アメリカの臨床社会学的実践の方法を紹介し，事前の問題状況の評価，介入，事後のプログラム評価，というステップについて分析した研究[43]がある。日本における臨床社会学的実践についての研究も，幅広い領域から集められ，ミクロ・レベル，メゾ・レベル，マクロ・レベルの諸問題に関する知見や，それぞれのレベルでの問題解決技法（ミクロ・メゾレベルであれば援助技法研究[44]，マクロレベルであれば社会政策研究[45]）の蓄積が，なされつつあるといってよい。

　一方，理論的研究であれば，第1に，システム論[46]やブルデュー理論[47]，ラカン派精神分析学[48]，エスノメソドロジー[49]といった諸理論と，臨床社会学の接合をめざした理論研究がある。第2に臨床社会学と隣接諸科学との関係や，臨床社会学の定義，といった臨床社会学のアイデンティティに関する研究[50]がある。第3に，臨床社会学自体を，さらに社会学的に反省的な分析の対象とする研究[51]も，出現している。

　これらのアカデミックな成果に比べ，社会学者が社会学者として臨床現場に

入り，臨床活動を実践するという動きは，まだ大きな流れにはなっていない。とはいえ，なかには非常に成功した事例もある。たとえば，東京都の精神科クリニック（さいとうクリニック）では，1995年から3年間，社会学者によるレクチャーがデイナイトケアのプログラムのひとつとして行なわれていた。さいとうクリニックが所属する医療法人學風会の理事長は，都立精神医学総合研究所で社会病理研究部門主任をつとめた斉藤学であり，臨床社会学研究会を5回にわたって主催するなど，社会学的知識の臨床場面での有効性について深い関心をもっていた。そのため，さいとうクリニックでは，臨床社会学者を名乗っていた波田あい子が，レクチャーとシェアリングからなるプログラムをもつことが，可能であったのである。プログラムの受け手はドメスティック・バイオレンスの被害者等で，レクチャーには，「社会的性別」や「性役割」「シェルター運動」「日本での性的被害の実態」といった社会学的領域が多分に含まれていた。そのため，女性についての伝統的性役割観が自らを苦しめている彼女たちに，自らが囚われていた性役割規範を相対化してくれるという点で，非常に好評だったのである。

また，「臨床社会学」と銘打ってはいないものの，社会病理学研究者が臨床の現場に根ざした社会調査研究を展開していたことは忘れるべきではないだろう。たとえば，本村汎[52]および畠中宗一[53]は家族臨床の諸問題，清水新二はアルコール関連問題[54]について，調査・分析と問題解決技法の提案を行なっている。付け加えるなら，先述の波田も，一時期社会病理学会に所属しており，社会病理学が臨床社会学の実践に与えた影響は少なくないと言えるだろう。

(5) 今後の発展に向けて

日本では，まだ，臨床社会学の学会・学会誌もなく，専門職として臨床の現場に関わる臨床社会学者が組織的に認定されるという段階には，到底達していない。それどころか，「臨床社会学」の定義すら，「論者によってさまざま」[55]という状態である。

社会学と臨床の結びつきが，スムーズにいかないことには，社会学者が現場

で，サポートを必要とする人やサポートに関わっているスタッフたちに提供しうるものを，果たしてもっているのかという疑念と無関係ではない。しかしながら，よく考えてみれば，臨床心理学のなかに分類されているもののなかには，家族療法や役割演技など，社会学理論をベースにしており，「臨床社会学」とよんでもおかしくない技法が少なくない。

それに加えて，より効果的な治療構造を提案することや，集団やコミュニティのなかで，共に生きる方法を見つけ出すことは，社会学者の得意な領分である。さらに，サポートを必要とする人たちへの個別的な関わりから，かいま見える社会構造的なひずみを是正する社会政策的提言を行なうための，専門的な研究をすることも可能である。

また，現在の社会を相対化する視点をもちうる社会学者であれば，今の社会のマジョリティからは「病理」とは見なされていないが，状況を定義する力をもたないマイノリティにとっては苦しみの源となっているような問題を，可視化する過程(たとえば，ドメスティック・バイオレンスや子どもへの虐待が「問題」として認識されはじめた時のような)を，加速したり，そういった問題を発見して世に問うこともできるのである。

無論，現在の医療制度のなかで，臨床社会学者が新しい専門職としてやっていくためには，多くの困難が存在する。しかし，社会学者が「臨床心理学」に分類されているようなミクロレベルの社会学的臨床技術を身につけ，メゾ・レベルの提案を行ない，さらにマクロ的な政策提言や問題提起を行なっていくならば，その道を切り開いてゆくことも可能ではないかと，私は考えるのである。

注)

1) Swan, L. A., 1980, "Clinical Sociologist: Coming out of the closet", *Mid-Atrantic Review of Sociology*, 1 (Spring), pp.89-98.
2) Fritz, J.M., 1985, *The Clinical Sociology Handbook*, Garland Publishing, pp. 3-49.
3) Fritz, J.M., 1989, "The History of Clinical Sociology," *Sociological Practice*, No.

7, pp.72-95.
4) Fritz, J.M., 1991, "Emergence of American Clinical Sociology," *Handbook of Clinical Sociology*, Plenum Press, pp.17-30.
5) Clark, E.J., 1990, "The Development of Contemporary Clinical Sociology," *Clinical Sociology Review*, Vol.8, pp.100-115.
6) Glass J.F., 2001, "The Founding of the Clinical Sociology Association: A Personal Narrative," *Sociological Practice*, 3-1, pp.75-85.
7) 本村汎「アメリカにおける臨床社会学史概観」『現代のエスプリ』393号, 至文堂, 2000, pp.55-63.
8) Fritz, J.M., 前掲書, 1991.
9) 同上
10) Fritz, J.M., 前掲書, 1991.
11) Wirth, L., 1931, "Clinical Sociology," *American Journal of Sociology*, 37, pp.19-66.
12) Glass J.F., 前掲書, 2001.
13) 本村汎, 前掲書, 2000.
14) Haynes, G.E., 1946, "Clinical Methods in Interracial and Intercultural Relations," *The Journal of Educational Sociology*. (*Clinical Sociology Review*, 6, 1988, pp.51-58に再録)
15) Lee, A.M., 1944, "Sociology, clinical," in Fairchild, H.P. (ed.), *Dictionary of Sociology*, p.303.
16) 本村汎, 前掲書, 2000.
17) Lennard, H.L. & Bernstein, A., 1969, *Patterns in Human Interaction: An Introduction to Clinical Sociology*, Jossey-Bass.
18) Gouldner, A., 1956, "Explorations in Applied Social Science," *Social Problems*, Ⅲ (3), 169-181. in Gouldner, Alvin, Miller S.M. (eds.), *Applied Sociology*, Free Press, pp.5-22.
19) Schellenberg, J.A., 1957, "Devision of General Sociology," *American Sociological Review*, 22(6), pp.660-663.
20) Taylor, J., B.&Catton, Jr. W.R., 1963, *"Problems of Interpretation in Clinical Sociology," Sociological Inquiry*, XXXⅢ, pp.34-44.
21) Lighthall, Frederick F. & Diedrich, R., 1965, The School Psychologist, the Teacher, and Research: *Willing and Reluctant Cooperation, Psychology in the Schools*, 2(2), pp.106-110.
22) Lee, A.M., 1966, *Multivalent Man*, George Braziller.
23) Kargman, M., 1957, "The Clinical Use of Social System Theory in Marriage Counseling," *Marriage and Family Living*, XIX(3), pp.263-269. (*Clinical*

Sociology Review, 1986, Ⅳ, pp.19-29に再録）
24) Dunham, H.W., 1964, "Anomie and Mental Disorder," in M.B. Clinard (ed.), *Anomie and Deviant Behavior*, Free Press of Glencoe, pp.128-157.
25) 本村汎，前掲書，2000.
26) Glass J.F., 前掲書，2001.
27) Fritz, J.M., 前掲書，1991.
28) Disch, E., 1979, "Integration in a Two-Career Person: Sociological Psychotherapy and Psychological Sociology," *New England Sociologist*, 1(2), pp.13-19.
29) Sociological Practice Association ホームページ（http://www.socpractice.org）about us 参照。
30) The Commission on Applied and Clinical Sociology のホームページより（http://www.sociologycommission.org/）
31) 牛窪浩「臨床社会学の構想と課題」『Human relations』第2号，1954，pp.31-66.
32) 横山定雄「農村社会福祉と臨床社会学の試み―地域組織化活動とテンション調整の問題から」『Human relations』第1号，1952，pp.59-78.
33) 志水宏吉「研究 vs 実践―学校の臨床社会学に向けて」『東京大学大学院教育学研究科紀要』41，2001，pp.365-378.
34) 加藤正泰『臨床社會學序説』中央大学出版会，1954.
35) 井上真理子・広瀬卓爾・本村汎・畠中宗一「座談会 なぜいま臨床社会学なのか（臨床社会学の展開）」『現代のエスプリ』393号，至文堂，2000，pp.9-46.
36) 同上書
37) 柏熊岬二「臨床社会学の課題と方法〈現代社会の実証的研究〉」『現代社会の実証的研究』東京教育大学文学部社会学教室，1977，pp.36-41.
38) 足立叡「臨床社会学序説―社会福祉学の可能性を求めて」『立教社会福祉研究』第2号　立教大学社会福祉研究所，1979，pp.49-59.
39) 田口宏昭「死の臨床社会学・序説」『文学部論叢』24号，1988，pp.15-31.
40) 柏熊岬二『非行の臨床社会学』垣内出版，1985.
41) 斎藤学・波田あい子編『女らしさの病い 臨床精神医学と女性論』誠信書房，1986.
42) 大村英昭・野口裕二編『臨床社会学のすすめ』有斐閣，2000.
　　野口裕二・大村英昭編『臨床社会学の実践』有斐閣，2001.
43) 畠中宗一「診断としての『事前評価・介入・事後評価』を目指して」『現代のエスプリ』393号，至文堂，2000，pp.5-8.
　　杉井潤子「臨床社会学における『介入』(Intervention)」『現代のエスプリ』393号，至文堂，2000，pp.72-82.

黒川衣代「プログラム評価」『現代のエスプリ』393号，2000, 4. pp.83-91.
冬木春子「クライエントのコミュニケーション及び関係性」『現代のエスプリ』393号，至文堂，2000, pp.92-100.
44) 柳沢孝主「社会福祉援助技術と臨床社会学―技術と方法を方法論的に問うこと」『佐野国際情報短期大学研究紀要』13, 2002, pp.107-116.
畠中宗一「家族問題への社会学的カウンセリングという方法」『現代のエスプリ』393号，至文堂，2000, pp.119-126.
45) 井上真理子「政策現場の臨床社会学」『現代のエスプリ』393号，至文堂，2000, pp.127-135.
46) 矢原隆行「システム論的臨床社会学の実践―物語論から社会システム論へ」『現代社会理論研究』9, 1999, pp.83-96.
47) 三浦直子「臨床社会学としてのブルデュー社会学理論の展開―福祉社会における社会学の可能性と必要性」『神奈川工科大学研究報告 A 人文社会科学編』2001, pp.15-24.
48) 樫村愛子『ラカン派社会学入門：現代社会の危機における臨床社会学』世織書房，1998.
49) 秋山博介「資料『人格障害』のエスノメソドロジー分析」『実践女子大学生活科学部紀要』37, 2000, pp.167-172.
50) 畠中宗一「臨床社会学の対象と方法，そして課題」『現代のエスプリ』393号，至文堂，2000, pp.47-54.
畠中宗一「社会病理学から臨床社会学へ」『現代のエスプリ』393号，至文堂，2000, pp.196-203.
51) 樫村愛子「『社会の心理学化』と臨床社会学」『愛知大学文学論叢』122, 2000, pp.218-196.
土井隆義「普遍化のまなざし，個別化のまなざし―「心の時代」における臨床社会学」『社会学ジャーナル』25, 2000, pp.3-13.
52) 本村汎「夫婦関係と幼児の社会化：家族臨床の視点から」『社会学評論』82号，1970, pp.87-101.
本村汎「家族福祉と臨床的接近」田村健二他編『現代家族関係学』高文堂，1970, pp.233-245, 1970.
53) 畠中宗一『チャイルドマインディング』高文堂，1997.
畠中宗一『子ども家族支援の社会学』世界思想社，2000.
54) 清水新二『アルコール依存症と家族』培風館，1992.
清水新二『アルコール関連問題の社会病理学的研究』ミネルヴァ書房，2003.
55) 野口裕二・大村英昭，前掲書，2001.

第2章 臨床社会学の方法：
ミクロ，メゾ水準を中心に

I　臨床社会学における「臨床」

　「臨床」という言葉は，「病床に臨んで実地に患者の診療にあたること」[1]とあるように，クライエントに寄り添って対応するというニュアンスを多分に含んでいる。この意味における「臨床」は，医学や心理学など一定の専門性に根拠づけられてクライエントに対処するというイメージが強い。したがって，本来「臨床」という言葉は，限定的に使用することが好ましいのかもしれない。

　しかし，近年の「臨床」という言葉の使用法には，たとえば，臨床教育学，臨床福祉学，臨床社会学，臨床人類学，臨床哲学，臨床栄養学といったふうに，その使用法は拡大的である。先に例示した「病床に臨んで実地に患者の診療にあたること」という意味から，「病床，患者，診療」という要素が後退し，「対象に寄り添って対処する」という意味合いが強調されているように思われる。したがって，このような意味で使用される「臨床」という言葉は，「対象に接近する態度や方法」という意味合いが強くなってくる。近年の「臨床」ブームの背景には，デカルト以来の近代科学に対する批判が色濃く反映されているように思われる。すなわち，観察する者と観察される者あるいは対象との間を独立的なものとして設定し，ニュートラルな実験装置等を通して観察する，という基本的枠組みに対する批判がそれである[2]。

　この基本的枠組みを個人や家族そして社会に当てはめることによって，観察者が個人像や家族像そして社会像を描くことは可能である。しかし，それが，どの程度的を得たものであるかは必ずしも保証されない。個人像であれば，そのクライエントが観察者の描いたものにどのような反応を示すかが妥当性の程

度を示唆するかもしれない。また家族像であれば，クライエントとクライエント・システムとの間の認知のズレが小さければ，その妥当性が示されているのかもしれない。さらに社会像であれば，観察者が描いたものに世論がどのような反応を示すかが妥当性の程度を示唆するかもしれない。

　たとえば，歴史学でいう系図研究は，ある家系の空白部分を埋める作業によって，これまでの歴史的記述は変更を余儀なくされる。つまり，事実研究が歴史的記述の変更を可能にする。したがって，事実研究が重要な意味をもってくる。しかし，歴史的資料としての系図に依存し過ぎると，きょうだいだから仲がよいといった先入観によって，歴史的資料を解釈する可能性もありうる。現実には，異母きょうだいであっても仲のよいきょうだいもいれば仲の悪いきょうだいもありうる。したがって，歴史的資料と現実の両方から解釈をすることが，解釈の客観性をより高める。

　ところで，臨床社会学の場合はどうであろうか。臨床社会学の対象は，ミクロ，メゾ，マクロの各レベルで設定される。したがって，各レベルにおける「対象」の固有性と同時に，「方法」の固有性が強調されるべきであろう。個人や家族の問題から組織や社会システム，加えて政策といった一見臨床とはまったく遠いところにあると思われるものまでをも守備範囲にする。したがって，臨床社会学がひとつの「方法」であるといわれるのは，「対象」がミクロ，メゾ，マクロの各レベルによって限定されたものではないという意味を含んでいる。

　臨床社会学をこのように理解すると，臨床社会学における「臨床」の意味は，「病床に臨んで実地に患者の診療にあたること」という意味から，「病床，患者，診療」という要素が後退し，「対象に寄り添って対処する」という意味合いまでが含まれる。個人や家族の問題に関しては，「病床に臨んで実地に患者の診療にあたること」という意味での使用が強くなり，水準がよりマクロ化するにしたがって，「病床，患者，診療」という要素が後退し，「対象に寄り添って対処する」という意味が強くなる。

　いいかえると，対象をミクロ，メゾ，マクロのどの水準に設定するかによっ

て,「臨床」の意味が異なってくる。このことが,臨床社会学における「臨床」の意味を曖昧化している。個人や家族の問題に関しては,臨床心理学のイメージと重なるが,基本的な違いは,心理学的認識の替わりに社会学的認識を導入するところにある。たとえば,社会学的カウンセリングは,「病床に臨んで実地に患者の診療にあたること」という意味で理解できる[3]。組織や社会システムの問題に対しても,「事前評価,介入計画の作成,介入計画の実行,事後評価」という一連の介入プロセスを導入する方法は,同じである。政策というカテゴリーに対しても,政策の形成過程にさまざまな主体が介在し,その意思決定プロセスは,すぐれて政治的である。したがって,さまざまな主体が,個別利害にとって有利な政策を実現させようとすると,政策形成主体にさまざまな働きかけが行なわれる。行政組織におけるスキャンダルの多くは,個別利害にとって有利な政策を実現させるための贈収賄である。臨床社会学が政策カテゴリーにコミットメントするということは,個別利害ではなく「公共性」を実現していくためのコミットメントということになろう。

　これらの介入やコミットメントを行なう主体は,一定の「専門性」を担保しない限り介入やコミットメントの根拠をもたない。たとえば,「臨床社会士」(仮称)といった専門職。臨床社会学が社会学的認識の固有性を生かし,「事前評価,介入計画の作成,介入計画の実行,事後評価」という一連の介入プロセスを通して,政策的・実践的指向性を高めていくことが,問題解決指向を標榜する学問のアイデンティティではないだろうか。

II 臨床社会学の基本的枠組み[4]

(1) 臨床社会学的アプローチ

　臨床社会学は,社会学の分野に基礎を置く。社会学は,個人の社会的行動,社会集団,組織,文化,ソサエティの研究,制度が個人や集団行動に与える影響などに関する体系的研究である。いわゆる科学的社会学(scientific sociology)が,

図表2－1　3つの行動様式の行動への影響

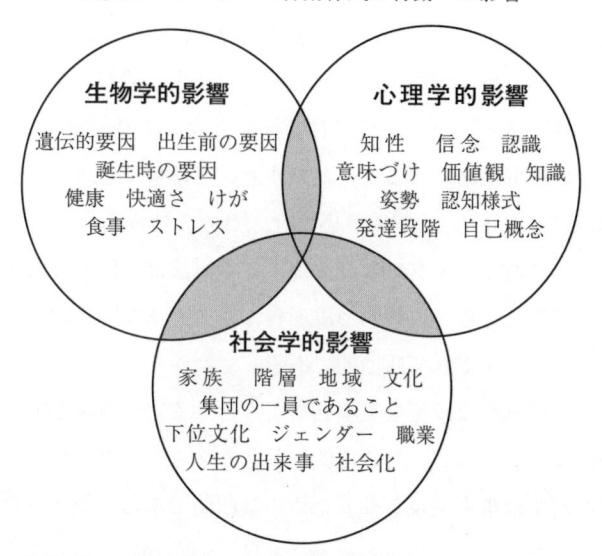

生物学的影響
遺伝的要因　出生前の要因
誕生時の要因
健康　快適さ　けが
食事　ストレス

心理学的影響
知性　信念　認識
意味づけ　価値観　知識
姿勢　認知様式
発達段階　自己概念

社会学的影響
家族　階層　地域　文化
集団の一員であること
下位文化　ジェンダー　職業
人生の出来事　社会化

出所）Bruhn, J.G. & Rebach, H.M., 1996, p.9.

人間行動の研究であるのに対して，臨床研究(clinical work)としての臨床社会学は，問題と規定された個人や集団の行動に着眼する。したがって，臨床社会学は，問題解決指向をその第1の特徴とする。問題解決指向では，介入プロセスという準拠枠が採用される[5]。問題解決指向への理論的基礎は，社会システム論アプローチ，人間生態学的アプローチ，ライフサイクル・アプローチ，臨床的アプローチが主要なものである[6]。

　行動に関する基本的パースペクティブは，主要なアクション・システムに貢献すると認識されており，それは「生物心理社会」(biopsychosocial)とよばれ，第2の特徴である(図表2－1・図表2－2を参照)。

　「生物心理社会」アプローチは，以下の命題のセットを含む。すなわち，第1の命題として，「行動は自発的なものである」。第2の命題として，「行動は学習される」。第3の命題として，「学習された行動は，行為者の自己に関する定義および状況にしたがって選択される」。行動は「単に起こっている」ので

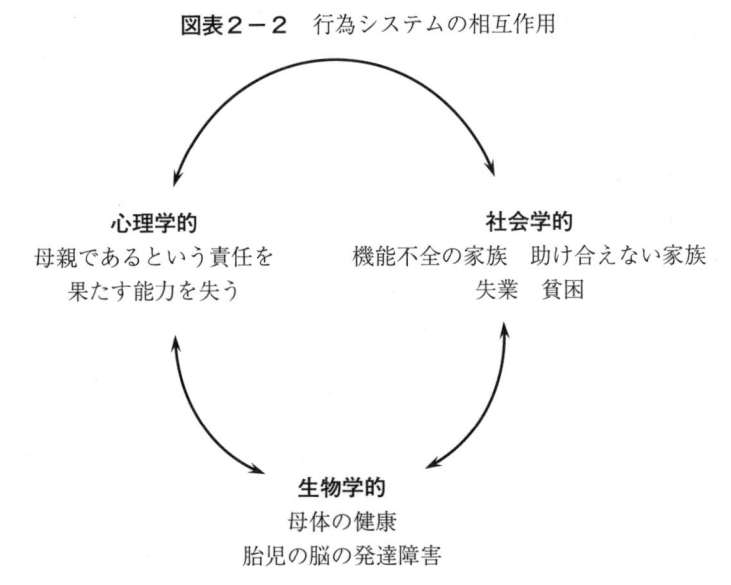

第2章　臨床社会学の方法：ミクロ，メゾ水準を中心に

図表2-2　行為システムの相互作用

心理学的
母親であるという責任を
果たす能力を失う

社会学的
機能不全の家族　助け合えない家族
失業　貧困

生物学的
母体の健康
胎児の脳の発達障害

出所) Bruhn, J.G. & Rebach, H.M., 1996, p.10.

はない。それは文脈のなかで起こっている。行動は，文脈および文脈における自己の理解を基礎に行為者によって選択されている。これらの理解は，部分的には他者との相互作用の交渉から派生する。状況が交渉に抑制的に働く場合もある。したがって，行動の選択は，状況および行為者の選好結果に影響される。第4の命題として，「行為者の社会集団成員は，以上のすべてに関して抑制的にも積極的にも作用する」。

(2)　ミクロ，メゾ，マクロ水準間の相互作用

　臨床研究としての臨床社会学は，ミクロ，メゾ，マクロ・レベルの連続性のなかで行なわれるが(図表2-3参照)，あるレベルの出来事は他のレベルの出来事に対してインプリケーションをもつ。すなわち，ミクロ・レベルの問題が，メゾ・レベル，マクロ・レベルにも現れる。同様にメゾ・レベルの構造や過程が，マクロ・レベルやミクロ・レベルで媒介される。クライエント・システムは，マクロ・レベルの広範な社会変動によって，多様な文化や下位文化の成員

図表2-3　マクローミクロ水準の連続性

	システムの類型	構造例	臨床社会学の問題
マクロ水準	世界システム	国際経済	国際貿易の関係／国際紛争の解決
	国家的システム	社会／社会制度（教育，法秩序制度，経済制度）	
	大規模共同体	行政区分（州・地方・市）／全国的なネットをもつ共同体／多国籍の共同体	制度内または制度間の紛争／領土争い／文化の衝突
メゾ水準	小規模共同体	ビジネス／学校／大学／コミュニティ	グループ間の争い／人材を含む資源の改善／コミュニティ・オーガニゼーションや薬物・アルコール・非行・犯罪予防などの運動／一般的な地域社会の改善
	2次的集団	職場／近隣／市民組織	グループ内またはグループ間の協力，コミュニケーション，関係の改善／政治的な運動／問題解決／グループの連帯
	1次的集団	家族／夫婦／ピアグループ	家族や集団の機能・関係の改善／もめごとの解決
ミクロ水準	個人	社会的文脈のなかでの個人（臨床家―患者）	行動変容

出所）Bruhn, J. G. & Rebach, H. M., 1996, p.6.

によって，ペア・ネットワークや第1次集団の成員によって，個人に関する固有の社会化や定義によって，影響をうける。したがって，ミクロ，メゾ，マクロ・レベル間の相互作用という準拠枠は，臨床社会学の第3の特徴である。

(3) 科学的社会学と臨床社会学の関係

社会学理論の応用と同様に，社会学の科学的研究法は，臨床研究とも関連をもつ。臨床研究と科学的研究の違いは，「個性記述的」(ideographic)な説明モデルと「法則定立的」(nomothetic)な説明モデルの違いである。社会科学を含む

いわゆる科学は，「法則定立的」モデルを使用する。これに対して，「個性記述的」モデルは，ユニークなケースを強調する。個別のケース研究は，母集団の経験的一般化を展開するという意味で，科学的考察の対象とはならないが，科学的研究法は，単一のケース研究にも有用である。すなわち，それは，綿密なデータの収集，理論の展開，仮説の公準化や検証にとって有用である。

したがって，科学的社会学と臨床社会学の関係は，以下のように記述されよう。すなわち，臨床社会学は，介入プロセスにおいては，社会学理論を応用する。また個別の問題群に対する介入プロセスは，科学的研究法に依拠するが，介入計画の実行は，逆に臨床的・実践的行為である。したがって，臨床社会学は，科学的ワークと臨床的ワークの弁証法と表現される。これを第4の特徴とする。

(4) 介入プロセス

他の臨床学と同様，臨床社会学は，構造化された公準をもつ。クライエントのアイデンティティの定義は，変化する。したがって，「クライエント」と「クライエント・システム」という用語を区別することが役立つ。

臨床社会学の実際の「仕事」である介入は，ダイナミックな社会的過程である。臨床社会学者(以下，臨床家と記述する)は，クライエントに便益となる行動変容をもたらす目標を設定し，クライエント・システムの成員との関係性に働きかけ相互作用や交渉を行なう。実際の介入計画は，クライエント―臨床家関係の文脈の範囲で交渉が行なわれる。介入の相対的効果は，確立された関係性の質に依存している。

臨床家の視点から，クライエントは，提供する情報に対してオープンで協力的であること，変化への心の準備ができていること，ワーキング・パートナーになること，が求められる。高い位置にある専門家が低い位置にあるクライエントを指導するといった地位不平等モデルでは，失敗する[7]。効果的であるためには，働きかける関係は民主的で，クライエントの自立，問題解決能力が，クライエントの意思決定において尊重されねばならない。

臨床家は，まずクライエント―臨床家関係に科学的社会学の知識と技術を導入する。すなわち，社会学理論，方法，研究成果は，問題解決のための出発点である。ここでも，科学的なワークと臨床的なワークは，弁証法的な関係である。

　以下では，① 事前評価，② 介入計画の作成，③ 介入計画の実行，④ 事後評価，から構成される介入プロセスをより詳しく論じる。

　① 事前評価(assessment)

　事前評価の第1のポイントは，問題状況および問題の操作的定義を理解するためのケース研究と関連する。この段階で明確にしなければならないことは，以下のことがらである。すなわち，何が問題になっているか。これは臨床家にとって適切なケースであるか。クライエントは誰か。クライエントはなぜ支援を求めているのか，そして(支援は)なぜいま必要とされるのか。この時期に敏速な支援を求めるのはいったい何が起こっているからなのか，などがチェック・ポイントである。

　「問題になっている」という用語は，クライエントによる問題の陳述であり，クライエント自身の言葉で規定されたということを意味する。したがって，クライエントの陳述に注意を払うことが重要である。しかもその陳述を，「何が問題であるか」に関するクライエントの規定および理解として受け入れる。すなわち，それは，状況に関するクライエントの定義を示すものであり，クライエントが生きてきた主観的現実である。同時にそれは，問題に関するクライエントの理解から派生する問題状況との(クライエントの)相互作用の出発点でもある。その後，臨床家は，クライエントが行動変容を達成するために自己の問題を再定義することを支援する。したがって，臨床家がクライエントを受け入れ，理解してくれていると，クライエントが臨床家を信頼することが重要である。臨床家の働きかけに対するクライエントの動機づけは，臨床家が正しく理解し，問題に圧迫されているクライエントを支援してくれている，とクライエントが思うかどうかにかかっている。最終的には，臨床家にとって「何が問題

であるか」を決定するためには，クライエントの問題の規定とクライエント・システムの，他の成員の規定を比較することが役立つ。クライエントの規定およびクライエント・システムのそれといった比較の視点の欠落は，問題の継続をもたらす。

　事前評価の初期段階で強調されなければならない第2の問題は，ケースとして取り上げるかどうかである。すなわち，このケースは，臨床家の経験の範囲であるか。臨床家は，このクライエントに効果的に働きかけることができるか。臨床家がこの事例を取り扱いたくない理由が存在するか，などがチェック・ポイントである。

　これらの初期段階の遂行後，臨床家はケース理解の展開を図るために詳細なデータを収集しなければならない。したがって，事前評価とは，ケース研究である。

　事前評価の目標は，フォーミュレーション(システマティックな方法で理論や計画などを立てること。ここでは，臨床家が，どのような改善目標およびプロセスでクライエントの問題解決を図っていくかを示した全体の見取図をいう)，ケースの理解，そして変化されるべきことがらの操作的定義を構成すること，などである。フォーミュレーションが準備されると，それはさらなるレヴュー，議論，批判，修正を経てクライエントに提示されるべきである。フォーミュレーションおよび改善目標について実質的な合意に至ったとき，臨床家とクライエントは介入プロセスのつぎの段階に入る。

　② 介入プログラムの策定(program planning)

　第2段階は，改善目標を達成するために取られる多様なステップを計画することである。これは，ひとつの交渉過程でもある。改善計画は，誰が何をいつ行なうか公平にかつ詳細に企画されるべきである。クライエントと臨床家は，実質あるいは暗黙に行なわれるべき働きかけに対する契約について交渉する。介入プログラムの策定には，改善目標の陳述が含まれるべきである。改善目標は，観察可能，測定可能な用語で記述されるべきである。よく規定された改善

目標としては，たとえば，「非行を1年後，x％減少させる」など。

一般的に，改善目標には，2つのタイプがある。すなわち，結果目標と過程目標である。結果目標とは，たとえば，「非行をプログラム終了後1年以内に25％減少させる」というものである。過程目標とは，たとえば，「中学生50人を対象に，10月1日から学年末まで，放課後2時間のレクリエーション活動を提供する」というものである。これらについては，次節でさらに詳しく論じる。

③ 介入プログラムの実行(program implementation)

第3段階では，改善計画にしたがって介入プログラムが実行される。

④ 介入プログラムの事後評価(program evaluation)

第4段階は，介入プログラムの事後評価である。事後評価では，計画が予定どおりに遂行されているかどうかを結果目標または過程目標について，その改善目標に照らして測定される。介入プロセスのすべての段階と同様，事後評価は臨床家とクライエントの共同で行なわれる。したがって，クライエントは，彼らのニーズが充足されているかどうかを決定するための最善の位置に置かれる。事後評価の結果，改善目標が達成されていなければ，再度，事前評価に戻り，別の視点から事前評価をやり直す。やり直された事前評価をもとに，新たな介入計画を作成する。事後評価の結果，改善目標が達成されることで，介入プロセスは終了する。

Ⅲ 結果目標と過程目標の具体例

以下では，結果目標と過程目標について，わが国での具体例を提示しておこう。ひとつ目は，厚生労働省の「健康日本21」における，こころの健康の目標設定プログラムである。「健康日本21」の最終目標は，健康およびQOLの向上である。このプログラムにおける結果目標は，(1) 全人的なアプローチによる日常生活や習慣の重視，(2) 行動科学に基づいたセルフケアの推進，(3) こころの病気への早期対応，である。また過程目標は，自殺者の減少のために，平

成10年厚生省人口動態統計の基準値31,755人を,目標値22,000人以下とするというものである。

具体的な取り組みとしては,新潟県東頸城郡松之山町において実施されている高齢者を対象とした自殺予防活動がある。新潟大学精神医学教室の高橋らは,1986年から同町において,高齢者の自殺の背景にうつ病があることに注目した自殺予防活動を行なっている。うつ病の程度についてスクリーニング検査を行なった他,町内の診療所医師や保健婦からも情報を得て,該当者に面接を行ない,うつ病を診断した。うつ病と診断された高齢者の治療方針,処遇は,精神科医師が決定し,治療を診療所医師,保健福祉的ケアを保健婦が担当した。これらの活動の結果,自殺予防活動前17年間の松之山町の自殺率は人口10万人に対して434.6人であったが,10年の活動後は,123.1人と激減した。近隣の町村における自殺率と比較しても,有意な変化が認められた。高橋らは,人口規模の小さな特定の地域で老人自殺を予防するためには,自殺のおそれのあるうつ病老人を発見し,治療することが重要であると結論づけている[8]。

2つ目は,厚生労働省の「健康日本21」における歯科保健のプログラムである。このプログラムにおける結果目標は,生涯にわたり自分の歯を20歯以上保つことにより健全な咀嚼能力を維持し,健やかで楽しい生活を実現することにある。また過程目標は,各ステージに応じた適切なう蝕・歯周病予防を推進することである。

具体的な取り組みとして,3歳児におけるう歯のない者の割合59.5％(平成10年度3歳児歯科健康診査結果)を2010年までに80％以上にするというものである。このために,親子はみがき教室を保健センターで月1回開催する。また全員3歳児検診までに一度は参加することとされる。加えて,3歳までにフッ化物歯面塗布の経験者39.6％(平成5年歯科疾患実態調査)を2010年までに50％以上にするというものである。このために,検診時に特別な理由のない限り,フッ素塗布を進めることとされる。

このような試みは,政策形成主体による政策効果を意識した政策科学の手法

として広く普及している。

Ⅳ　政策・実践指向

　臨床社会学は，問題と措定される現象に対して，社会学的認識を動員して問題解決を指向し，事前評価，介入計画の作成，介入計画の実行，事後評価といった介入プロセスを試みる。事前評価と事後評価は，介入の有効性を判断するための指標でもある。介入の効果は，問題の軽減あるいは解消として現れる。したがって，介入のプロセスは，一方で科学的ワークであると同時に，他方でそれはすぐれて臨床的・政策的・実践的でもある。

　従来の社会学は，いわゆる社会調査による実態調査等によって，時代診断や文化診断というアセスメントが行なわれてきた。社会学がアセスメントを行なうという意味がこの意味に限定されるならば，介入プロセスは，社会学を逸脱することになる。しかし，現実の社会は，ミクロ，メゾ，マクロの各レベルにおいて，問題を沸騰させている。現実の社会から求められているのは，時代診断や文化診断というアセスメントを超えて，具体的な介入による問題の解決である。したがって，介入による問題の解決は，おのずと政策・実践指向を帯びることになる。

　このように認識すると，従来の個別科学のアイデンティティに固執することは，問題解決指向にとって，生産的ではない。問題解決指向が，おのずと学際的な指向性を強めていくことは避けられない。いま問われているのは，社会学の「学」のアイデンティティか，それとも社会学が現実の問題にどのような処方箋を書き，現実の問題をどの程度軽減あるいは解消させることができるか，である。個別科学の境界を超え移動できる自由度こそ，問題解決能力を高める思考ではないか。個別科学のアイデンティティに固執する程度に応じて，問題解決指向とは距離が生まれることに自覚的であるべきではないか。

　もし社会学が「現実からの挑戦」[9] を受けているという認識があるのであれ

ば，従来の社会学から逸脱することも視野に入れて，現実との格闘を試みるべきではないか。

　臨床社会学という呼称を自覚的に採用しない人びとにも，すぐれて臨床社会学として位置づけられる仕事は少なくない。たとえば，環境社会学において環境問題にコミットメントする研究者には，メゾ，マクロ・レベルにおける臨床社会学として認識できる業績が少なくない。したがって，現実の社会学は，現実の問題との格闘のあり方によって，臨床社会学という呼称を使用しなくても臨床社会学的研究にふさわしい研究が数多く存在することも事実である[10]。

注）
1）松村明編『大辞林〔第2版〕』三省堂，1988，p.2718.
2）デューイとベントレイは，この関係性を，Self-action, Interaction, Transaction というキーワードでとらえている。Dewey, J. & Bentley, A.F., 1949, Knowing and the known, pp.72-73. 畠中宗一「Interaction と Transaction — Transaction としての知覚—」日本社会心理学会編『年報社会心理学』16，1975，pp.127-139.
3）畠中宗一『家族臨床の社会学』世界思想社，2000，pp.208-216.
4）ここでの臨床社会学は，以下の文献に依拠する。すなわち，
　Bruhn, J.G. & Rebach, H.M., 1996, *Clinical Sociology: An Agenda For Action*, Plenum Press.
5）暫定的な定義をすれば，「臨床社会学とは，ミクロ，メゾ，マクロ水準における問題群に，事前評価，介入計画の作成，介入計画の実行，事後評価といった介入プロセスを作動し，問題の解決・解消を指向する社会科学のひとつの方法である。事前評価において社会学的認識が動員されるところに特徴を有する」。この定義は，以下の文献で行なった。畠中宗一「臨床社会学からみた人間と家族」日本家族社会学会編『家族社会学研究』13-2，2002，pp.41-48.
6）ここでいう問題解決指向への理論的基礎とは，介入プロセスのなかでもとりわけ事前評価において依拠される主要なものをいう。たとえば，ミクロ・レベルにおける家族問題では，社会システム論の応用としての家族システム論が重要な理論的基礎を提供する。
7）臨床社会学のひとつの方法として，ナラティブ・セラピーも，そのスタンスは基本的に地位平等モデルに立脚している。
8）高橋邦明「新潟県松之山町における老人の自殺予防活動—その基本戦略を中心

に」『へるす出版生活教育』44(8), 2000, pp.7-10を参照。
9) 佐々木嬉代三「巻頭言:現実の挑戦」日本社会病理学会編『現代の社会病理』16, 2001.
10) 家族問題や社会問題の研究では,問題解決指向が一般的である。したがって,臨床社会学との親和性をもつ研究があっても不思議ではない。この文脈における臨床社会学の特徴は,介入プロセスにある。臨床社会学という名称を使用しない問題解決指向では,介入プロセスのなかで,実態調査というアセスメントが行なわれ,それに準拠して問題解決のための処方箋あるいは課題が記述される。

第2部

臨床社会学の展開

第3章　「文化拘束症候群」としての摂食障害

I　問題意識と目的

　本稿の目的は,「摂食障害」に対し臨床社会学的アプローチを試みた時に,何がみえてくるかを明らかにすることであるが,一口に「臨床社会学的アプローチ」といっても,それに含める意味はひとつではない。共通していることは,グールドナー(Gouldner, A.W.)[1]が示唆するように,社会学をアカデミズムの世界にとどまらせるのではなく,「人間」のための社会学に脱皮させていこうとする意図が存在することである。日本では,今から約47年前ぐらいから,当時の国立精神衛生研究所(現・国立精神神経センター)で,臨床社会学というネイミングは使わないものの,社会学者が「学校恐怖症児」や「結婚神経症」を対象に,その治療や支援策に向けて,児童精神医学者や心理学者ともに,リサーチ・コンファランスを創って研究を行なっていた。しかし,そこでは,社会学者(故横山定雄教授や田村健二東洋大学名誉教授)が「人間を人間たらしめるのは社会で,生物有機体ではない」と強調するものの,それを誰もが納得するように,臨床に役立つ実証的な数量的なデータを提示できなかった。つまり実証的な数量データの作成技法において,精神医学者や心理学者に比較して劣っていたわけである。その結果,社会学の「臨床性」が希薄になり,いつの間にか,心理学者や精神医学者が,本来,社会学者が「取り組まねばならない自己と他者の関係性」の領域にまで,踏み込まれてしまった。

　一方,その頃の名古屋大学の医学部の精神医学の教室では,日本人の精神構造の特徴を明らかにする研究グループのなかに,当時南山大学で教鞭をとられていた社会学者(元大阪市大山根常男教授)が加わり,社会学の立場から臨床に役

立つデータ作りに努力されていた。山根教授は，自らは臨床活動はしないものの，フロイト(Freud, S.)[2]の精神分析理論のなかの「心的装置のダイナミズムに」に関心をもち，それをモデルにして社会改造の理論構成ができないものだろうか，と考えていた。

このように，社会学を臨床に生かしていこうとする「意識性」は，日本では，約48年前から，存在していたが，しかし，人間の生物有機(からだ)と心とミクロ・メゾ・マクロレベルの社会が，どこで，どのように繋がって，問題行動を引き起こしているかという理論的な問題意識は希薄であった。そのために臨床的命題の構築や命題実証のための方法論として「演繹法」や「帰納法」について知識としてはもっていても，実際には活用することはなかった。そのように，当時の状況をみてくると，「社会学の臨床性」を希薄化させたのは，人間の上記の3つの側面の「交差性」に注目することを怠り，そして実証的臨床データの作成技法の精度を高めていくことを怠ったことに，原因があったように思われる。

社会学の「臨床性」を希薄化させたのには，もうひとつの忘れてはならない原因がある。それは，医師の権威を絶対視し，人間のあらゆる問題行動の原因を「個体要因優位説」に求めていたことである。人間の問題行動や問題状況には，情緒障害，心身症，神経症，非行，犯罪，ひきこもり，統合機能失調症，家族解体，企業倒産，地域社会の過疎・過密，そして政治腐敗や文化的価値・規範の統制力の喪失など，多種多様な問題行動と問題状況が存在するが，これらの問題発生に最も大きく寄与する本質的な原因を，「人間と人間の認知的・情緒的・評価的なかかわりあい，つまり関係性」に求めるのではなく，個人の遺伝子，体質，気質，そして酵素活性などの生化学的因子に求めたことにある[3]。しかし，今日では，少なくとも，この個体要因優位説は国際社会精神医学会で軽視される傾向にある。しかし，この学会においてさえ，人間の生物有機体(生体)と，心と，社会あるいは文化がどのように繋がって，人間をして問題行動に至らしめているか，「からだ」と「心」と「社会」の連鎖状況につい

ての認識は必ずしも強くはない。

本稿ではこの課題解決を志向しながら，最近，若い女性のなかで増加の一途をたどる「摂食障害」（過食症＝Bulimia Nervosa）の形成過程と臨床像について明らかにすることを目的としたい。

II 生物有機体と心と社会システムの交差理論

「人間」と「社会」の関連についての論考は，古くは，デュルケム（Durkeim, É.）[4]の「社会拘束論」や「社会的事実論」，ミード（Mead, G.H.）[5]の「自我論」，フロイト[6]の「心的装置論」のなかにみられる。デュルケムは，心のなかの純粋に個人的な部分と，個人の外に存在する社会的事実（道徳，社会制度，価値規範など）によって生成される心の部分を区別して，前者は後者によって拘束されるものとして規定した。「純粋に個人的な部分」についての内容を彼は規定していないが，人間を生理・心理・社会的な存在（Biopsychosocial being）として捉えた場合，生理的な側面，たとえば，体質や気質などの遺伝的特性を意味したものと思われる。彼は，「自殺論」のなかで，カソリックの価値規範がプロテスタントの価値規範よりも「自殺」を引き起こさせにくいという命題を構築し，それを実証的に検証し，社会学を初めて実証科学たらしめた研究者であるが，注目すべきは，デュルケム自身が，結局は社会は人間から遊離したところで存在するのではなく，「社会は人間の心のなかに存在して，初めて意味を持つ」と認識していたことにある。この命題は，摂食障害の解明のためだけでなく，人間のパーソナリティ構造のなかの「道徳的価値規範」の重要性を指摘すると同時に，個人の外に存在する文化としての道徳規範の「内面化」（internalization）という心理学的メカニズムを示唆している点でも重要と思われる。

またフロイトは「心的装置論」のなかで，心の仕組みを構成する基本的な機能部分として，本能的衝動を抑止する「超自我」を位置づけ，その生成についてそれが「道徳の内面化されたもの」であるとしているが，それはデュルケム

が全体社会の秩序を維持し安定させるために，文化としての「道徳」に注目したことと類似している。が，デュルケムはフロイトと違って人間の主体性を軽視した。したがって，彼の理論では，人間の問題行動の多様性は説明できない。たとえば，なぜ，単独非行でなく，集団非行か，あるいは，どうして摂食障害でなく，あるいは神経症でなく，うつ症状が起こってくるのか，といういわゆる「症状選択」の心理的メカニズムは解明できない。ところで，ミード(Mead, G.H.)[7]は「自我論」のなかで，自己を「主体我」と「客体我」にわけ，前者は当事者が主観的に思っている自分自身のイメージであり，後者は他者をはじめとする社会構造の反映された自己像の一部であると規定している。すなわち後者は他者の目に映っている自分自身のイメージで，主体我に影響を与え，その影響を受けた主体我から逆に客体我が影響をうける，という相互作用のなかで，自己が成長していくと考えた。ミードはこの「自我」論を用いて人間の問題行動を説明しようとはしなかったが，彼の「自我」論や上述のデュルケムやフロイトの理論は，摂食障害の臨床現場で活動する臨床心理士，看護師，あるいは精神保健福祉相談員たちによって，無意識的に応用されている。しかし，彼らのなかではそのような社会学理論を応用して仕事をしている自覚は皆無に近い。その意味では，社会学理論の実践的有効性を認識させるために，社会学者自身の臨床活動を通じて，他の専門家たちに，「社会学の理論」を応用して仕事をしていることを理解させていくことも，臨床社会学の発展にとっては重要と考えられる。

　ところで，「過食症」の臨床症状は，後述の「過食症」の診断基準からも分かるように，自己誘発性嘔吐のように身体面に，あるいは分裂した自己のように心の側面に，そして擬似相互的な人と人とのかかわり合いのように「関係性」の側面に現れてくる。もし，摂食障害の臨床症状が「心理的ストレス」との関連で起こってくるとするならば，当然そこには，「ストレス源」が存在しなければならない。そのストレス源をどのように認知して解決するかは，その個人の心の構造を構成している「自我」のはたらきが関与してくるが，その

第3章 「文化拘束症候群」としての摂食障害

「自我」は，誕生直後は存在しない。その「自我」は，母親を中心とする「他者とのかかわり合い」を通じて，他者の示す文化としての「認知された意味」と「情緒的な意味」が内面化され，蓄積され，形成されたものである(Parsons, T.)[8)9)10)]。

フロイトは，生物有機体の「適応」の結果を「自我」(the ego)と考えたようであるが，人間の悲しみ，苦しみ，さびしさ，心の痛み，怒り，悔しさなどの「情感」は，文化としての「情緒的シンボリズム」と密接な関係がある。たとえば，うつ症状と「拒食」(Anolrexia Nervosa)の強い，離婚を主訴に来談した韓国の32歳の日本人男性を夫にもつ女性は，夫が「年長者優遇の生活習慣」を身につけていなので，自分の両親や親族から「教養」がないと軽蔑されており，自分自身もそのことを「恥ずかしい」と思っていると，60分のカウンセリングのなかで，3回も発言しているが，それは彼女の「自我構造」が韓国の「年長者尊重」という文化的シンボリズムと密接に関係しいることを示唆してしている。あえて，発言すれば，フロイトが「自我」といっているものは，「人と人のかかわわりあい」(interaction＝ミクロ社会)を通じて，つまり，「認知・評価的なかかわわりあい」と「情緒・評価的かかわりあい」を通じて内面化された「自己―対象イメージ」であり「文化としての認知システム」と「文化としての情緒的シンボリズム」の内面化されたものである。フロイトがいうような「生物有機体」の環境に対する「適応」そのもの結果現象というより，自己と対象とのかかわりあい，つまり「人と人とのかかわりあい」のなかで交わされる「象徴的・情緒的意味」が取り込まれて(introjection)形成されたものである。そこで，「象徴的・情緒的意味」と表現しているものは，われわれが日常生活で，悲しみ，苦しみ，寂しさ，心の痛みと表現している心的事象であり，これらは他者あるいは対象との関係で経験的に習得された情感(affect)のことである。加えて，「自我」機能のなかには対象関係のなかで経験的に習得される認知，判断，記憶，防衛と，内向性，外向性として意味づけられた「志向性」などが含まれている。これらは，生物有機体の単なる適応結果というよりも，他者と

のかかわり合いのなかでの「経験」の結果としてとらえた方が、現実妥当性があるように考えられる。

　それから、フロイトが心的装置論で「超自我」(superego)といっているのは、彼自身が明言しているように、文化としての「道徳規範」が「人と人のかかわり合い」を通じて内面化されたものであり、摂食障害はこの心の部分と密接な関連があるように考えられる。すなわちそれは、「超自我肥大(superego lucuna)」のため、ほんとの自分自身を殺して、他者からの期待に応えていく生き方に、その特徴がみられる。超自我は前述したように、文化的価値規範が内面化されて心(人格)の一部になったものであるが、心のなかでは、通常は生物有機体の衝動的欲求(id)を抑止して、「認知・調整的機能」を果たす「自我」を助ける役割を果たしている。しかしそれが肥大化すると多くの精神的エネルギーを消耗してしまうので「自我」の利用可能なエネルギーが少なくなってしまい「自我」の調整機能が低下してくる。その意味では摂食障害は超自我肥大による「自我」の調整機能の低下によるものとして考えられる。衝動的欲求(id)は生物有機体と密切な関係にあり、心的エネルギーの源泉でもある。その心的エネルギーは生物有機体から送りこまれているもので、「快楽原則」にしたがって、作動している。したがって、人間の生物有機体の臓器機能が停止すると、エネルギー源がなくなるので、他者あるいは対象にカセクト(付与)されている心的エネルギーもなくなってしまう。結局、、その対象についての記憶、判断、も失われてしまう。その結果、この心的エネルギーを使って活動していた「自我」の認知機能や情緒充足機能も停止し、悲しさ、苦しさ、寂しさ、そして心の痛みも消失し、無力感状態になってくる。また、生物有機体からのエネルギーの提供がなくなると、これまで性衝動や攻撃的衝動を抑止して、「自我」の認知・調整機能を助けてきた、文化的対象としての価値規範の内面化の所産である「超自我」の活動も停止してしまう。

　このように考察してくると、人間の「心」や「心のダイナミックス」は、人と人の認知的・評価的なかかわりあいと、情緒的・評価的かかわりあいの経験

的所産であり、その視点から「摂食障害」発生機制を考えると、それには摂食障害者に内面化された「自己―対象イメージ」と「文化的に意味づけられた体形」（身体文化との強迫的な過剰同一化）とが強く関与しており、その問題が解決されれば、摂食障害の臨床は一歩前進するように考えられる。

Ⅲ 摂食障害（過食症）の診断基準

「摂食障害」(Eating Disorder)は、今日では「拒食症」(Anorexhia Nervosa)と「過食症」(Bulumia Nervosa)と2つに類型化され、それぞれ定義もされているが、DSM-Ⅳ(Diasgnositic Statistical Manual of Menntal Disorder-Ⅳ)での定義要件とICD-10(International Code of Disorder-10)での定義要件は、必ずしも完全には等しくない。「摂食障害」という異常食思行動は、1970年代にイギリス、フランス、西ドイツの若い女性の間で、席巻するようになり、日本では1980年代頃から、かなりの勢いで増加の一途をたどっている。問題はどうして、生産力の低い発展途上国で発生しないで、飽食の文化社会といわれる先進諸国でおこり、しかも主として「女性」に発生しているか、ということと、特定の親子関係のなかで親の期待に応える形で、「人格＝自己」を形成してきた女性に、比較的多く発生しているかということである。そのことを考慮すると、その本質原因はその個人の遺伝的体質や気質、あるいは生化学的特質にあるとは考えにくい。特に、後に触れるように、摂食障害が人間の心と密接な関係にあり、誕生直後の人間が、内向性、外向性、攻撃性、受動性、依存性などの心性をもっていないとする「人間白紙説」に依拠すれば、摂食障害の個体要因優位説には疑問が残る。

　ここで、「過食症」の診断基準についてDSM-ⅣとACD-10の基準について紹介しておきたい。しかし、現実の臨床現場では、このような純粋な形の「過食症」は少なく、うつ症状、薬物依存、アルコール乱用、恋愛依存症(love addiction)の症状を伴う場合が比較的多く観察される。本稿で取り上げられる「過

食症」も，来談時の診断名は「過食症」であるが，10年前は「拒食症」(Anorexia Nervosa)の診断を受けている。

図表3－1　「過食症」の診断基準

1　DSM-Ⅳの診断基準※
A．過食のエピソードを繰り返す。過食のエピソードは以下の2項目で特徴づけられる
  (1)　一定の時間内（たとえば2時間以内）に，大部分に人が食べるより明らかに大量の食物を摂取する
  (2)　その間，「摂食」を自制出来ないという感じを伴う。（たとえば，食べるのを途中で止められない感じや，何をどれだけ食べるかをコントロール出来ない感じ）
B．体重増加を防ぐためには自己誘発生嘔吐，下剤や浣腸剤，離尿剤の誤用あるいは激しい運動などを繰り返し行う。
C．過食と体重増加を防ぐ行為が最低週2回以上，3ヶ月続くこと。
D．自己評価は，体重や体型に過度に影響を受けている。

2　ICD-10の診断基準※※
A．食べることに絶えず心を奪われており，食物に対する抗しがたい渇望，短時間に大量の食物を摂取する過食のエピソードに陥る。
B．食べ物で太らないように，自己誘発性嘔吐，緩下剤の乱用，過食後の断食，食欲抑制剤，甲状腺末や利尿剤の使用。
C．肥満に対する病的恐怖。健康的と考える病前体重よりもかなり低い体重に，自らの体重を設定する。しばしば神経性食思不振症のエピソードが先行し，これとの間隔は数ヶ月から数年にわたる。このエピソードは明瞭である場合もあるし，中程度の体重減少や一過性の無月経を伴った不明瞭な形をとる場合もある。

※　Diagnostic Statistical Manual of Mental Disorders, 4th ed., *American Psychiatric Association*, 1994.
※※　International Code of Disorders, World Health Organization, Chap. 5, 1992.

　以上が，「過食症」のDSM-ⅣとICD-10の診断基準であるが，これは「過食症」の結果現象を示すもので，病因論的プロセスはまったく記述されていない。しかし，病因論的プロセスが理解できなければ，必要な介入の次元，焦点，

面接技法，資源の紹介の有無，有効な資源の組み合わせなどが決定できないために，試行錯誤的にしか，介入できなくなる。もし，「摂食障害の社会病理学」という知識体系があるならば，それは，「摂食障害の臨床社会学」に大きく貢献することが予想される。その意味では，「社会病理学」は「社会学」と同じように，「臨床社会学」の基礎理論として位置づけられるべきだろう。しかし，視点をかえれば，具体的な臨床データがなければ，実践あるいは応用可能な「社会病理学」の構築は困難と思われるので，そのような発想のもとでは，「臨床社会学」は「社会病理学」研究のひとつの方法にしかならなくなる。この場合，どちらの視点にたって研究を進めるべきかが問題になるが，それは，研究者が自分のアイデンティをどの学問に求めるかによって，決定すれば良いと思う。筆者としては，「社会病理学」は「臨床社会学」の基礎理論として位置づけた方が，実践科学として発展しいくように思える。

Ⅳ 摂食障害（過食症）の臨床社会学的仮説

　摂食障害の発生メカニズム，支援・治療の方法，予後は，今のところ完全には分かっていない。症状が身体症状，心理的症状，行動異常，人間関係の障害などと，生活の複数の局面に現れてくるので，医学，心理学，社会学などが参入するかたちになっている。どの学問も「飽食社会の文化」が関与していることは認めている。しかし，その文化がどのようにして摂食障害者の「人格構造」を崩壊させ，自己受容を低下させ，対人関係においてほんとの自分自身を表現できずに，偽りの自分自身を「演じて」，ストレスをため込んでいくのか，そしてそのストレスがどのようにして毎日の「食べ吐き」に繋がってくるか，そのメカニズムが分かっていない。
　いくつかの「発生仮説モデル」が作れると思うが，人間が生まれた瞬間は心理的に白紙の状態の生物有機体にしか過ぎない，という「人間白紙説」が間違っていなければ，「過食症」発生の優位要因は，「日本の細めの身体を理想と

する身体文化」と,「幼児期や学童期のからの母子関係のなかで,母親にとって良い子である自分自身を演じ,ほんとの自分自身の気持ちを抑圧して出来た人格」,そして「男性支配・中心の文化」の3つにあると思われる。結局,この摂食障害の病因は,この文化を自分と母親との疑似相互的な関係を通じて内面化して,「自我」と「超自我」の中心部分を形成したことにある。

　もう少し,具体的に説明すると,日本では,ヨーロッパと同じように,「細めの体型」が主として若い女性の理想型とされ,それがひとつの「身体文化」になっている。したがって,標準体重を少しでもオーバーすると,その文化的価値に規制されてほとんどの若い女性に「ダイエット」しなければという一種の「強迫的心性」を形成させる。もちろん,その背後には肥満女性は醜い,男性からもてない,流行の洋服が着れない,非経済的,自己表現ができないなどと,外在的要因によって形成された理由があるが,これらの理由は,すべて「細めの体型」を理想型とする文化から生じている。特に,交際している男性とのかかわり合いで,「このごろ君は太ってきたね――」といわれただけで,ダイエットへの「強迫性」は強化され,また人によっては,過度の運動を行ない,エネルギーを消耗して,彼から期待される「体型」を作ろうと努力する。その自助努力によって社会の理想とする「体型」を作ることができない時には,エステに行ったり,病院で入院したりする。

　そのような異常行動にまで至ると,「文化的価値」として望まれている「細めの体型」と自分の体型を重ね合わせ,毎日のようにそのズレを計り,そしてそのズレが大きくなればなるほど,劣等感を強くし,自信を失い,自己受容ができずにストレスが蓄積されてくる。このように形成されたストレスが,太ることへの予期不安からくる「拒食」を契機にして「過食症」となり,1日2―3回の「食べ吐き」を繰り返していく。ひとさし指と中指には10年間の「食べ吐き」が重なって「たこ」が出来ている場合がしばしば観察され,こんな状態では結婚もできないだろうから自立したいと思っても,現実には偽りの人間関係しか作れなくなり,かといって,「孤独」に耐えきれず,男性とも真実の自

己表現の可能な関係も作れず,「引き裂かれた自己体験」に悩まされてしまう。このように形成された「摂食障害」(過食症)を「文化的拘束症候群」(cultural bound syndrom)[11]といっているが,その仮説を以下の臨床例で検証しておきたいと思う。

V 臨床例でみる摂食障害(過食症)

年齢は30歳,体型は細長型,身長159cm,体重43～45kg。太りすぎて困っていると言う。1日3回1時間半かけて「食べ吐き」。つらくて,つらくて仕方がない。それでも,「食べ吐き」を繰り返す。自分の容姿を,色の白さで特徴づけており,標準体重を越えていない。しかし,太ることについての「予期不安」を強くもっている。面接場面での彼女は,思考の回転は早く,知性も豊かで,過食症から脱却したいという「動機」も高い。しかし,実際には脱却できないで苦しんでいる。看護婦の経験があり,一般の人と比べると,人間の身体・生理機能についての知識は高い。現在,安定剤服用。アルコール乱用などの合併症はない。

面接場面では,1)感情受容的な態度,2)信頼関係を確立する態度,3)個別性の尊重,4)得られた面接データによる病因論的仮説と臨床仮説の提示,5)面接場面での情報のフィードバック・プロセスによる臨床仮説の修正など,エスノメソロジカルな面接技法を採用。以下は,「過食症」患者の陳述内容である。

(1) 両親との過剰同一化と「自己受容の低下」

「いろいろと悩みごとはあると思いますが,今一番悩んでいることから話してくれませんか」という筆者に対して,次のように話はじめる。

現在一番気になることは,「過食症」。1日3回は必ず,食べ吐きする。吐き出すときは苦しくて苦しくてたまらないです。この症状は,20歳頃から続いており,近大病院にも入院したことがありますし,1年半ぐらいだと思う

けど，クリニックでグループ療法も受けたことがあります．でも，あまり効果がなさそうなので，というよりも自分に合っていないようなのですぐ止めました．安定剤は飲んだり飲まなかったりしています．

―――。

　その次に気になることは，「他人とのつきあいができないこと」です．他人に対して「本当の自分」がみせられないことです．本当の自分をみせるのが怖いです．私のことを好いてくれ，私も好きになる人は何人もいましたが，本当の自分自身をみせることができる前に，自分からその関係を解消してきました．本当の自分が分かると，「嫌われる」のではないかという気持ちが非常に強くなって，嫌われる前に，その関係を切ってきました．本当の自分をみせることに自信がないと思います．3年間看護婦をしていたときも，みんなから好かれるような振る舞いをしてきましたが，自分では八方美人的な態度を取ってきたように思います．高校時代から決して誰とも親しくなれませんでした．男と女とのつき合いでは，男の方がつき合いやすいです．女の人はすぐ批判します．私は，ですから女の友人は誰もいません．

―――。

　それから自立したいと思ってもそれができないことです．私には，両親と26歳の妹がおりますが，その妹も結婚して，現在は両親と私の3人暮らしです．小さい頃から，私は優等生で，両親に反抗するようなことは絶対しませんでした．反抗期がなかったような感じがしています．両親から期待されれば，その期待を裏切らないように，一生懸命生きてきたように思います．看護婦になろうと思ったのも，両親から認められたいという気持ちがあったからだと思います．両親は共稼ぎで，女性も外で働くことができれば，働いた方がいいと思っているようでしたから．

―――。

　私がこの「過食症」にかかったのは20歳くらいのことですが，両親はその頃は，そんな病気があることを知らないで，私のことを怒っておりました．

どうして、折角食べたものを吐き出して捨てるの、といってものすごく怒っておりました。でも最近になっていろいろの本で「摂食障害」「過食症」という文字をみる機会が多くなって、態度が変わってきました。そのような親の態度に甘えて、私は仕事もしないで、親から養ってもらっていますが、一種のパラサイト・シングルですかね。……父親が来年定年で仕事を辞めます。そうなると、いろいろの問題が起こるような感じがしています。そのひとつは、父も私も1日中家で一緒にいることになり、いまでも時々衝突しているのに、一緒にいる時間が長くなると、喧嘩ばかりしてやっていけないような不安がしています。ですから、できるだけ自立したいと思っているんですが、人とのかかわり合いが作れない今の私に、仕事ができるようには思えません。そうゆう葛藤状況も、生きる自信を失わせているように思います。でも、何かしら病気に逃げているような感じもしています。

(2) **自己の体型と理想とされる「細身型身体文化」との葛藤**

　　私は、高校時代から24歳くらいまでは体重が65kgあって、全く女らしくなくて、洋服もダブダブのジーパンをはいて、髪のかたちもショートカットにして、媚びをうる女をみると腹がたっておりました。特にテレビなどで媚びをうる女の映像が目に入ると、お母さんと一緒にお菓子を食べながら「最低の女」と口走っておりました。両親が共稼ぎをしていることもあって、女も経済的に自立して、男性と競合しながら生きて行くべきだとする考え方をもっていました。フェミニズムに興味があったんです。ですからその時は、デートしても絶対に奢ってもらうことは受け入れませんでした。必ず割り勘でした。ですから、看護婦をしているときも、後輩の看護婦には男みたいなえらそうな態度を取っていたと思います。

　　しかし、27歳くらいになると、自分の中に、からだも心も、もっと女らしくなりたいという気持ちがおこり、ダイエットのために入院しました。これは誰にも言っていない話ですが、この入院生活で65kgの体重を45kgまで落と

しました。体重を落としてからは，いろいろの洋服が着れるようになり，それにあわせて，これまでボーイッシュなおしゃれを心がけてきた自分自身が，女らしいおしゃれをするようになりました。そうすると，今まで近づいてくれなかった男たちが近づいてきて，いままで経験できなかった快感を経験する事ができるようになりました。今は男の人に依存して生きることが生きやすいという思いがありますが，一方でそのような生き方をする自分自身を軽蔑している自分自身があります。ここに相談しにきたのも，人とのかかわり合いを創っていける能力を身につけて，自立したいとう思いがあるからですが，看護婦の資格はもっていてもその仕事からは長い間離れているし，まったく自信がありません。結局は男に頼って生きていく道を選んでしまっております。

　カウンセラーが「24歳の頃に思っていた理想の自立する自分自身が，男に依存し生きる自分の中に持ち越されて，どれが本当の自分自身が分からなくなってきているんですね——」と解釈を加えると，そうなんです。どちらが，ほんとの自分自身かがわかりません。その葛藤が強くなると，しんどくなって，安定剤を飲んだり，「食べ吐き」の回数がふえます。今は，1日3回，1時間半かけて「食べ吐き」を繰り返しております。でも，「食べ吐き」をしないで，太ってしまうより，その方がいいです。ひとさし指と中指をのどにつっこんで「食べ吐き」しますので，こうして，指にタコが出来ています。——

　以上が臨床事例の一部であるが，この事例は，前述した「文化的症候群」としての「摂食障害」の仮説をある程度立証していると思われる。

Ⅵ　総括と今後の課題

　これまで，摂食障害（過食症）に対する臨床社会学的アプローチと摂食障害の

臨床像について述べてきたが，一口に「臨床社会学的アプローチ」といっても，それは，解決を必要とする問題状況によって，異なってくる。したがって，課題を整理すると，次の4つを指摘することができる。第1の課題は，問題即応的なきめの細かい具体的な治療戦略を立てることである。たとえば，非行，あるいはアルコール依存症，あるいは犯罪や地域の過密・過疎の問題状況に対する臨床社会学的アプローチの実際は，その問題ごとに異なる。特に，「治療システムの作り方」，あるいは「アセスメント」，あるいは「臨床的介入」は，これらの問題行動や問題状況によって異なってくるし，あるいは同じ摂食障害でも，その取り組むべき対象が「拒食症」であるか「過食症」であるかによっても，異なってくる。

たとえば，「拒食症」の場合，「過食症」と異なって，すでに，栄養障害が原因で生理異常，肝機能などの障害を引き起こしている場合がある。したがって，治療システムを作る際には医師をメンバーにいれておく必要がある。しかし，「過食症」の場合は，身体の異常をきたしていない場合が比較的多く，むしろ親子関係に問題がある場合があるので，治療システムのなかには，医師よりも母親もしくは父親をメンバーにしておく必要がある。そのことによって，母親や父親は，娘が，必要以上に自分たちの「期待」に応えようとして，ときには自分の本当の気持ちを殺してまで，親である自分たちにとって「良い子」になろうとしていたことに気づき，これまでの娘に対する態度を反省できるようになる。

本稿の臨床事例においては，母親は自分が子どもの頃，事故で左目を煩いまったくみえなくなっていたが，それが理由で，書類受付の段階で，高等看護学校に入学できなかった。そのことがトラウマになって，母親は娘（過食症）に対しても，女性もこれからは「自立」が必要であることを強調し，短大の看護学科に入学するように娘には期待していた。娘も母親のその期待に応えてくれて看護学科を卒業し，透析専門の病棟で看護婦として勤務するようになるが，156cm，65kgという体重と日本の「細身の体型を理想とする文化」に押しつぶ

されて，拒食，入院を繰り返しながら，「過食症」に陥っていた。母親と娘を「治療システム」のなかに導入する理由は，過食症の背後には「文化的反動形成」のメカニズムが娘の心のなかで作動して，娘が「過食症」になっていることを洞察させることが可能となる。

　第2の「摂食障害」に対する臨床社会的アプローチの課題は，社会のミクロ，メゾ，マクロの部分を交差させながら，治療システムを作動させていくことにある。「摂食障害」という異常食思行動には，自己受容が低くて，自傷行為を伴ううつ症状と，アルコール依存症を合併している場合があり，どちらの疾病に焦点をあてて「治療システム」を構築するかが，重要な課題になってくる。その際，必要なことは，どの適応不全行動が先行する中核的な問題行動であるかを，生理・心理・社会の交差論的視点から，インテンシヴな個人面接を通じて，既往歴のデータを作ることである。この種のアセスメントができない限り，有効な「治療システム」の構築が不可能であり，ましては，政策提言も具対的な臨床データがないために夢物語に終わってしまう危険性がある。

　第3の，摂食障害に対する臨床社会学的アプローチの課題は，社会や文化の視点から社会の「病態」原因の解明を主たる目的とする「社会病理学」の研究知見を「臨床社会学」にどのように生かしていくか，ということである。しばしば，「病理論」は「臨床」に役に立たないといわれるが，しかし，「理論無き実践はマジック」であり，「実践なき理論は空理空論」であるといわれるように，どうして摂食障害がおこり，どのような臨床介入によって，どのようにして快復していくか，という事実が解明され，しかもそれが伝達可能でなければ，たとえ，快復しても，それはマジックに終わってしまう。

　日本では，これまでの社会病理学研究のなかで臨床的視点の重要性は指摘されてきたが，「社会」を臨床して，人間の問題を解決し自己実現を計っていくという視点が希薄だったため，「臨床社会学」というネイミングを使うことに躊躇していた感がある。この2―3年，実際の臨床活動を通じて臨床社会学的枠組みを構築するというよりも，アメリカの研究者の概念枠組みの紹介をはじ

めた感があるが，しかし，それが，日本の社会でどの程度「臨床」に使えるかどうか，検証されていない。その意味では，社会病理学も臨床社会学も重い試練に直面している感がある。「臨床社会学」を「文献紹介」に終わらせないためにも，社会病理学研究者や臨床社会学を志向する研究者が，なんらかの「臨床の場」を確保していく努力が不可決と思われる。

注)
1) Goouldner, A. W., 1970, *Coming Crissis of Western Sociology*, Basic Book, Inc.
2) Freud, S., 1935, *The Ego and The Id.*, Hogarth Press.
3) 本村 汎, 1979, 『家族診断論』誠信書房.
4) Durkheim, É., 1929, "Determinatio du Fait Moral," in Bougle, C.(ed.), *Sociologie et Philosophie*, pp.38-42.
5) Mead, G. H., 1934, *Mind, Self, and Society: From the Standpoint of Social Behaviorist*.
6) Parsons, T., 1952, The Superego and the Theory of Social System, *Psychiatry*, 15, pp.15-25.
7) Mead, G.H., 1934, 前掲書.
8) Parsons, T., 1950, *Psychoanalysis and Social Structure, Psychoanalytic Quartery*, 19, pp.371-384
9) Parsons, T., 1953, Psyhchoanalysis and Social Science in Alexander, F. and Ross, H.(eds.), *Twenty Years of Psychoanalysis*, Norton, pp.186-215,
10) Parsons, T., 1959, Social Structure and the Development of Personality: Freud's Contribution to the Integration of Psychology and Sociology., *American Journal of Orthopsychiatry*, pp.321-340
11) Gordon, R. A., 1990, *Anorexia and Bulimia: Anatomy of a Social Epidemic*, Oxford, Englnad: Basil Blackwell.

第4章　アルコール問題

I　社会・文化的問題としてのアルコール依存症

　アルコール依存症は個々の生体において観察される疾病であり，保健福祉問題であり，飲酒文化や社会構造を反映するものである。つまりアルコール依存症は個人の問題であると同時に社会，文化の問題でもあるのだ。この意味でまさしくアルコール依存症の問題は臨床社会学の格好のテーマといえよう。

(1)　アルコール依存症と個体条件

　無論アルコール依存症は個人をベースに発現する疾病現象である。このことは，アルコール依存症になるのは個人であるという単純な意味で現象的にも，またもう少し複雑にみて個体条件という観点からみても，個人ベースの問題といえる。個体条件について少し具体的に触れると，当然にも個々人が飲む飲酒量が圧倒的に大きな規定要因であり，さらに「飲む飲酒量」は「飲める飲酒量」を前提にする。このキャパシティとしての飲酒量は，周知のように個体によって遺伝的に定まった仕方で各人に振り分けられている。

　詳細は別に，体内に摂取されたエタノール（アルコール飲料）はその分解代謝過程で，アセトアルデヒドというもともと人体では生成されない物質，すなわち毒物に変換される。毒物である以上，当然アセトアルデヒドは生体に毒物反応を引き起こす。これが飲酒によるフラッシングと呼ばれる顔面紅潮であり，動悸，頭痛，吐き気，下痢などである。この毒物反応が翌日に持ち越されたものが，いわゆる"二日酔い"である。一般に生体はこうした毒物を嘔吐や下痢によっていち早く対外に排泄するものだが，もともとアセトアルデヒドによる毒物反応をほとんど引き起こさない一群の個体が存在する。アセトアルデヒド

を体内で効率よく無害物質に分解変換するアセトアルデヒド脱水素酵素（ALDH）のⅡ型において活性型タイプの個体がそれであり，白人種，黒人種，それに一部のモンゴロイドがこれにあたる。日本人では40％強の個体がこの酵素をもたない欠損型，あるいはもっていても活性度の低い不活性型であることが知られている[1]。

またアルコール依存症の原因は明々白々であり，飲むからである。研究などまったく必要としない確固たる事実である。したがって，この経験的事実に照らしても飲む人，とりわけ飲める人が危ないのであり，アルコール依存症の個体条件からいえばALDH活性型の個体においてアルコール依存症の発現率が高いということになる。さらにこの自明な命題をいまひとつ展開させれば，ALDHⅡの欠損型が相対的に多い日本人は，この生物学的個体条件として日本社会にビルトインされた，アルコール依存症に対するいわば生物学的セーフガードに守られているといえるのである。要するに，遺伝的に飲酒量キャパシティが高い個体がアルコール依存症になる条件を備えているのである。この個人ベースの条件によって，全般にモンゴロイドそして日本社会ではアルコール依存症の発現率が低いということになり，反対にALDH欠損型が皆無の白人で，その発現率が高くなる。

(2) アルコール依存症と社会・文化的要因

しかし実際には，白人種間でも国や文化によってアルコール依存症の発現率は異なっている。

この事象は上述した個体モデルでは説明できないものであり，また変異的事象とも片付けられない事象なのである。なぜだろうか。結論を先取りして端的に述べれば，まさに社会・文化モデルが要請されているのである。

個体モデルを支える主たる研究方法は動物実験だが，そもそも私たち人間は実験動物が無理やりにエタノールを注入されるのとは大いに異なる。自分の意思で飲むのであり，もっと飲みたくても家族や周囲の視線というインフォーマルなコントロールと折り合いをつけながら飲むのである[2]。ストレスや悲しみ

第4章　アルコール問題

の時だけでなく，慶事や嬉しい時，あるいは創造性のインスピレーションを得たい時，男女が親しい関係を睦ぶ時など，さまざまなコンテクストで自発的に飲酒するのである。ときには，人間関係への考慮から無理やり飲まざるを得ない場合もあるが，それはそれなりの計算に基づく合理的選択行動ともみなされるものであろう。唯一，実験動物扱いされる場合が，"一気飲み"のようなアルコールハラスメントである[3]。

　ケッセルとウォルトン(N.Kessel & H. Walton)は飲酒文化の観点から，ヨーロッパ諸国にあって共に飲酒には寛容なカトリック国で，かつワイン文化圏に所属するフランスとイタリアを比較して，その差異を次のように論じている[4]。上記のほかにも，ワイン産業が国家経済の基礎にあり人びとの日常生活にワインが深く浸透しているなど，両国は共通する点が多いにもかかわらず，飲酒時間帯，社会一般に許容される飲酒量，これらの結果でもあるアルコール関連の健康障害などにおいては両者に相違点も大きい。すなわち，フランスでは昼食時をはじめ昼間から飲酒することは珍しいことではなく，労働者の場合1日に許容される平均的なワイン飲酒量は2リットルとする調査があったり，ワインの飲酒には高い許容性を示す。他方イタリアでは，伝統的に労働時間中に飲酒することは因習に反することであり，1日に許容される飲酒量はフランスのほぼ半分であり，ワイン飲酒と親和性を示すもののフランスほどには許容性は高くない。これらの結果，フランスではアルコール関連の健康障害は相当数に達しているが，イタリアではアルコール依存症で一般病院，精神病院を訪れるものはそう多くないという。このように，ケッセルとウォルトンらは両国にみられるアルコール関連疾患の量的差異は，飲酒に関する人びとの態度や習慣，すなわち飲酒文化の差を考慮することなしには理解できないことを明らかにしている。

　飲酒文化や社会状況の差異に応じてアルコール問題の社会的構築状況も大いに異なる。南部・中部ヨーロッパのカトリック国と北部ヨーロッパのプロテスタント国における差異はよく知られた例であり，またアイリッシュとユダヤ人

図表4-1　Jellinek の3極構造モデル

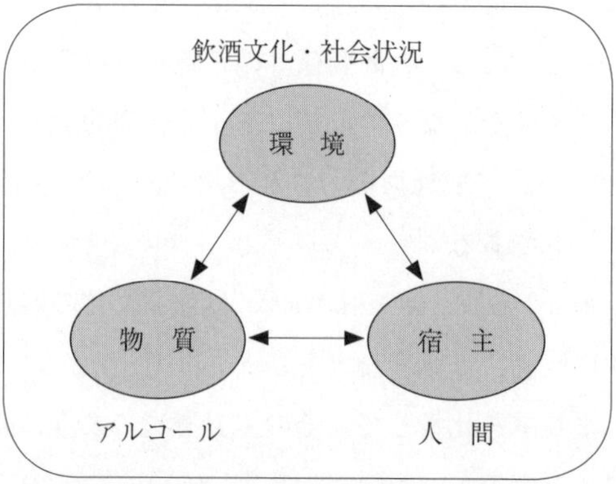

（図：飲酒文化・社会状況の枠内に「環境」、その下に「物質（アルコール）」と「宿主（人間）」が三角形で相互に矢印で結ばれている）

の対比も，その対比が何を意味するか欧米では知る人ぞ知るところである。なによりも，黒人種におけるアルコール依存症の低発現率はどうしたことだろうか。反対に，やはり一部に ALDH Ⅱ の欠損型を抱えるイヌイットやネイティブアメリカンにみられるアルコール依存症の高い発現率も同様である。

結局，アルコール依存症は個体をベースに発現する疾病であるものの，この疾病を発現させる宿主である人間は実験動物とは違って家族，地域，職域など他者との関係性において生きているのであり，またそれぞれ異なる社会状況や伝統，飲酒文化に影響されて飲酒を続けてきたのである。このあたりの適切な理解枠組みはジェリネク(Jellinek, E.M.)の三極構造モデルによくみてとれる(図表4-1参照)。

Ⅱ　わが国の飲酒文化とアルコール関連問題

(1) **飲酒文化と社会システム**――**アルコホリック・ソーシャル・システム**――

では，わが国の飲酒文化とはどのようなものだろうか。経験的には"酔っぱらい天国"などの俗称から，寛容な飲酒文化であることが知られている。飲酒

に関する通文化的研究を行なったピットマン(Pittman, D.J.)はその中で，日本を超許容的(super-permissive)飲酒文化と位置づけている[5]。確かに日本の飲酒文化が許容的で寛容であることは間違いないが，それだけならワイン文化圏の諸国やおそらくロシアなど一部のスラブ系リカー文化圏(ウォッカなどの蒸留酒をよく飲酒する)なども同じである。寛容な飲酒文化の中でも日本の場合，飲酒に寛容のみならず酔いに対しても寛容なことが特徴である。

　筆者は従前より日本の飲酒文化を次の5点から特徴づけ，これをアルコホリック・ソーシャル・システムと概念化してきた[6]。1) 飲酒ならびに集団的に共有された酔い，の双方に許容的な飲酒文化，2) アルコールが社会組織化に決定的な役割を果たす，3) アルコールに対する構造的脆弱性，4) 許容と統制が同時存在する統合メカニズム，5) 以上の諸点は必ずしも女性に妥当しない，の5つである。

　この概念の狙いは，①飲酒のみならず酔いにも，とりわけ集団的に共有された社会的酔いには特段寛容な飲酒文化であること，②飲酒とそうした社会的な酔いの共有が社会関係の構築，保持，修復に大いに機能的に利用され，社会の構造化に貢献していることを指し示すことにある。アルコホリック・ソーシャル・システムの"ソーシャル・システム"とは，この社会的機能性を指し，また"アルコホリック"とは，そうした意味で社会的に重要な小道具であるアルコールが万が一にも日本社会から突然抜かれた時には，想像以上の大きな反動と社会システムの解体化兆候が観察されるだろうことを，ちょうどアルコール依存症者の離脱・禁断症状に喩えて表現したものである。それだけ日本社会はアルコールに依存しているということになる。バブル後に続く"失われた10年"の平成不況と，日本の経済社会システムが迫られた社会変革に合わせて，このアルコホリック・ソーシャル・システムも変動しているものの，他方でこれに代わる飲酒文化と社会システムを統合化した概念はまだ見当たらない。

(2) **アルコール関連問題の概念と問題領域**

　冒頭で「アルコール依存症は個々の生体において観察される疾病であり，保

健福祉問題であり，飲酒文化や社会構造を反映するものである」と述べたが，これが社会病理学的にみた時の広義のアルコール依存症問題である。狭義に「依存症」といえば正確には疾病を指す用語ということになり，精神医学の世界ではこの狭義のアルコール依存症を意味するが，最近の精神医療の世界（臨床現場）では上記の広義の意味で使用されることが多い。さらに昨今では，アルコール依存症者個人のみならず一般の飲酒者も含めて，飲酒にまつわるさまざまな問題を一括して「アルコール関連問題」（alcohol-related problem）と呼び慣らわしている。

　アルコール依存症者に限らず，多くの飲酒者が飲酒の直接的結果として，あるいは長年の飲酒による累積的結果として，飲酒による悪影響に曝されている。悪影響は本人ばかりか，家族や職場の同僚など周囲の者にも及ぶ。ここまでくると，それは明らかにアルコール依存症の問題ではなく，社会問題としてのアルコール問題である。1979年の第32回WHO総会で採択されたアルコール関連問題概念には，具体的な問題群として ① 健康問題，② 事故，③ 家族問題，④ 職業問題，⑤ 犯罪・非行，などがあげられている。

　アルコール依存症ではないものの，繰り返し飲酒運転を性懲りもなくくり返す男の運転するトラックが，東名高速道である家族の乗る小型乗用車に追突し子ども2人を死なせた。この平成10年の飲酒運転死亡事故をきっかけに，翌年これまで以上に厳しい「危険運転死傷罪」が制定されたこと，この飲酒運転常習者には死んだ子どもの33回忌の命日ごとに毎年500万円，総額にして2億5千万円の支払いを命じた判決が平成15年7月に出されている。

　また平成13年10月にはDV防止法（正式名「配偶者からの暴力の防止及び被害者の保護に関する法律」）が成立施行された。これまで民事不介入を基本としてきた警察は，女性に対する男からの暴力を夫婦間，男女間の痴話ゲンカとして片づけてきた。しかしこの法律によってDVは刑事事件となり，加害者には1）最高2週間の自宅退去と，2）最高6ヵ月間の女性への接近禁止が命じられることになった。このDV法の適用第1号は，DV法施行後1ヵ月と経たない同じその

第4章　アルコール問題

月の10月に，大阪地裁で判決が下されたアルコールがらみの暴力事件であった。

アルコール関連問題の概念はこのように，アルコール依存症概念を内包させつつこれを越え，さらに社会問題としてのアルコール問題へのアクセスを可能にした。しかし，それは単に概念上の問題にとどまるものではない。さらに社会的対応上の基本指針をも導き出し，各国のアルコール関連問題対策上不可欠な実践的概念として成長してきている。WHOによる指針例を引用してみよう。

「経済，社会および健康に対してアルコール関連問題が与える損害は，大量飲酒者及び一般飲酒者の双方が受けたものを包含している。大量飲酒者は深刻なアルコール関連問題を経験しやすいが，一般飲酒者集団がより大きな規模であるために，一般飲酒者が経験する問題はより多数にのぼる。したがって，アルコール関連問題の減少を達成するためには，大量飲酒者および一般飲酒者の双方に働きかけるべきである」（WHO東京会議勧告4）

これまでアルコール依存症者の医療中心で進めてきたアルコール対策の歴史を根本的に改変する原理を謳っている。アルコール関連問題がもたらす損害は個人の健康のみならず経済や社会にも及び，かつそれが一部のアルコール依存症者や大量飲酒者の問題に限られず，むしろ一般飲酒者の方に問題はより広範に及んでいるとの明確な認識である。

このように，アルコール関連問題概念により狭義のアルコール依存症から広義のアルコール依存症へと確実に社会的対応も展開しており，アルコール関連問題はまさに臨床社会学が取り上げるべき問題と位置づけることができるのである。

Ⅲ　アルコール関連問題の実態

以上述べたようなアルコール関連問題のフレームワークを基に，次に臨床社会学的研究過程のステップである実態の解明，つまり事前評定(pre-evaluation)

図表4-2　国民ひとり当たり純アルコール消費量

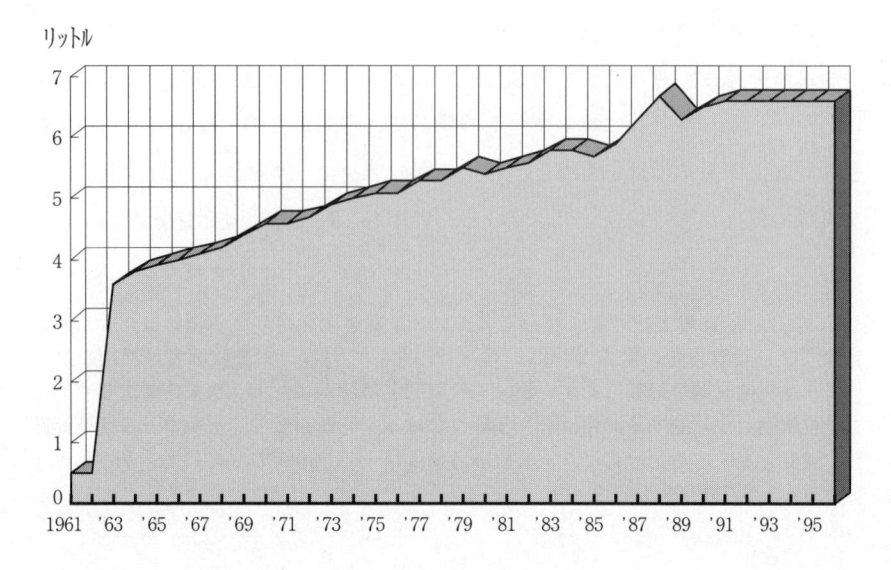

を取り上げる。評定にあたっては，できるだけ全国データが取れるもの，また時系列的にトレンドが把握できるものを中心に実態の把握，解明に寄与できるデータを探索した。取り上げるアルコール関連問題トピックスは，酒類消費動向，飲酒人口，患者数，不慮の事故，飲酒運転事故，家裁離婚調停件数などである。なお日本の状況に特化するこの項では，和暦も併用して表記する

(1) **顕在的アルコール関連問題**

① 酒類消費量と酒類自動販売機

まずわが国の酒類消費量の実態と推移を国際的な比較の視野も含めて示す。物資不足の戦時中，戦後の混乱期に落ち込んでいた消費量は，日本経済の立ち直りと高度成長とともに急速に回復し，その後も右肩上がりの消費量拡大を示し続けた(図表4-2)。特に昭和30年代，40年代の急増が目立っているが，経済の安定成長期に入った昭和50年代でも拡大トレンドにかわりはなかった。1989年の一時的落ち込みは，昭和天皇逝去に伴う社会的自粛の中での出来事である。平成年間に入ると，バブル経済の解体とともに戦後一貫して拡大し続け

てきた酒類消費量もようやく横ばいに転じた。この変化は「昭和モデルから平成モデルへ」の変化と呼ばれることがある[7]。

　国際的には，フランスをはじめとするラテンヨーロッパ，ならびにオーストリア，ハンガリー，チェコスロバキアなどの旧ドナウ王国に消費量が高く，次いでプロテスタント諸国を中心に中位消費国が続き，イスラムや仏教の諸国，ユダヤ教国では低位消費国が圧倒的に多い。ただし，同じカトリック国でもメキシコ，ブラジルなどの経済的劣位にある南米ラテンカトリック諸国の消費量は低い。このように，酒類消費の高低は基本的には経済と宗教に，加えて多分に健康的ライフスタイルへの国民意識によって強く規定されている。

　こうした中で日本は中位国に属するが，特筆すべきは，先進国の大部分が1970年代および1980年代にかけて消費量の上げどまりあるいは縮小を示し始めた中で，一貫して酒類消費量の拡大トレンドを示し続けた最後の先進国であった点である。酒類消費の上げどまり，縮小の背景には，経済の停滞，若者を中心にした健康志向のライフスタイルの浸透，そして国民保健政策などが議論されているが，1990年代の日本の消費量上げどまりは，アルコールの保健政策というよりは，若者の飲酒行動の変化と人口構造の急速な高齢化，そしてなによりも経済環境の変化の影響が大きい。

　日本に本格的なアルコール保健政策がないことは，世界でも唯一自動販売機で酒類が買える流通システムを日本が採用している事実が象徴するところである。その酒類自動販売機の普及は，先の酒類消費量の拡大増量傾向とほぼ軌を一にしていることが注目される（図表4－3）。これも飲酒と酔いの双方に寛容な飲酒文化が背景にあってのことである。

② 飲酒人口

　わが国の酒類消費量の拡大をみてきたが，ただ飲酒人口が増大すれば当然消費量自体は増大する。したがって前項では国民1人当たりの酒類消費量を検討してみたが，分母として単純な人口増をとるか飲酒人口をとるかは，厳密には異なる結果をもたらす。そこで次に，飲酒人口の推移をいくつかの全国調査結

図表4－3 酒類自動販売機設置台数(1970-2001)

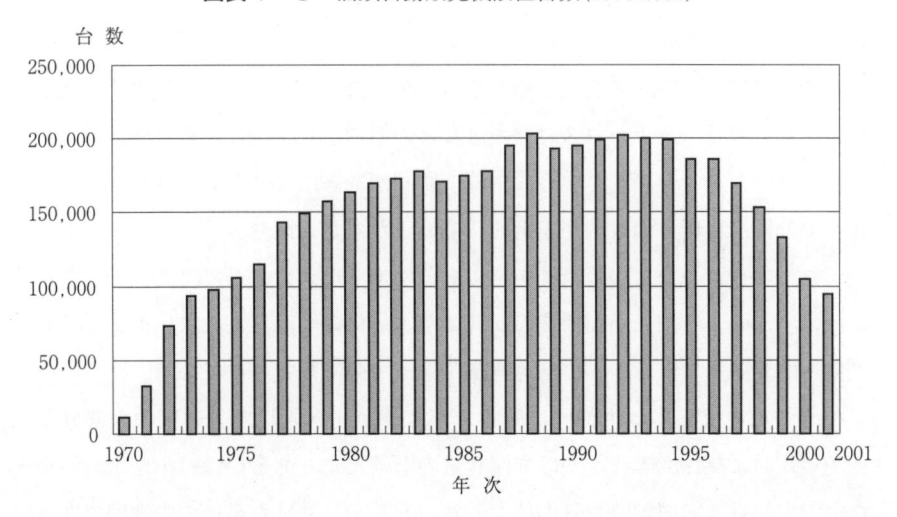

果を通じて検討してみたい。

　図表4－4は，官公庁統計を中心にみたわが国の飲酒人口である。総理府統計からは，昭和40年代から50年代にかけて急速に飲酒人口が拡大したことがわかる。それも男女とも，すべての年齢階層においてであることが知られている。とりわけ，この拡大は女子にいちじるしい。一方厚生省データは少し時期がずれて，昭和50年代半ばを起点にその後の10年間の推移を調べたものだが，こちらは飲酒人口の減少を示している。注意深く表を読むと，厚生省データの昭和54年の数値が高めである。原資料に戻って確認すると，この昭和54年の飲酒人口には「ほとんど飲まない」が飲酒人口として算出されており，いまこれを非飲酒人口と読みかえて再集計すると厚生省データでもやはり飲酒人口の拡大が確認される(図表4－4中の( )内数値参照)。ただそれでも総理府調査の方が全体に高めの数値となっている。

　次いで平成年間に入り，体力・健康づくり事業財団調査をみる。この調査[8]は21世紀を見据えた国の健康保健政策である「健康日本21」で採用された政策到達目標の基準値を提供しているデータである。これによると，男子の飲酒人

第4章　アルコール問題

図表4－4　全国調査データからみるわが国の飲酒人口(％)

総理府調査	昭和43年	昭和62年
男　子	73.6	78.3
女　子	19.2	43.2
計	43.8	59.7
厚生省調査	昭和54年	昭和63年
男　子	84.3（65.2）	74.0
女　子	44.6（19.6）	30.0
計	63.5（39.2）	51.5
	健康・体力づくり財団調査	清水全国調査
	平成9年	平成13年
男　子	75.0	80.4
女　子	41.2	56.0
計	57.8	68.4

口が75.0％，女子が41.2％，計57.8％との結果が報告されている。

そして最後に筆者自身が実施した平成13年の全国調査(N＝男子1116，女子1138，計2256)の結果を示すと，「まったく飲まない」と不明回答を差し引いた「飲酒者」比率は，男子94.0％，女子90.0％，総計92.1％となり，また月1回未満の飲酒者も除いたより厳密な「飲酒者」比率では男子80.4％，女子56.0％，総計68.4％であった。各調査によって微妙に異なる「飲酒者」の操作的定義や質問の仕方の差異による部分もあるが，総じて年次を経るごとに飲酒人口は拡大したことは疑い得ないところであろう。

にもかかわらず，若年層においては飲酒人口の縮小も観察され[7]，今後たとえば20年後に飲酒者割合の高い人口層が死亡退場すると，飲酒者比率は低下をみせはじめ，飲酒人口も縮小をみせる可能性の大きいことが推測される。

③　アルコール関連疾患患者数

厚生労働省の推計では，わが国のアルコール依存症予備軍は230万から240万

人といわれるが,反転して治療を受けているアルコール依存症患者数は入通院合わせて5万人ほどである。アルコール依存症予備軍とはいえ,国の推計が正しいとすればあまりにも少ない患者数である。

　寛容な飲酒文化であるにもかかわらず,"アル中"やアルコール依存症に対しては手のひらを返すように厳しい拒絶的態度を示すのが,前述したアルコホリック・ソーシャル・システムである。一部の問題飲酒者をスケープゴートにして,多数派の寛容な飲酒文化と少々ルーズな人びとの飲酒行動を防衛するメカニズムである[6]。したがってまた,アルコール依存症者による敗者復活戦の可能性は絶望的なほど小さい。

　こうしたことが人びとの間で了解されているからこそ,アルコール依存症と診断されることを,患者はもとより治療者まで忌避する。その結果,レッテル貼りを避けるため精神科受診ではなく,肝臓などの臓器障害として内科受診を選択することになり(図表4-5),精神科にアルコール依存症として入院してくるのは,いよいよとなった段階である。このためかつて外国の精神科医療関係者が日本の精神病院を訪れた際,アルコール依存症患者をみてその重篤性に驚き,なぜこのようにアルコール依存症の末期になって入院してくるのか,と疑問を呈したのはひとつのエピソードである。しかし内科でのアルコール関連疾患治療は,再度飲酒を可能にする状態をもたらすだけのことが多く,退院の回数だけ快気祝いの祝杯と治療の繰り返しを結果し,この間症状は進行し,果ては末期的なアルコール依存症患者として精神科入院となる。

④　不慮の事故

　海水浴での溺死など水難事故に飲酒がからんでいることは比較的周知のところであるが,この他墜落死や火災死でもアルコールの影響がデータから読み取れる。厚生省「人口動態社会経済面調査報告—交通事故以外の不慮の事故死—」(1977)によると,いずれの不慮の事故でも年配者よりも若年者に飲酒がらみの事故が多い(図表4-6)。若年層ではやはり溺死が最も多い(43.4%)が,年配者では階段から落ちるなどの墜落死が16.5%で最大で,次いで浴槽などでの溺死

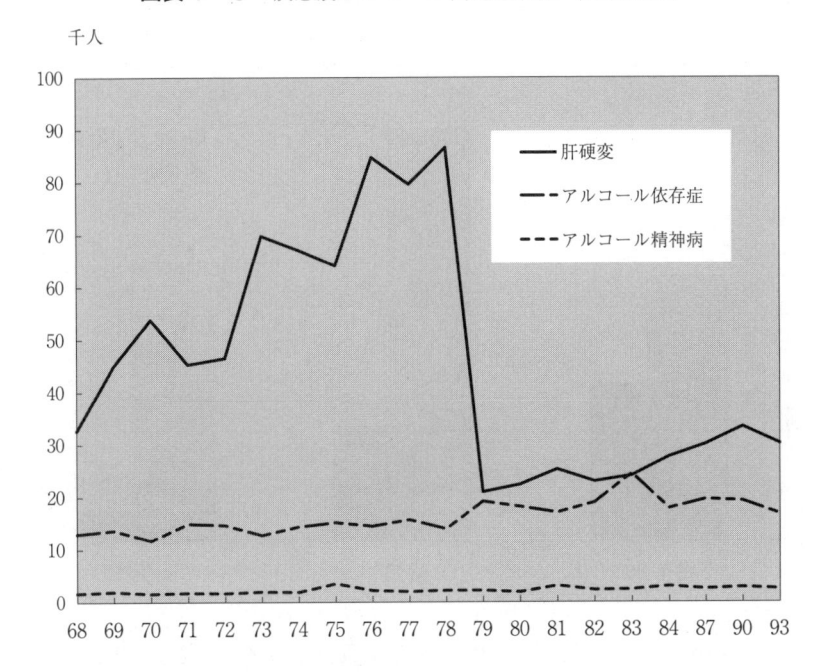

図表4−5 疾患別アルコール関連患者数（患者調査）

が12.1％となっている。足元がおぼつかなくなるのが老化でもあるが，そうした一般の老化による足元のふらつきを飲酒が後押ししている実態が浮かび上がる。

⑤ 飲酒運転

1989年の交通違反取り締まり件数中の飲酒運転は3.97％であった。少ない比率のようにおもえるかもしれないが，路上駐車やスピード違反が圧倒的に多い取締りのなかでのことである。そこで件数でみると336,733件のうち酒酔い運転が7,578件，酒気帯び運転は実に329,155件に達している。同様に全交通運転事故中，飲酒運転事故は0.63％（4,168件），そして交通運転死亡事故中の飲酒運転は5.42％，573件であった。その後，飲酒運転取締り件数は横這いであったが，1999年の法改正による罰則強化により違反件数は大幅に減少をみせている（図表4−7）。

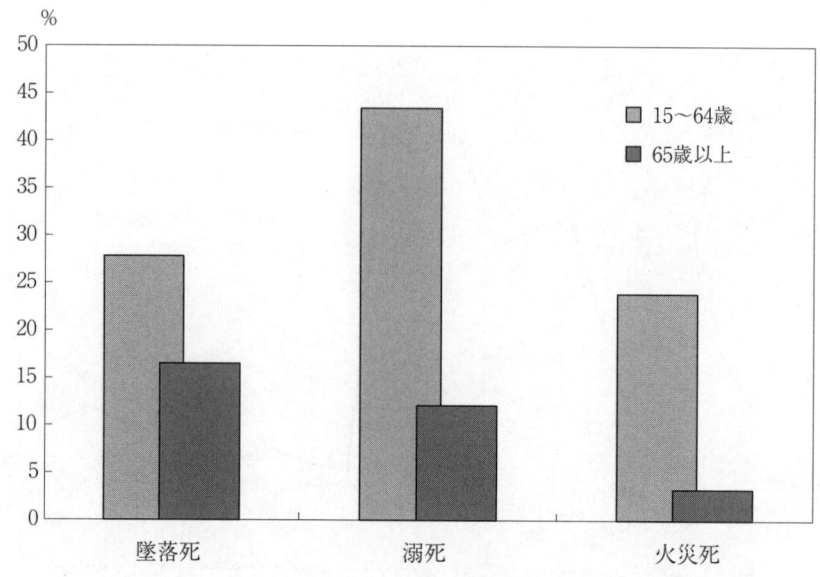

図表4-6 交通事故を除く不慮の事故飲酒者割合

(グラフ：墜落死、溺死、火災死について15〜64歳と65歳以上の飲酒者割合を示す棒グラフ)

別の角度からみて，1970年を100とする指数をとってみると，1984年では飲酒運転交通事故は34そして飲酒運転死亡事故は63と，それぞれ減少を示している[9]。この間自動車保有台数(単位10万台；1970年165，1980年373，1990年588，2000年746)，免許取得者(単位百万人；男子／女子，1970年22/5，1980年30/13，1990年38/23，2000年44/30)ともに直線的な増加を示していることを勘案すると，二重の飲酒運転統制成功物語といってよい。これは数次にわたる罰則強化と取締りの励行，簡便な呼気検査器の開発，関係部局や地域活動によってもたらされた成果といえ，国際的にも評価されているわが国の飲酒運転対策である。ただ飲酒運転死亡事故が全交通死亡事故中の5％強を示し続けている点が，さらなる今後の課題となっている。

(2) 潜在的アルコール関連問題

以上は，何らかの形で公式統計などから読み取れるアルコール関連問題の一側面だが，この他にも経験的に語られ知られている問題群がある。この側面に

第4章　アルコール問題

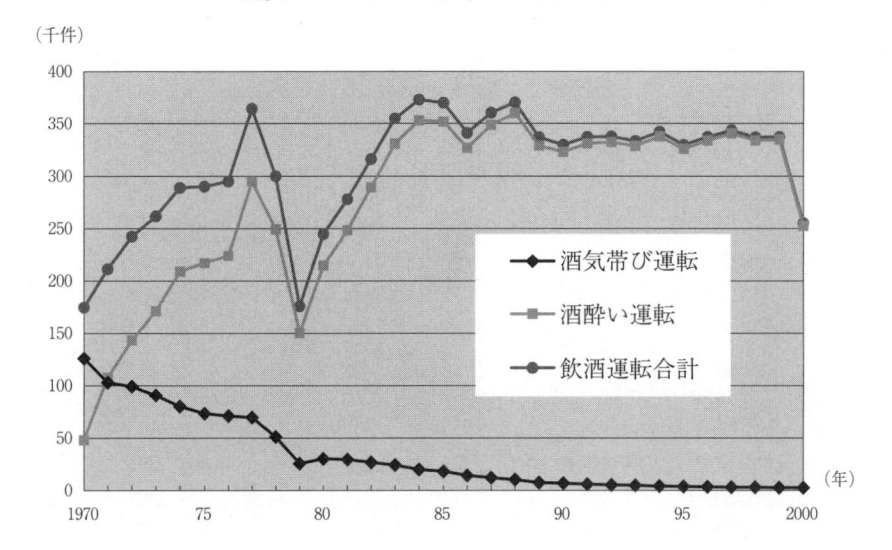

図表4－7　飲酒運転取締り件数の推移

(凡例)
- 酒気帯び運転
- 酒酔い運転
- 飲酒運転合計

ついては研究者や当事者がそれぞれの問題意識をもって明らかにしない限り，広く認知され共有されるアルコール関連問題とはなりにくい。あるいは，問題構築が難しいといってもよい。この非顕在的アルコール関連問題のひとつに，ある家族成員の飲酒問題によって深刻な影響を受ける家族の問題がある。ここでは，アルコール依存症者の妻のメンタルヘルス問題を取り上げる。

① 家族解体と妻のメンタルヘルス

アルコール依存症者を抱えた家族では，通常以上の相互無視，信頼の解体，嫌悪・拒絶，相互の抹殺・破壊，暴力，離婚騒ぎが珍しくない[10]。それも同時多発的な家族解体状況である。日常的で長期にわたる，時にはすさまじい家族ストレスに曝され続けて，妻をはじめ他の家族員は疲労困憊の極みに達することがしばしばである。「もう終わりにしたい」との思いから離婚を希求したり，相手を，しかし相手がだめなら自分を抹殺しようとさえする。子どもへの影響も相当なもので，近年ではアダルトチルドレン(adult children of alcoholics，略してAC)問題として問題構築されている[11][12]。

図表4-8　CMI任意項目「該当あり」出現率

項　　目		S_1 （初診時）	S_2 （ミーティング終了時）
C-4	動悸苦しい	28.6	22.7
G-16	めまい発作	14.3	8.2
I-18	疲れはてぐったり	＊58.2	＊50.5
J-27	いつもからだが悪い	18.7	15.5
L-34	不眠傾向	○34.1	27.8
M-49	いつも決心つきかねる	＊39.6	○35.1
N-53	憂うつ	17.6	19.6
N-56	人生希望なし	◎20.9	12.4
O-58	くよくよ	20.9	22.7
P-69	感情害しやすい	○35.2	○36.1
P-70	他人の批判に傷つきやすい	＊48.4	○39.2
Q-75	易怒性	○38.5	32.0
R-86	おびえ	＊34.1	27.8

注）○は3人に1人以上出現した項目，◎は深町(1959)の内科外科神経症者の出現率を上回る項目，＊は○＋◎の場合。

　そうした家族ストレス下にある家族システムで生活する妻は，次第に自らの精神的健康を損なうことになり，自律神経の失調，抑うつ感，不安感，焦燥感，怒りなどの陰性感情に翻弄され，あるいはそうした情緒的不安定さを頭痛，めまい，肩こり，月経不順などの心身症状で無自覚的に訴える。図表4-8は，筆者が担当するアルコール専門外来クリニックでの臨床調査の結果の一部であるが[10]，疲れ果て，いつも不安定で，なにかにおびえている様が浮き上がっている。確かに妻はおかしくなっているのであるが，しかしだからといってこれを妻の共依存症や精神病理だと安直にみなし，妻までも治療を受けるべきとする主張に筆者は与しない。その前に，そうした妻たちのおかしさ＝共依存的反応を家族ストレス反応の結果として理解すべきで，妻たちのおかしさの原因として共依存を捉えるべきではないとの姿勢を十分に確認すべきであろう[13]。

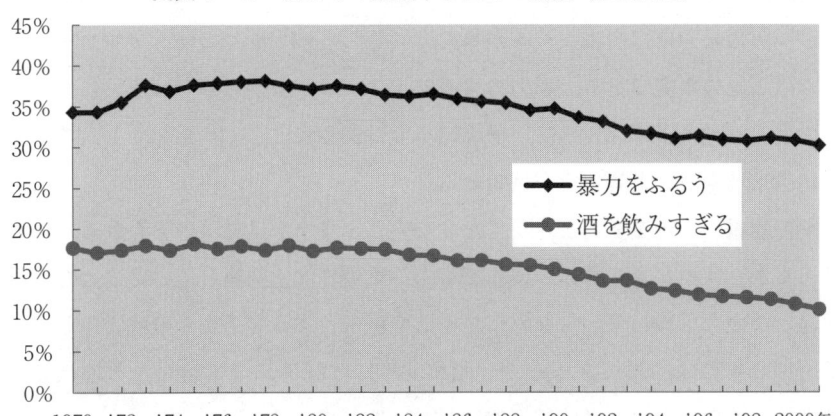

図表4-9 妻からの離婚申し立ての動機（飲酒関連）

[グラフ：1970年から2000年までの推移。「暴力をふるう」は約35%から40%弱で推移し、2000年には約30%に減少。「酒を飲みすぎる」は1970年の17.7%から2000年の約10%へ減少。]

② 離婚申し立て

 さてこうした状況にあって，妻たちは離婚を希求するようになる。以前行なった断酒会調査では，会員の妻たちは"離婚騒ぎ"が「よくあった」(東京26.5％，高知22.4％)，「時にはあった」(同51.8％，55.2％)あわせて，4人に3人は"離婚騒ぎ"を起こしていることが知られている。おそらく現在のもう少し若い世代では"離婚騒ぎ"でなく，離婚そのものに至ることが多いと推測される。ただ，アルコールが原因で離婚してしまった夫婦に関しては，現在のところ知る術がない。そこで，次に間接的にこれを窺い知るデータとして家庭裁判所に離婚を請求して申し立てた者の離婚申し立て理由統計をみてみよう(図表4-9)。

 昭和45年からの統計であるが，当時は2割弱の17.7％の妻が離婚の理由として夫の過飲をあげており，平成13年現在ではその比率は10.1％まで減少している。当時と現在の相違もあるが，おそらく現在では夫のアルコール依存は妻にとって耐えるべきものではなく，さっさと離婚すべきものになっているのではないかと推測される。その結果，通常と同じく圧倒的多くが簡単な協議離婚を選択しやすくなり，以前のように調停離婚や審判離婚にまで飲酒がらみの離婚が持ち込まれなくなったのではなかろうか。

「暴力」は「性格の不一致」「異性関係」とともに申し立て理由の御三家であるが，実は暴力にはアルコールが絡んでいることが少なくない。アルコール臨床では周知の事実である。暴力のすべてがアルコールがらみではないにせよ，この暴力が昭和45年で34.3％，平成13年では30.2％と，ほぼ3人に1人の妻が離婚請求理由として暴力を挙げている。

　調停離婚の1割を多いとみなすか少ないとみなすかは見解の分かれるところであるが，飲酒が家族解体の極みでもある離婚に深く関連していることだけは間違いないと思われる。ちなみに，過飲を理由とする男子からの離婚申し立ては昭和45年には1.7％であったが，昭和58年には2.5％にまで達し，その後2％前半の水準を上下し，平成13年では2.3％となっている。

Ⅳ 社会的対応

(1) 寛容な飲酒文化とアルコール関連問題構築

　日本では，アルコール依存症や個々の具体的問題飲酒行動のみならず，アルコール関連問題が社会的に問題視され問題構築される可能性が低い。このためアルコール関連問題に関する社会的対応はきわめて鈍い状態にある。具体的な例をあげて検討しよう。なお，社会問題が構築されることの是非一般については第9章で筆者の立場を述べているので，ここではそれに触れずにおく。

　アルコール関連問題の社会的構築可能性が低いのは，なんといっても寛容な飲酒文化ゆえである。晩酌という日本の伝統的な飲酒習慣も，問題視の基準が厳しい北欧や北米の社会では"連日飲酒"として問題視されやすい。ちなみに，日本人成人男子ではほぼ3人に1人が，40代，50代男子では約半数近くが連日飲酒者であることが各種の調査から分かっている。このことをある国際会議で報告した際，フィンランドの研究者は共にしたランチの席で，「何かの間違いじゃないのか」と，この報告に使ったデータの信憑性そのものに疑義を表明してきた。彼らにとって"問題飲酒"とみなされやすい連日飲酒が，半数近い年

配成人男子に認められることは想像し難いのでる。

　各種の失態や人間関係への阻害も"酒の上でのことだから"と多目にみられる。明らかなドメスティックバイオレンスのケースでも，加害者は「酔っていたんだ。済まなかった……」と謝罪しとりなそうとするし，被害者自身も"酒の上でのこと"だったのだと自分に言い聞かせようとする。明らかに過飲が原因と考えられる肝障害患者に対しても，「少し酒量を控えるか，軽いビールにしたら」と内科医は無責任に助言する。そして政府のアルコール対策は肝心の問題焦点をずらし，未成年飲酒問題を盛んに取り上げる割には当の大人の飲酒問題には深く入り込まないようになる。

　つまりアルコホリック・ソーシャル・システムの日本にあっては，既に述べたように飲酒はいうに及ばず酔いについても寛容であることから，問題視の基準が緩やかであるため，飲酒にまつわるネガティブなエピソードや問題が"たかがお酒に目くじらを立てないでも"といった調子で無視されやすい傾向にある。あまり問題視基準のバーを厳しくセットすると，天に唾するごとくに自分も引っかかる事態が容易に想像され，及び腰になったり，自分だけがドン・キホーテになる役回りを避けるかのようである。

　そうした問題構築しにくい状況にあっても，当事者が問題を抱えて来る場合は別である。これも先に述べた許容性に相伴う統制メカニズム，つまり同類がゆえに反動的にも，一歩先を行く問題飲酒者は厳しく問題視される。社会的には差別といってよいほどの蔑んだり遠ざけたりの拒絶的反応である。部分的にはこの統制メカニズムに乗って，アルコール依存症治療が始動し始める。

　ただこのように述べたからといって，この社会的プロセスを医療化による構築された問題の抱え込み，囲い込みとだけみるのは，あまりにも現実の複雑性を素通りしてしまう議論であろう。現に本人が「痛い，苦しい」と訴え，問題構築されにくいあまりの社会的差別のまなざしにいたたまれなくなり，しぶしぶかつ半信半疑ながら援助を求めてくる当事者を誰が受け止めるべきであろうか。それだけではないにせよ，"アル中"という道徳的非難の棘を抜きつつ

「あなたは病気なのです」といってみせる医療化の対応を，筆者は「病気理解の有効性と限界性」として論じたことがある[10]。有効性があれば，当然限界性もありまた問題性もあるわけで，当人の主体性，自己決定性も問題となる。それでも医療化には，問題理解のリフレーミング，脱構築に有効であるとの意味で，いわば問題解決を目指す一プロセスとして有効な方便であり，流行り言葉風にいえば物語の書き換え効果がある。一般論としてでなく，アルコホリック・ソーシャル・システムという寛容な飲酒文化の下で生じやすい社会的差別への対応として一層有効的だと考えるのである。現に"アル中"から"アルコール依存症"への記号的書き換えによって，確かに精神科に受診しやすくなり，特に女性アルコホリックス患者が増加している最近の傾向は，これまで暗数の世界に閉じ込められていた女性アルコール依存症者が個人的また社会的対応の糸口をつかんだ結果とも理解される。

(2) **臨床介入的対応**

臨床社会学研究のプロセスを構成するさらなる局面は，事前評価に対応する支援介入と事後評価である。ここでは，臨床レベルでこの局面についてみたい。

① 支援介入法

まず支援プログラムの実際が示されねばならないが，紙幅の関係で詳細を述べる余裕はなく，興味があれば[10]前著を参照していただくことにして，その概略のみを記す。アルコール専門外来クリニックに初診で訪れた患者本人とその妻の内，それぞれ本人グループ，初心者家族グループプログラムへの参加を主治医から要請された者について，本人グループは6回を，家族グループは4回を1クルーとしてプログラムに参加してもらう。グループは毎週1回もたれるが，本人の体調やら家族の生活上の都合などで必ずしも連続した6回，4回とはならぬ場合もある。グループでの話題は，アルコール依存症理解，本人と妻やこどもとの関係，家族と職場や親戚近所との関係といった比較的一般的な内容のものから，先週の体調，家族の様子，出来事，心配事など直接的で個別的なものまで多様である。よくいえば，「今，ここで(here and now)」であり，悪

くいえば「出たとこ勝負」である。ただその際心がけたのは，他のメンバーから切り出された個別的な相談事も，自分ならこうする，こうした，といった形でそれぞれの"自分の問題"として共有化して考え，感じてもらうことである。もうひとつは，できるだけアルコール依存症本人も本人グループに参加してもらい，本人は本人で自分の問題をとらえなおしてもらう。同時かつ相互進行的支援介入だが，しかし本人が現れないこともアルコール臨床の日常茶飯事である。その場合は，家族だけでもグループ参加してもらうよう励まし，妻自身の気持ちの整理やこころの負担感の軽減を図ってもらった。その場合の目標は，とりあえずの不安をなだめ，他の家族の事例で家族システム介入がうまくいっている例をみてもらい希望をもってもらうことである。

こうしたプログラム参加を通じて，気持ちが楽になる妻もいれば，そうならない妻もいる。残念ながら途中でドロップアウトしてしまう場合もある。そうした臨床サンプルであるため，以下に記す臨床調査の結果もこのサンプル特性によって相対化して解釈する必要が常にある。

② 介入効果測定

図表4－10はすでに触れたアルコール依存症者の妻たちに認められる心身症的反応を尺度得点化したコーネル・メディカル・インデクス(Cornel Medical Index：CMI)得点表ならびに図表4－11はオルソン(D. Olson)[14]ら家族システム測定尺度FACES (Family Adaptation and Cohesion Evaluation Scale)による家族システム特性変化測定の結果である。調査は，家族グループの初回参加時とグループ終了時の2時点で質問票記入(N＝55)をお願いした。

CMI得点は神経症反応を識別できるように算出でき，図表4－10によると介入前と介入後の2時点比較では「明らかな神経症者」と判別されるⅣタイプが若干減少し，その分「境界圏にあるが神経症とみたほうが危険率が低い」Ⅲタイプが増えている。ただし統計的に有意というほどではなかった。興味深いのは「境界圏にあるが正常とみたほうが危険率が低い」Ⅱタイプは別に，「正常」のⅣタイプも若干減少していることである。さらにアルコール依存症家族

図表4-10 CMI得点による神経症判別結果(深町の判別基準による)

	I	II	III	IV	(N)
アルコール依存症者の妻					
S_1(初診時)	31.0	27.6	24.1	17.1	(87)
S_2(ミーティング終了時)	27.7	28.7	29.8	13.8	(94)
健常者					
デパート従業員[1]	35.5	36.8	24.1	3.8	(1599)
内科外科患者[2]	38	37	22	3	(100)
神経症者					
内科外科[2]	8	17	37	38	(100)

注) 1) 安藤, 1966
　　2) 深町, 1959

の妻でもまったく「正常」な妻も3割ほど観察され,反対に健常者群でもわずかながらIVタイプが,また神経症を疑われるIIIタイプが少なからず存在することである。しかし総体的には,やはりアルコール依存症の妻のメンタルヘルスは健常群と比べて明らかに悪化状態にあることである。

次いで家族システム特性変化について,円環モデルの尺度FACES(Family Adaptation and Cohesion Evaluation Scale)測定結果をみるが,モデルの説明は別に譲って結果だけを概説する[10]。アルコール依存症家族の家族システムでは「硬直-遊離」タイプが33.9%と相対的に多く,全体的に可変性の低さと凝集性の低さが特徴といえる。他方一般の非症状家族(N=388)においても半数が「遊離」にプロットされたり,「無秩序-遊離」はアルコール依存症家族より多かった。凝集性という家族関係の「あり方」ないしは構造的特徴以上に,柔軟か硬直かという家族関係の「やり方」ないしは運営上の特徴にこそ,アルコール依存症家族の相対的特徴をみてとることができる。そしてこれらの特徴は短期間の家族支援によっても,そう簡単にシステム変化を引き起こすものではないことが判明した。

③ 事後評価

これらの調査結果を受けて,短期間の家族支援プログラムの効用と限界が論

図表４−11 アルコール依存症家族システム特性分類

		←低	凝集性		高→
		遊離	分離	結合	膠着
↑高	無秩序	10.7% 10.9% 12.1%	1.8% 1.8% 3.1%	5.4% 7.3% 1.3%	— — 0.3%
可変性	柔軟	12.5% 9.1% ＊ 19.8%	3.6% 1.8% ＊ 11.6%	5.4% 1.8% 4.1%	— 1.8% 0.5%
	固定	12.5% ＃ 23.6% 11.1%	7.1% 5.5% 9.8%	3.6% 5.5% 1.5%	— — 0.8%
↓低	硬直	33.9% ¥ 23.6% ＊＊ 8.0%	3.6% 7.3% ＊ 10.8%	— — 4.1%	— — 1.0%

注
1）各セルの３つの数値はそれぞれ初診時／２ヵ月時／非症状家族の比率を示す。
2）＃は初診時と２ヵ月後で10％以上の増加を，¥は10％以上の減少を示す。
3）＊は初診時と非症状家族との間で５％以上の差を，また＊＊は同様に10％以上の差を示す。

じられた。一層の支援プログラムの精錬が期待される一方，家族システムの変化にはそう過大な期待をかけないほうが現実的であり穏当な支援スタンスであり，おそらく家族自体にとっても苦痛と混乱がより少ない家族変化のあり方なのであろう。また臨床サンプルにも正常群が，反対に健常サンプルにも問題群が存在するという同時複層性が指摘され，そしてこのことゆえに臨床家にしばしばみられる「過度な一般化と過度な特殊化」[6]を自戒する必要性のあることを強調しておきたい。詳細は別にして，これが介入の事後評価の骨格ということになる。

(3) 政策的対応

① 健康日本21

「健康日本21」は21世紀初頭におけるわが国の総合的健康保健政策であるが，その中にアルコール問題も盛り込まれている。達成に向けての数値目標を挙げ，

これを中間的に見直しさらに2008年までに目標達成を図るためのてこ入れをするというもので，アメリカの政策遂行手法(具体的には Health For All by 2000)を模したものである。健康日本21のアルコール関連では，1) 多量飲酒者(1日平均3合)の2割減, 2) 未成年飲酒の根絶, 3)「危険のもっとも少ない飲酒」の知識普及, の3点が目標値として明記された。アメリカでは「根拠に基づく医療(Evidence-based Medicine)」の主張の下に，事前調査がそれなりにきちんとなされ，これに関連する情報も相当の予算をつぎ込んで各種クリアリング・ハウスを通して無料かつ迅速に公開されている。一方日本では最近，各省庁のHPにいくつかの関連情報が公報のような形で載るようになったが，形式的にはともかくも内容的にはどのような根拠で多量飲酒者の2割減という目標がでてきたのか，なによりも各自治体が行動計画を策定する際に具体的に「1日平均3合」をどのような指標を用いて測定し，対策効果をモニタリングしたらいいのか十分明確化されておらず，現場の困惑が思いやられる。このように，「根拠に基づく」事前・事後評価をといっても，政策レベルでもなかなか平板でない現実がある。

② 政策的介入と政治的介入

従前より日本では適正飲酒政策がとられてきており，その基本は個人に安全で責任ある飲酒をしてもらうための啓発教育に力を入れるものであった。しかし1990年代からは，責任ある飲酒を個人に奨めるだけでは不十分で，これに組み合う形で，個人の適正飲酒を保障する環境整備を政策的に進めるべきであるとの議論が台頭する。つまり適正飲酒と適正環境整備が組み合って，あるいは個人責任と社会的責任が組み合って，国民の健康を酒害から守ろうというものである。この流れに乗って当時の厚生省は，世界的に悪評の高い酒類自動販売機の撤廃に向けた取り組みを始めた。このため WHO 国際会議を東京で開催し(1993年)，その勧告に酒類自販機の撤廃が望ましいと入れさせ，これを国際勧告と位置づけ WHO メンバー国の履行義務化を図ってこの問題に対処しようとした。しかし旧大蔵省(酒税を扱う国税庁を抱える)などの意見で，「多く

の外国人が日本を訪れる長野オリンピック頃までには」との目論見は潰え，プレス発表当日に審議会意見書は公表を取りやめられたのであった

　もっとも厚生省がそうした動きを画策したのは，それなりの計算があってのことであった。当時は規制緩和と自由化が政治の焦点となり，「酒類小売販売免許基準の緩和」が唱われ始めた頃である。酒販小売業出店にあたっての距離基準ならびに人口基準の見直しが話題にあがり始めたのである。

　全国小売酒販組合中央会自体が，規制緩和の国策の流れに抗して酒類小売販売免許制度を維持するためには，それまで消極的であった酒類自販機の撤廃を交換条件として酒類を規制緩和対象項目から外してもらおうとの目論見を表面化させていた。なぜなら，酒類自販機はこれまでも野放図な無人販売で子どもでも酒類が自由に購入できる問題性が社会的にも非難されてきたため，これを逆手にとってアルコール販売は責任ある免許制度によって規制される必要があるとの主張をするためには，酒類自販機の撤廃を約束したほうが得策とする判断が当時の組合中央会の判断であったのだろう。国税庁長官諮問機関，中央酒類審議会もこの年，「屋外自販機は撤廃の方向で検討されるべき」との報告をしている。そうした状況の中で，この機に乗じて厚生省も酒類自販機撤廃を目指したわけだが，いかんせん他人頼みの感があった。周知のとおり，その後1998年閣議決定の規制緩和推進3ヵ年計画に基づき，酒類販売の距離基準，人口基準の撤廃が実施されるに至る。

　このように酒類販売が自由化されるに及んで，5年後の酒類自販機の完全撤廃を目指した全国小売酒販組合中央会の1995年決議は，結局2000年になっても履行されなかったのである[6]。

　この間，規制緩和推進3ヵ年計画に抗するように，選挙が近いこともあってか意味の無い酒類自由化半年延期が政権党幹部政治家の「指導力」で強行された。現在でも最盛期の半数近くの酒類自販機が稼動しており，さらに身分証明判定のできる新型酒類自販機さえ登場している現状である。前出の図表4－3自販機統計の1995年以降減少を示しているのはこの間の事態を反映してのこと

である。

③ 政策介入の事後評価

もちろんアルコール保健政策からすれば，国内的にも国際的にも酒類自販機が撤廃されれば結構なことだが，確かに飲酒の自由原理と抵触する部分もあり，酒類自販機撤廃の行政的主張は決して歯切れがよくない。とはいえ，法的根拠が明確だからといって未成年飲酒問題に問題を矮小化すべきでない。実際は酒類自販機の利用者は成人が圧倒的に多いはずであり，これを未成年飲酒問題からアプローチしても所詮難しい隘路が立ちふさがることになる。問題はこうした単純明快なことが分かっていながら，なぜ未成年者飲酒問題として酒類自販機問題を捉え，それだけでなく国民全体のアルコール保健政策に未成年飲酒の"根絶"というまさに画餅というしかない非現実的な目標が柱に取り入れられたのか，その背景である。

ここにも寛容な飲酒文化が影を落としている。飲酒者が多くかつ飲酒問題に許容的な成人の間では，アルコール問題が問題構築されにくいため，天に唾することを避け構築しやすい形で未成年飲酒を代替的に問題視し構築したのである。本来は決して未成年飲酒問題としてでなく，大人の飲酒文化と飲酒問題を直視すべきなのである。その時初めて酒類と酒類自販機を政治的駆け引きとしてでなく，国民の保健を守るという大義のもとで正々堂々と「規制緩和対象外物資」と主張できるのであり，そうすべきであった。

結果は逆で，規制緩和への抵抗として未成年飲酒問題と自販機撤廃を業界的，政治的に利用したのであり，これに政権政党の酒類販売施策の迷走が絡んで動いた世紀末から新世紀はじめにかけての出来事であった。

無論，省庁間，同一省部局間の力関係，政治と行政と業界のねじれた関係など，現実の問題あってのことは理解している。それでも，アルコールはその致酔性，致死性において一般の食物，飲料と同じ扱いで販売されてはならぬ物資なのである。利用の仕方によっては精神病様の症状を引き起こす違法薬物に指定されているヘロインと同様の一級の薬理的効果をもつ物質であり，急性症状

第4章　アルコール問題

として死亡にいたる危険性がある物質なのである。なにをこれ以上規制緩和するというのだろうか。

　1998年の規制緩和3ヵ年計画後，確実に街の酒類小売店(酒屋)は苦しくなっている。スーパーなどの大型店での酒類販売，郊外ディスカウント店での競争的安売り，コンビニでの24時間販売営業等々，全国小売酒販組合中央会が1990年代始めに抱いた危機感は10年後に現実のものとなっている。否，それ以上である。すなわち1998年の規制緩和推進3ヵ年計画以降，「自殺者58人，失踪・行方不明者2,547人」(全国小売酒販組合中央会調べ，AERA，2003.6.23.)の小売酒販店経営者がでているのである。これはこれで，社会的には知られざる未構築な「問題」であるが，これに対してもまたぞろ政治的介入が行われた。「酒類小売業者の経営の改善等に関する緊急措置法」という議員提案による時限立法が，2003年4月に成立した。時節柄，酒屋保護法とも揶揄されるこの法律は，競争の激しい既存酒類小売店の商圏内に限って同業者の新規参入を2004年3月まで認めないというものである。

　将来的な問題解決の見通しもない，対症療法的な法律をいくらつくってみても，展望は開けない。規制品目とすべき致酔性，致死性のある物質を自販機で，あるいは24時間販売のコンビニで売りまくる必要はないのである。現時点では遅きに失した感があるものの，内閣府と国会は酒類を規制緩和品目から除外すべきであるし，全国小売酒販組合中央会も国税庁も酒類の有する致酔性，致死性を公に認め，できればたばこ同様，健康阻害の警告をさらにきちんと販売時に付帯させるべきであり，当然自販機による酒類販売は廃止するという象徴的なしかし鮮烈なメッセージを打ち出すべきなのである。厚生労働省もまた，未成年飲酒の絶滅などといった自らを嘲笑するような非現実的政策をやめ，成人飲酒問題という本題を真正面にかかげるべきである。これが世紀末から21世紀初頭におけるわが国のアルコール政策の事後評価である。

　それよりも，伝統的な飲酒文化を守るためにも，成人の飲酒問題に目を向けるべきなのである。自動車メーカーが，本来の"Fun to Drive"を楽しんでも

らうためのモータリゼーション・エイジをとの掛け声の下，車の少ない道路を想定して自社社員のノーカーデイを設ける時代である。またわが国の飲酒問題を考える場合，飲酒問題でつまずいた人々の敗者復活への道，受け皿をどう用意開拓するか，今後男女共同参画型社会へ向けて DV への早期発見チャネルとしてアルコール臨床がどのような機能を果たせるかなど，取り組むべき課題は多い。

注)
1) 原田勝司ほか「アルコール代謝酵素の分類と多型——日本人における特異性」『日本アルコール』薬物医学会雑誌，36，2001, pp.85-106.
2) Holmila, M., 1988, *Wives, Husbands and Alcohol: A Study of Informal Drinking Control Within the Family*, The Finnish Foundation for Alcohol Studies.
3) 清水新二『酒飲みの社会学』新潮 OH 文庫，2002.
4) Kessel, N. and Walton, H., 1965, *Alcoholism*, Penguin Books.
5) Pittman, D. J., 1967, International Overview: Social and Cultural Factors in Drinking Patterns, Pathological and Nonpathological, In Pittman, D. J. (ed.), *Alcoholism*, Harper & Row, pp.3-20.
6) 清水新二『アルコール関連問題の社会病理学的研究——文化・臨床・政策——』ミネルヴァ書房，2003.
7) 清水新二「わが国の飲酒人口と近年の新たな動向——昭和モデルから平成モデルへ——」『アルコール依存とアディクション』1996，13, pp.306-320.
8) 健康・体力づくり事業財団「平成9年健康づくりに関する意識調査」1997.
9) Shimizu, S., Alcohol and Traffic Accidents in Japan,『精神保健研究』1991, 37, pp.95-102.
10) 清水新二『アルコール依存症と家族』培風館，1992.
11) Black, C., 1981, *It Will Never Happen To Me*, MAC Publication.(斉藤学監訳『私は親のようにならない』誠信書房，1989)
12) 斉藤学『アダルトチルドレンと家族』学陽書房，1996.
13) 清水新二『共依存とアディクション——心理・家族・社会——』培風館，2001.
14) Olson, D., Sprenkle, D. and Russell, C., 1979, Circumplex Model of Marital and Family Systems: *I* Cohesion and Adaptability Dimensions, *Family Process*, 18, pp.29-45.

第5章　子ども虐待への臨床社会学的介入

I　臨床社会学の特性

　臨床社会学を暫定的に定義すると「社会学的な観点から，また社会学の知識や理論を用いて危機介入(crisis intervention)や改革を行なうことをめざす問題解決志向・実践志向の強い学問」とでもなるだろうが，この定義から漏れ落ちていることも多い。たとえば「社会学の知識や理論を用いて」ということは，社会学の一般的な知識や理論を，個別的な問題の解決のために自動的に適用することを意味するわけではない。危機介入しようとする者が社会学者であるから，社会学的知識と理論が「道具」として「携行」されるということをそれは意味しているに過ぎない。社会学的臨床の場で，知識と理論を駆使して得られた認識は危機の当事者からのリアクションによって修正され，一方，当事者の認識も社会学的知識と理論によって変化をこうむる。臨床社会学の核心にあるのはむしろこの定義から漏れ落ちたもの，すなわち，社会学者と危機の当事者との対等な相互作用そして共同作業による問題の解決である。

　このような臨床社会学の性格は，その創設の当初から備わっていた。臨床社会学の歴史は，1930年代アメリカのシカゴ学派にまで遡ることができる。シカゴ学派の著名な学者トーマス(Thomas, W.I.)は，臨床的観察に基づく社会学理論の構築の必要性と，社会学的理論を臨床実践に応用することの必要性を主張した[1]。1931年に「臨床社会学」というタイトルの論文を発表したワース(Wirth, L.)[2]やそれより少し後の世代のコットレル(Cottrell, L.S.)は「臨床社会学者」として児童問題相談クリニックで勤務した。初期の臨床社会学者のなかには数人の女性たちが含まれていたが，そのなかのひとりのアダムス(Addams, J.)はシカ

ゴの有名なセツルメントであるハル・ハウスを共同して設立しその発展に力を尽くした[3]。そのようなものとしての臨床社会学の特性を，つぎにみていくことにしたい。

① 文化的アプローチ――「意味」の重視―

先にあげた L. ワースの「臨床社会学」という論文は，児童問題相談クリニックにおける経験に基づいて書かれたものであるが，そこで彼は臨床社会学の特性は「文化的アプローチ」にあると述べている。子どもの問題行動を理解・説明する時，精神分析的方法においては過去の精神的外傷と結び付けられることが多いが，臨床社会学では子どもの行為が現在置かれている「文化的文脈」・意味世界が問題となる。子どもはどのような意味世界で生きているのか，それを「問題」と考えるおとなはどのような意味世界で生きているのか，おとなは子どもの意味世界を受容できるのか，あるいは2つの意味世界は相互に調整できるのか，等が問われる。ワースから離れてさらに議論を進めると，文化的アプローチにおいて重視されるのは，介入を必要とする問題が当事者によってどのように「定義」され，意味づけられているのかということである。当事者が個人である場合，問題を「危機」と定義する当事者の良好でないセルフ・イメージ，消極的な対人関係意識等への気づきとそれらからの解放が，臨床社会学者との相互作用のなかでめざされる。そしてセルフ・イメージの好転と対人関係意識の変化を踏まえて，自分が対処できるようなかたちで，当事者が問題を再定義するのを臨床社会学者は援助する[4]。当事者が複数の場合，たとえば家族を対象とする介入ではどうだろうか？　ハーヴィッツ(Hurvitz, N.)の「社会・認識的家族セラピー(Sociocognitive Family Therapy)」についてみてみよう[5]。ハーヴィッツは，家族メンバー個人の問題から，満足のいく互酬性の欠如を経て，家族の危機に至る「エスカレーション・プロセス」の存在を指摘している。そこにおいて重要なのは，エスカレーション・プロセスの端緒となる個人の問題(欠陥)は，あくまでも他の家族メンバーの「主観的認識」にとどまっているということである。たとえば妻は，「夫が何も家事を手伝ってくれない」と認

識しているが，夫の方は「ゴミ出しをしたり，子どものオシメを換えたり十分にやっている」と認識している。双方の主観的認識・意味づけの食い違いがコミュニケーションによって明らかにされないままに，エスカレーション・プロセスが進行していく。臨床社会学者はこのような主観的認識，意味づけのもつれを解きほぐし，家族メンバーが「問題の定義」を共有できるようにし，問題解決のための方途を提示する。また「重要な他者」として，どのようにすれば協働できるかについてのロール・モデルになるとも述べている。

② 介入者と当事者との対等な相互作用

同じく家族を主な対象とする社会セラピー(Sociotherapy)であるグラウンデッド・エンカウンター・セラピー(Grounded-Encounter Therapy)を提唱したスワン(Swan, L. A.)は，「問題」は個々の家族集団の社会的文脈に根ざした(Grounded)ものであるとしている[6]。社会的文脈とは「問題に関わるヒューマン・システム(対人関係と相互作用のパターン)およびそれを規定する環境」[7]である。現象的には同じようにみえても，個別のケースごとにそれが発生してきた社会的文脈は異なり，それゆえ異なった問題と見なされるので社会学の一般理論を一律に適用することはできない。スワンは「問題とその解決における一般的知識の応用は，科学的(社会診断的 sociodiagnostic)過程と応用(社会療法的 sociothrapeutic)過程とを分断する」[8]と述べている。社会学の一般理論を適用して問題を診断しても，それは個々の家族問題の解決に役立つ療法を導き出すことにはならない，という趣旨である。家族メンバーのエンカウンター過程にともに参加する臨床社会学者は先に述べた理由から，専門家として優位に立つのではなく，個々の家族メンバーが語る「問題の定義」に耳を傾けて理解し，またそれら相互の食い違いにも注意して問題を発生させる社会的文脈を探りあてねばならない。

ナラティヴ・セラピー(Narrative Therapy)においても同様の主張がなされている。ナラティヴ・セラピーでは，セラピストとの対話を通じてクライエントの新しい「自己物語」の創造がめざされるが，その際，セラピストは「無知」であることが要求される[9]。そうでなければ，セラピストは法則性や一般性を

追い求めることに終始し，クライエントのストーリーの固有性やクライエント自身のアイデンティティを見失いまた損なってしまう，というのが理由である。この場合の「無知」とは，自分の経験に基づく偏見や，一般理論に基づく先入見から自由であることを意味している。

③　ミクロ―メゾ―マクロ3次元の相互浸透

臨床社会学の特性としてミクロ―メゾ―マクロが語られる時，それはたいてい臨床社会学の扱う対象が広範囲にわたっていることを意味している。

しかしここでは，対象を取り扱う際の視点が3次元の相互浸透したものであることを述べたい。つまり臨床社会学ではミクロ・レベル(個人)の問題を取り扱う際にも，メゾ・レベル(家族，学校，地域社会等)，マクロ・レベル(全体社会の文化，価値・規範意識，政策，法・制度等)の視点が同時に要求される。逆もまた同様である。たとえば摂食障害について，医学の立場からは身体機能や神経の伝達機能が，臨床心理学の立場からは自己認知や自己の身体的イメージの歪みが問題となる。一方，臨床社会学では，認知の歪みの背後に存在する全体社会の価値意識，文化(とくに身体に関する)が問題とされ，culture-bound syndromes(文化に規定された症候群)ととらえられる。このように臨床社会学では，問題を3次元が相互浸透した視点から，いわば複眼的にとらえていくことになる。

④　地域性・即時性・予防

リンドマン(Lindemann, E.)やカプラン(Caplan, G.)によって基礎を築かれ発展してきた精神医学―心理学的危機介入は，その特徴として即時性や地域性・日常性をあげることができる。前者の例としてアメリカの総合病院における緊急精神科サービスの設置を，後者の例として1960～70年代のアメリカにおける地域精神保健政策のもとで，スラム街等に設置されて24時間サービスのウォーク・イン・クリニック(walk-in clinic)等をあげることができる。臨床社会学においても，地域社会に拠点をもち，他の諸機関とのネットワークを形成しつつ日常的な相談活動等を展開することは可能ではないだろうか。そのことにより問題へ

の即時的対応や，問題発生以前の予防的対応を行なうことができる。この問題については，子ども虐待という具体的問題に即して後に述べることにする。

臨床社会学の大体のイメージをもってもらうために，4点にわたって臨床社会学の特性を概観してきた。このような臨床社会学が「子ども虐待」という問題にどのように介入していけるか以下でみていきたい。

II 子ども虐待の現状

(1) アメリカ

子ども虐待は19世紀にも社会問題となり，アメリカでは1874年，イギリスでは1883年に子ども虐待防止協会が設立されたが，これは主として貧困を原因とするものであった。現代社会の子ども虐待が「再発見」されたきっかけとなったのは，アメリカの小児科医ケンプ(Kempe, C.H.)の「殴打児童症候群」(The Batterred-Child Syndrome)と題する1961年アメリカ小児科学会での報告と，翌年アメリカ医学会雑誌に掲載された同名の論文であった。その後アメリカでは，1974年「児童虐待防止・処遇法」(The Child Abuse Prevention and Treatment Act)が制定され，子どもに関わる専門職の人びとが子ども虐待に気づいた場合の報告義務，およびこれを怠った場合の罰則，さらにこの報告を行なうことは守秘義務違反になるがこれによって刑法・民法上の訴追をうけないとする免責について規定された。この法律に基づく報告件数(全米)は，1991年が270万件，1994年が310万件であった。しかしこれらはあくまでも報告の件数であり，このうちだいたい40％，120万件前後が事実と認定された。その内訳はネグレクトが50％前後，身体的虐待が20〜25％，性的虐待が15％前後，残りは複合的虐待であり，すべてのケースが何らかの心理的虐待を含んでいるとされた(American Humane Association, American Association for Protecting Children の統計による)。アメリカにおいて注目すべきは，ここ1〜2年ではあるが虐待の発生件

数が減少したことである。これについては，虐待親への厳しい対応の効果のあらわれ，また経済状況の好転の影響等と説明されている。

(2) **イギリス**

イギリスでは1989年に児童法(Child Act)が制定され，子ども虐待への有効な対応をはかるため諸機関の連携の必要性が強調されるとともに，両親の協力を得ながらの介入，家族への支援もまた謳われた。イギリスにおける子ども虐待発生件数についてみると，1993年イングランドにおいては報告件数が16万件であったが，そのうち4万件についてケース検討会議が開かれ，2万5千件が子ども保護登録された。4万件の事例のうち身体的虐待が30%，ネグレクトと性的虐待がそれぞれ20%強，心理的虐待が10%であった[10]。

(3) **日 本**

日本では厚生省が，児童相談所における養護相談の理由別処理件数の統計に「虐待」の項目を入れたのは1990年度からであるが，その件数は増加の一途をたどっている(図表5-1)。とくに1995年度からは前年度比3～5割増しで急上昇し，2000年度は1990年度の10倍以上の件数を示している。このような子ども虐待の急増という事態をうけて，1999年，厚生省(現厚生労働省)は，子ども虐待の定義を拡大し，その旨を全国の児童相談所に指示した。これによると身体的虐待については従来の定義どおりであるが，とくに，外傷はなくても生命に危険のある暴行，たとえば，冬に戸外に閉め出す，一室に拘禁する等が重視されている。またネグレクトについては，乳幼児を家に残したままたびたび外出する，乳幼児を車に放置する，適切な食事を与えない，下着等を長期間不潔なままにする等が新たに付け加えられた。性的虐待では，養育者による性的暴行・性的いたずらのみでなく，性器や性交を子どもにみせる，ポルノの被写体になることを子どもに強要する等が含まれるようになった。また心理的虐待では，無視や拒否的な態度，言葉による脅かし，自尊心を傷つけるような言動，他のきょうだいとはいちじるしく差別的な扱い等が付け加えられた。1999年度の相談内容別内訳は身体的虐待51.4%，ネグレクト29.6%，性的虐待5.1%，心

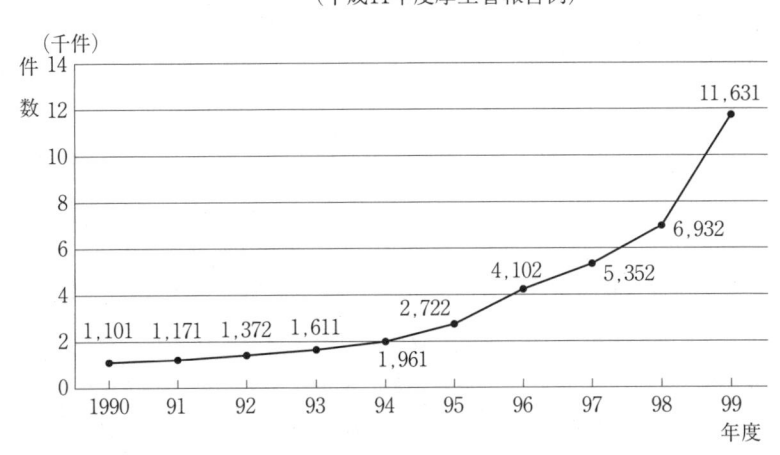

図表5-1 虐待に関する相談件数の推移
（平成11年度厚生省報告例）

年度	件数
1990	1,101
91	1,171
92	1,372
93	1,611
94	1,961
95	2,722
96	4,102
97	5,352
98	6,932
99	11,631

出所）厚生省『子ども虐待対応の手引き』有斐閣，2001．

理的虐待14.0％となっている。この類型別内訳の数字は先にあげたアメリカ，イギリス，日本でそれぞれ異なっており，各社会の文化の違いによって虐待の類型ごとの発生件数が異なるのか，あるいは各国における対応の体制の違いによるのか注目される。ところで日本における虐待の件数は国内的にみれば急増しているが，アメリカ，イギリスと比較すればかなり少ない。しかしこれは日本の数字が，児童相談所での養護相談処理件数のみに限定されていることによるところが大きい。虐待についての相談や被害者の援助を行なっている民間団体や，市民運動団体が把握している数字を計算に入れる必要があり，これらを含めた子ども虐待の暗数部分の把握が必要である。

III 日本における子ども虐待への対応の諸過程とその問題点

(1) 福祉的対応と司法的対応

日本における子ども虐待への対応の諸過程は図表5-2のとおりである。

「子は親のもとで養育されるべき」という理念のもとで、緊急時を除き在宅指導が基本的な方針となる。在宅指導には、「継続的な援助」と「抑止力となるような援助」、「治療的援助」の3つがある。「継続的な援助」は保護者と日常的に接する民生・児童委員、保育所保育士、学級担任等によって行なわれる。「抑止力となるような援助」は児童相談所が行なう。緊急一時保護を行なった場合、子どもを家に帰す条件として「虐待が再発すれば再度一時保護する」旨を保護者に伝え、定期的に面接や訪問を行なって虐待の再発を抑止する。「治療的援助」は児童相談所の児童福祉司や心理職員・精神科医等の専門職が担当し、子どもの発達援助、心理療法、ファミリー・セラピー等が行なわれる。在宅指導の場合、これを円滑に行なうため、保護者との友好的な関係の維持・継続が重視され、「原則的には司法機関が関与しないので、あくまでも福祉的な対応のなかで対処していかなければならない」[11]。しかし機関が関わっておりながら虐待によって子どもが死亡したケースは、大半が在宅指導のなかで発生したものである。「親のもとでの養育」を基本理念としながらも、有効なタイミングでの有効な介入を行なうことは重要である。介入の具体的内容として緊急一時保護、保護者の同意による施設等への入所、同意が得られない場合は家庭裁判所に対する児童福祉施設等への入所承認の申立て(児童福祉法第28条申立て)、同じく家庭裁判所に対する親権喪失宣告の申立て、と順次介入の度合いを強めていく。しかし先にも述べたように児童相談所の基本線は福祉的対応であり、これらの介入には強制力がともなったり司法機関が関与してくるので、今後の指導・援助の円滑さをも考慮にいれ児童相談所側では躊躇することが多い。全国の児童相談所が行なった第28条申立ての件数(図表5-3)、親権喪失の申立ての件数(図表5-4)はいずれも少ない。福祉的対応と司法的対応のはざまに児童相談所が立たされることにより「システムに混乱が生じ、これらの機能が充分に発揮できない状況に陥っている」[12]と西澤哲は指摘している。それでは日本との比較のためアメリカ、イギリスの対応の特徴をみてみよう。

第5章 子ども虐待への臨床社会学的介入

図表5－2 日本における児童相談の流れ

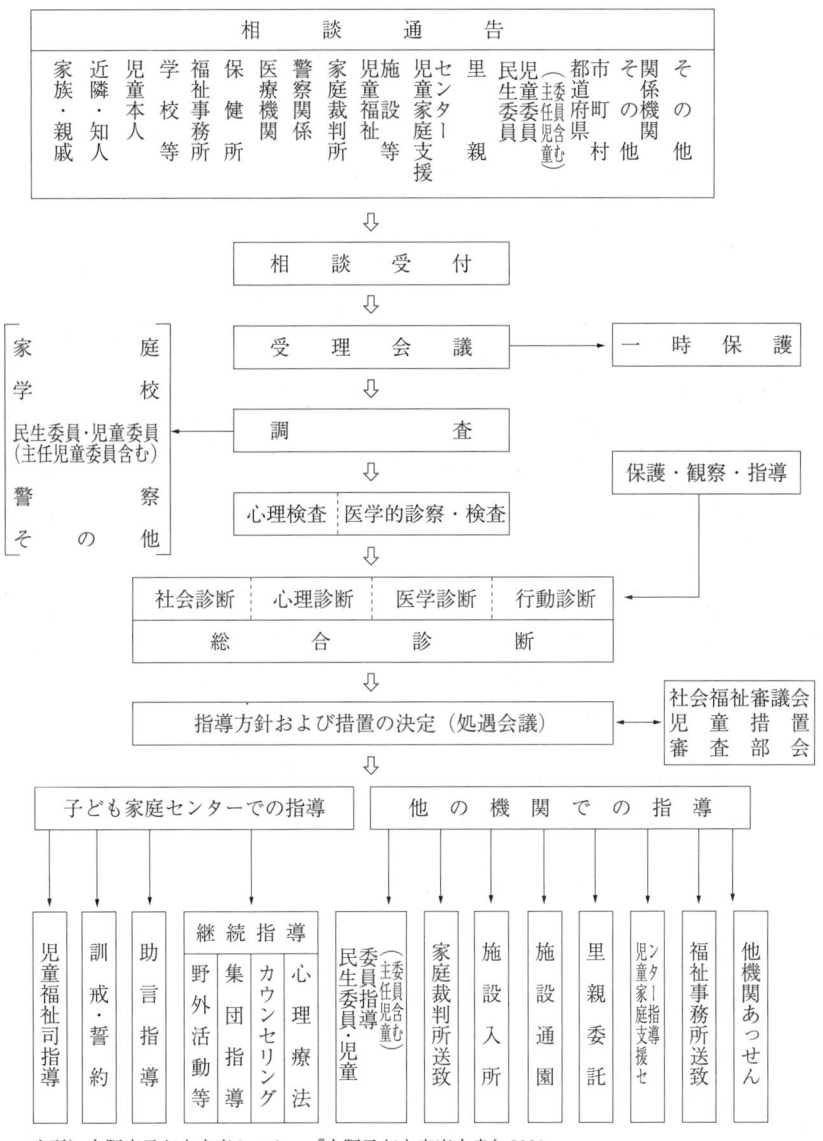

```
┌─────────────────────────────────────────────────────────────┐
│                    相 談 通 告                               │
│ 家族  近隣  児童  学校  福祉  保健  医療  警察  家庭  施設  児童  里親  民生  都道  その  その │
│ ・    ・    本人  等    事務  所    機関  関係  裁判  福祉  家庭  （主任 委員  府県  他の  他   │
│ 親戚  知人               所                      所    等    支援  児童  （主任 市町  関係      │
│                                                  セン  委員  児童  村    機関      │
│                                                  ター  含む） 委員                 │
│                                                              含む）                 │
└─────────────────────────────────────────────────────────────┘
                              ⇩
                        相 談 受 付
                              ⇩
                        受 理 会 議   ────→  一 時 保 護
                              ⇩
  ┌家庭                   調     査
   学校          ←────
   民生委員・児童委員          ⇩
   （主任児童委員含む）    心理検査│医学的診察・検査
   警察                          ⇩                  保護・観察・指導
   その他                 社会診断│心理診断│医学診断│行動診断  ←──
                          総  合  診  断
                              ⇩
                   指導方針および措置の決定（処遇会議）  ←──  社会福祉審議会
                              ⇩                              児 童 措 置
                                                              審 査 部 会
  ┌子ども家庭センターでの指導┐  ┌他 の 機 関 で の 指 導┐
   │                          │  │                        │
   児  訓  助  継続指導        民生 家  施  施  里  ンタ 福  他
   童  戒  言  野集心          委員 庭  設  設  親  ー児 祉  機
   福  ・  指  外団理          指導 裁  入  通  委  家童 事  関
   祉  誓  導  活指療          ・   判  所  園  託  庭指 務  あ
   司  約      動導法          児童 所                支導 所  っ
   指          等              （主 送                援セ 送  せ
   導                          任児 致                   致  ん
                               童委
                               員含
                               む）
```

出所）大阪府子ども家庭センター『大阪子ども家庭白書』2001.

図表5－3 第28条請求および承認ケース数（全国児童相談所）

年　度	56	57	58	59	60	61	62	63	元	2	3	4
請求件数	2	6	4	14	3	0	5	6	3	19	10	7
承認件数	2	3	4	13	3	1	5	3	0	15	9	5

（厚生省社会福祉行政業務報告より）

出所）津崎哲郎『子どもの虐待』朱鷺書房，1992.

図表5－4 親権喪失請求および承認ケース数（全国児童相談所）

年　度	56	57	58	59	60	61	62	63	元	2	3	4
請求件数	1	3	0	2	1	0	0	1	0	2	2	1
承認件数	0	2	1	0	0	1	0	0	0	0	3	1

（厚生省社会福祉行政業務報告より）

出所）津崎哲郎『子どもの虐待』朱鷺書房，1992.

① アメリカにおける対応

　アメリカにおける対応の流れは図表5－5のようである。通告は，すべて児童保護機関(Child Protective Service, CPS)に集約され，調査を行なった後，家庭外に子どもを措置する必要があると判断した場合には，たとえ親がこれに同意し，一時的なものであっても，裁判所に申立て親権が一時停止される。親権が停止されている間は，裁判所が親権をもつことになる。その後の流れは3つに分かれ，家族の再統合を前提として子どもを家庭外に措置し治療プログラムを提供する場合，再統合は困難であり，親権剥奪を想定して子どもの自立のための長期的なプログラムを提供する場合，親権は一時停止されているが子どもを家庭におき在宅のままで治療プログラムを提供する場合，とになる。アメリカの場合は，司法機関の介入度が高く，裁判所の権限のもとで対応のプログラムが提供されることから，日本の福祉的対応に対して司法的対応といえる(この項を書くにあたっては，日本弁護士連合会編『ドメスティック・バイオレンス防止法律ハンドブック』明石書店，西澤哲『子どもの虐待―子どもと家族への治療的アプローチ―』誠信書房等を参考にした)。

第5章　子ども虐待への臨床社会学的介入

図表5－5　アメリカにおける児童虐待への介入プロセス

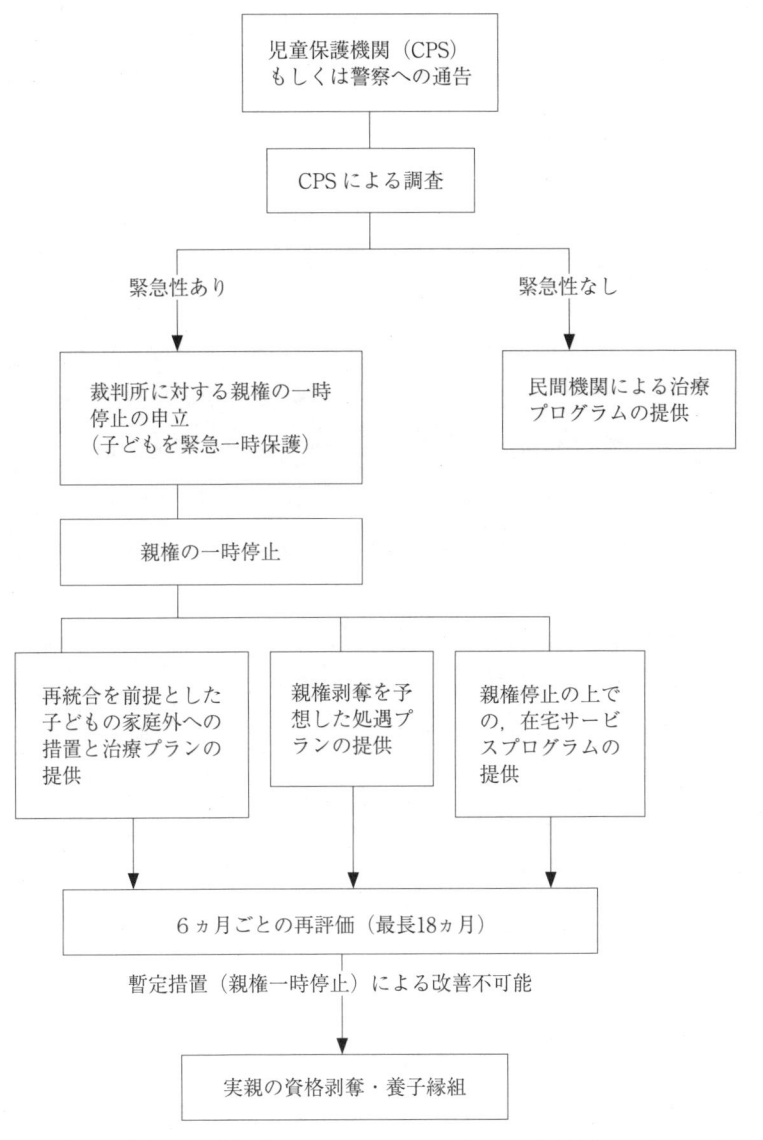

```
          児童保護機関（CPS）
          もしくは警察への通告
                │
                ▼
          CPSによる調査
          ┌─────┴─────┐
       緊急性あり      緊急性なし
          │              │
          ▼              ▼
   裁判所に対する親権の一時   民間機関による治療
   停止の申立            プログラムの提供
   （子どもを緊急一時保護）
          │
          ▼
      親権の一時停止
          │
   ┌──────┼──────┐
   ▼       ▼       ▼
再統合を前提とした  親権剥奪を予  親権停止の上で
子どもの家庭外への  想した処遇プ  の，在宅サービ
措置と治療プランの  ランの提供   スプログラムの
提供                          提供
   └──────┼──────┘
          ▼
   6ヵ月ごとの再評価（最長18ヵ月）
          │
   暫定措置（親権一時停止）による改善不可能
          ▼
   実親の資格剥奪・養子縁組
```

出所）日本弁護士連合会編『ドメスティック・バイオレンス防止法律ハンドブック』
　　　明石書店，2000.

② イギリスにおける対応

イギリスでは1989年に「児童法」(Child Act)が制定され，子ども虐待への有効な対応をはかるために諸機関の連携の必要性を強調するとともに，両親の協力を得ながらの介入，家族への支援もまた謳われた。イギリスにおける対応の体制は図表5－6のとおりであるが，そのなかでも注目すべきなのは「子ども保護登録制度」(The Child Protection Register)である。1974年に発足したこの制度は，虐待により重大な危害をうけている，あるいはうける恐れのある子どもを登録し，継続的にその家族をモニタリングすることによって虐待の発生を未然に防止しようというものである。登録される情報としては，子どもの氏名，生年月日，性別，住所，法的地位，両親・保護者の氏名，その他の家族のおとなのメンバー，また定期的な訪問者の氏名，子どもとの関係，家族メンバーに犯罪歴があればその詳細等である。登録された際の危険要因がなくなったと判断されれば，登録は抹消される。公的機関が家族という私的領域をモニタリングするこの制度は，非常に介入的なものといえる。近代以降のヨーロッパでは，子どもは家族のなかで保護され，国家は家族と拮抗するものと考えられてきた。しかしこの「子ども保護登録制度」にみられるのは，むしろ国家が親と拮抗して子どもの権利を守るという構図である。ロンドン大学教育研究所教授のゴフ(Gough, D.)は「このように国家・家族・子どもの間には複雑な権力バランスが存在しており，このバランスは国により，時代により異なっている」と指摘している[13]。子ども虐待への予防的対応という点で遅れをとっており，いたいけな犠牲者が出た後で騒然と批判や評論が噴出するのが常である日本においてもこのような制度について検討する必要があるだろう。もちろん国家の家族への介入という側面についても，十分議論されねばならない。

(2) 「道徳的義務」としての通告義務

児童福祉法第25条には「保護者のない児童又は保護者に監護させることが不適当であると認める児童を発見した者は，これを福祉事務所又は児童相談所に通告しなければならない」と規定されているが，これに違反した場合の罰則は

第5章　子ども虐待への臨床社会学的介入

図表5－6　イギリスにおける児童保護の処遇体制

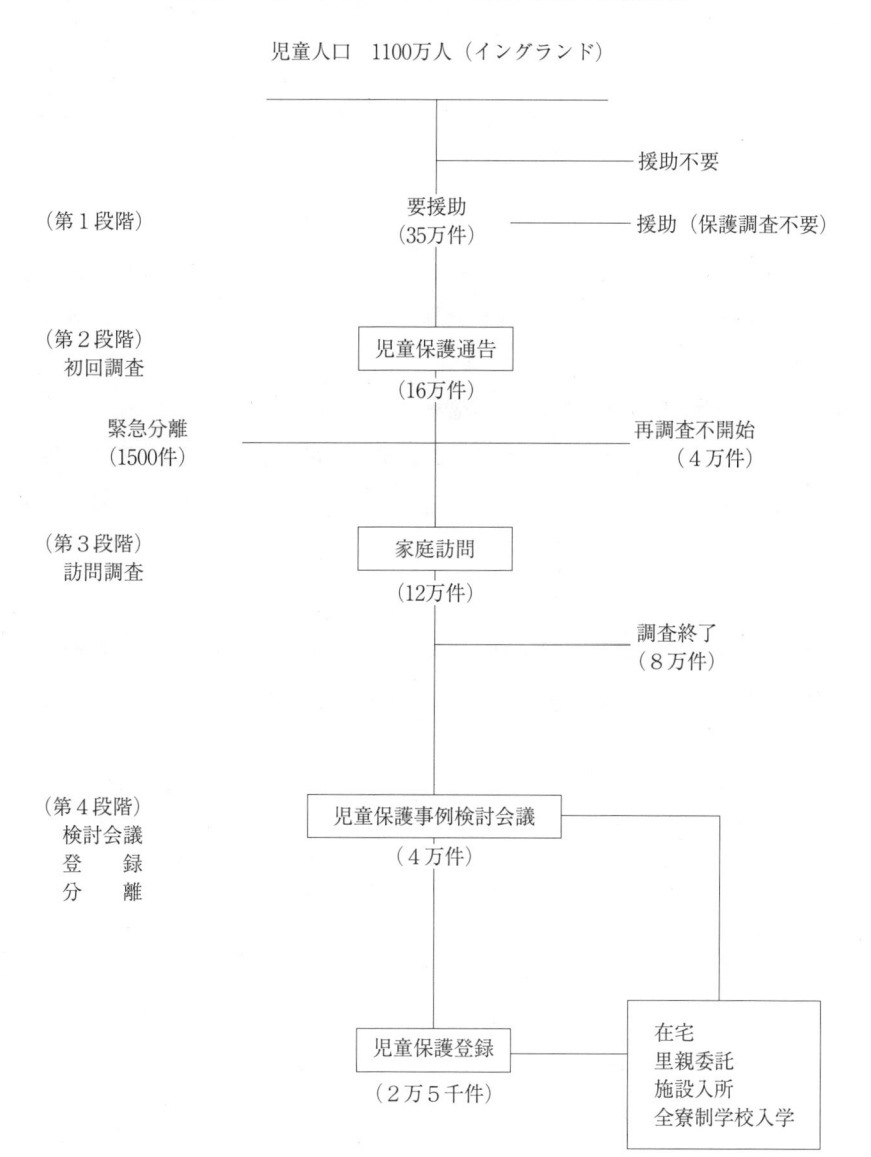

児童人口　1100万人（イングランド）

――― 援助不要

（第1段階）　要援助
　　　　　　（35万件）――― 援助（保護調査不要）

（第2段階）
初回調査　　児童保護通告
　　　　　　（16万件）

緊急分離　　　　　　　　　再調査不開始
（1500件）　　　　　　　　（4万件）

（第3段階）
訪問調査　　家庭訪問
　　　　　　（12万件）

　　　　　　　　　　　　　調査終了
　　　　　　　　　　　　　（8万件）

（第4段階）
　検討会議　　児童保護事例検討会議
　登　　録　　（4万件）
　分　　離

　　　　　　児童保護登録　　在宅
　　　　　　　　　　　　　　里親委託
　　　　　　（2万5千件）　施設入所
　　　　　　　　　　　　　　全寮制学校入学

出所）滝井泰孝「英国における児童虐待の実態と取り組みについて」『子どもの虐待とネグレクト』第1巻第1号，日本子どもの虐待防止研究会，1999.

ない。そのためこの通告義務は，いわば「道徳的義務」にとどまっており，強制力がない。1998年，虐待による子どもの死亡事件の多発等という事態を重視して，厚生省児童家庭局は「児童虐待に関し緊急に対応すべき事項について」という通知を出し，国民の通告義務についての広報・啓発の必要性を強調した。2000年5月17日に「児童虐待の防止等に関する法律」(以下,「児童虐待防止法」という)が成立し，11月20日より施行されたが，この法律においても通告義務違反に対する罰則はない。しかし「児童虐待防止法」の附則の第2条では施行後3年を目途として，その施行状況，効果等について検討が加えられ，必要な措置が講じられることになっている。

(3) **十分に活用されない立ち入り調査権**

児童福祉法第29条において，都道府県知事は児童の居所等への立ち入り調査をさせることができると規定されている。子どもが長期にわたって学校等を欠席し，保護者も呼び出しや訪問に応じず，子どもの安否が気遣われるとき等において，立ち入り調査が必要となる。しかし先にも述べたように日本においては福祉的対応が優先し，そのため保護者との対立を回避しようとする傾向があり，その結果，立ち入り調査にも慎重な態度をとってきた。しかし2000年施行の「児童虐待防止法」のもとでは，それまでと異なり児童福祉法第28条の申立て(保護者の同意のない施設入所)を前提とせずに，子どもの安全確認のため立ち入り調査を実施できるようになった。積極的介入傾向のひとつのあらわれとみることができる。

(4) **児童福祉司に関する問題**

子ども虐待への対応の中心となるのは児童相談所であり，その最前線にいるのが児童福祉司であるが，一般行政職員をこのポストにつける自治体も多く，児童福祉司全体の2割にものぼる。児童福祉司の任用資格としては児童福祉法に1)国指定の養成所の卒業生，2)大学で心理学や教育学を専攻した人，3)医師，4)福祉事務所で社会福祉主事として2年以上従事した人，5)以上の資格に準ずる人，の5項目があげられている。この5)が広く解釈され，素人に近い一般行

政職員が短期間の研修をうけたのみで児童福祉司になる場合も多い。2002年に5)の「準ずる」規定は廃止されたが、各自治体は「準ずる」人に通信教育を受講させて乗り切ろうとしているのが実状である。

また質とともに量の問題もある。児童福祉司の人数は、厚生労働省によると1,480人(2001年度)で、1990年度に比べると虐待に関する相談件数は10年間で10倍に急増したのに対して、対応する側の人員は1.4倍にしか増えていない。児童福祉司は虐待以外にも非行等の各種相談を担当しているため、1人当たりの受け持ち件数は平均70～80件とされ超過負担となっている。

(5) **親子分離後における子どもの受け入れ先の問題**

児童福祉法第28条手続き等で親と分離した子どもは日本の場合、乳児院、養護施設等の児童福祉施設に入所するのが一般的である。しかし虐待をうけてきた子どもたちは、親密な人間関係について問題を抱えている場合が多く、集団生活を営む施設は、このような子どもたちの適切な受け入れ先とはいいがたい。

一方、イギリスでは、児童保護登録後の処遇をみると、里親委託が5割強、在宅指導が3割、以下、施設入所、全寮制学校入学と続いており(1993年度)、里親・保護受託者委託がわずか0.5％に過ぎない日本とは対照的である[14]。またアメリカでは、養育的機能に加えて治療的な機能も併せもった「治療的里親」が注目されているが、その背景として入所治療プログラムがあまり効果をあげていないということが指摘されている[15]。

虐待をうけた子の処遇に限らず、一般に日本においては家庭外保育というと保育所等の施設に預けることのみが想起されやすい。しかし家庭外保育には、他の家庭に保育を委託して家庭的環境で子どもの面倒をみてもらう家庭的家外保育もあり、イギリスのチャイルド・マインディング等はその一例である。その背後には実の親でなくても、同じ地域社会に属する他の家族が子どもを育てることも可能であるとする「地域社会における子育て」意識が存在すると考えられ、被虐待児の受け入れ先としての里親制度の充実の度合いが、日本とイギリス、アメリカで異なる原因になっているのかも知れない。またそれ以外に

も里親家族が子ども虐待に関わる他の専門的諸機関のネットワークのなかに，きちんと位置づけられていないことも原因のひとつとしてあげられるだろう。

(6) 「親権」をめぐる問題

民法第818条には「成年に達しない子は，父母の親権に服する」という規定があり，親権の効力の内容として，監護教育の権利義務(第820条)居所指定権(第821条)，懲戒権(第822条)，職業許可権(第823条)，財産管理権と代理権(第824条)があげられている。子ども虐待への処遇として親子分離(たとえば施設入所)を行なった場合，親権との拮抗が問題となる場合が多い。親権者の同意を得て施設入所した場合，途中で親権者が同意を翻し子どもの引き取りを要求すると，児童福祉法第27条に記載された法的根拠を失うこととなり，引き取り要求を拒否することができない。事態が改善されないうちに施設から家庭に連れ戻された子どもが，再び親の激しい虐待にあい死亡した事例が2001年にも兵庫県尼崎市で発生している。また親が施設入所に同意しない場合，児童福祉法第28条に定められた手続きによって行なうが，これは親権の効力内容のうち居所指定権を制限するものである。この親権の制限は入所後にも及ぶかどうかについては議論が分かれているが，児童相談所や施設等現場においては入所後の制限については否定的である。つまりこの場合も親が子どもの引き取りを施設に要求しても，これを拒否できないと考えられている。これでは法により親子分離をはかってもその効果は望めないことになる。

また民法第834条には「父または母が，親権を濫用し，または著しく不行跡であるときは，家庭裁判所が，子の親族または検察官の請求によってその親権の喪失を宣告することができる」と規定している。親権喪失手続きについては児童福祉法第33条に規定があり，児童相談所長が申立てを行なうことができる。しかし親権喪失はいわば最後の手段であり，親権喪失後の後見人の選定等さまざまな困難がともなうため，実際に手続きがとられることはきわめて少ない(図表5-4)。

親権の効力内容のひとつである懲戒権は，虐待を正当化するものと指摘され

ている。民法第822条によると「親権を行なう者は，必要な範囲内で自らその子を懲戒し，又は家庭裁判所の許可を得て，これを懲戒場に入れることができる」とあり，懲戒場とは何を指すかということを含めて，その内容が問題視されている。懲戒権の廃止が今後の検討課題になるのはもちろんであるが，親権概念そのものの規定の見直しが必要であろう。

Ⅳ 子ども虐待への臨床社会学的介入の可能性

　第Ⅲ節では，日本における子ども虐待への対応の諸過程とその問題点についてみたが，それらを踏まえて子ども虐待への臨床社会学的介入の可能性について考えていきたい。
　① 予防的対応
　子ども虐待への対処における最重要課題は，それをいかにして予防するかということである。イギリスにおける児童保護登録制度はその有効な一形態であるが，国家によるプライバシーの監視という問題をはらんでいる。それゆえ別の方法として，臨床社会学者による地域に密着した相談活動が考えられる。第Ⅰ節で述べたように地域性，即時性は臨床社会学の特性であるべきであり，家族・子育てに関わる諸問題を気軽に相談し，対処の方途を社会学者とクライアントが協働して探るというサービスの提供を，地域社会において行なう。1960～70年代におけるアメリカの地域精神保健政策のもとで，地域社会に設置されたウォーク・イン・クリニック(walk-in clinic)の社会学版といったものが構想される。ウォーク・イン・クリニックを拠点とする相談活動のなかで，虐待あるいは準虐待現象の早期における把握と対処が可能となる。また相談活動とともに，若く未経験な両親への援助としてペアレンティングに関する情報提供も行なう。
　② 調査の実施
　子ども虐待問題に対する有効な政策策定また立法化のためにも，虐待の実態

についての学問的調査がなされねばならない。イギリスでは子ども虐待による死亡事件が発生すると，調査委員会が設置され，その報告に基づいて，法や現場の対応の手続きが改善されるパターンが1970年代から定着している。具体的な個々の事例の把握にとどめず，子ども虐待という社会現象についての全体的把握が必要であり，これも臨床社会学の課題といえる。

③ 深刻で複雑な虐待ケースに対して，各領域の専門家が連携して行なうサービスへの参加

虐待の被害者は当然のことであるが，加害者もまた自らの子ども時代における被虐待体験等により，自尊心の損傷という問題を抱えていることが多い。また虐待が発生した家族集団そのものにおける諸問題も存在する[16]。これらに対して，第I節において紹介したナラティヴ・セラピー，社会・認識的家族セラピー，グラウンデッド・エンカウンター・セラピー等により問題解決の援助とサポートを行なう。

④ 制度の整備や政策策定への協力

先にあげた「親権」をめぐる問題や「里親」の問題はいずれも，子ども虐待において親子分離がやむを得ない場合に，子どもの生まれ育った家族に代わって家族機能を遂行し，子どもに対して安定的な親密性を与えることができるのは，どのような社会的環境，またヒューマンシステムかに関する問題である。すなわち，家族とは区別され，しかも家族と同様に家族機能（ファミリズム）[17]を遂行し得る多様な主体の探究といえる。臨床社会学はこのような主体の可能性を探り，多様なファミリズムの形態を保障する制度の整備や政策の策定過程に参加し，協力する。

⑤ 処遇の効果のアセスメント

オドナヒュー(O'Donohue, W.T.)とエリオット(Elliott, A.N.)は，「今日に至るまで，いかなる処遇の方法に関しても，その有効性を決定的に示した研究はない」と述べており[18]，同様の見解は他の研究者からも出されている。またシケッティ(Cicchetti, D.)とバレット(Barrett, D.)は，子ども虐待の被害者と加害者

に対するカウンセリングやセラピーは,多くの場合,無計画的で体系性がなくまた相互に矛盾している場合もあると指摘している[19]。個々のケースへの対応に終始するのではなく,処遇の効果のアセスメントを全体として行ない,より有効な対応の創出に向けてフィードバックしていくことが必要であろう。

 以上5点にわたって,子ども虐待問題への臨床社会学的介入の可能性について述べてきた。臨床社会学の現状は,日本においてもアメリカにおいても,まだまだ荒削りな発展途上の学問といわざるをえない。子ども虐待問題をはじめ,さまざまな具体的課題に即して理論と実践の方法をともに整備していくことが急務である。

注)
1) Thomas, W. I., 1923, *The Unadjusted Girl*, Little, Brown.
2) Wirth, L., 1931, "Clinical Sociology," *American Journal of Sociology*, 37, pp. 49-66.
3) Fritz, J. M., 1989, "The History of Clinical Sociology," *Sociological Practice*, 7, pp. 72-95.
4) Byers, B. D., 1987, "Uses of Clinical Sociology in Crisis Intervention Process," *Clinical Sociology Review*, 5.
5) Hurvitz, N. & Straus, R. A., 1991, *Marriage and Family Therapy: The Socological Approach*, Howorth Press.
6) Swan, L. A., 1988, "Grounded Encounter Thrapy: Its Characteristics and Process," *Clinical Socilocy Review*, 6, pp. 76-87.
7) Ibid., p. 77.
8) Ibid., p. 78.
9) マクナミー, S. & ガーゲン, K. J. (野口裕二・野村直樹訳)『ナラティヴ・セラピー』金剛出版,1997.
10) Department of Health, 1993, *Children Act Report*.
11) 津崎哲郎『子どもの虐待』朱鷺書房,1992, p. 167.
12) 西澤哲『子どもの虐待―子どもと家族への治療的アプローチ―』誠信書房,1994, p. 193.
13) ゴフ, D. (家族機能研究所訳)「ヨーロッパにおける児童虐待問題」『子どもの虐待とネグレクト』第1巻第1号,1999, pp. 18-19.

14) 滝井泰孝「英国における児童虐待の実態と取り組みについて」同上，p.8
15) 西澤哲，前掲書，p.196.
16) 井上眞理子「子ども虐待発生のメカニズム」満田久義編『社会学への誘い』朝日新聞社，2003.
17) 井上眞理子「「ファミリズム」論」井上眞理子・大村英昭編『ファミリズムの再発見』世界思想社，1995.
18) O'Donohue, W. T. & Elliott, A. N.,1992, "Treatment of Sexually Abused Child," *Journal of Clinical Child Psychology*, 21, pp.218-228.
19) Cicchetti, D. & Barrett, D., 1991, "Toward the Development of a Scientific Nosology of Child Maltreatment," in D, Cicchetti & W. Grove (eds.), *Thinking Clearly about Psychology*, University of Minnesota Press, pp.346-377.

第6章　老人虐待

I　高齢社会における老齢者への偏見・差別と虐待

　2002年「第2回高齢化世界会議」が開催され，政治宣言が採択された。そのなかで初めて年齢差別(age discrimination)を含むあらゆる形態の差別の撤廃が謳われるとともに，老齢者(older persons)の尊厳をあらためて認識することの重要性と，老齢者に対するあらゆる形態の無視・怠慢(neglect)や虐待(abuse)，暴力(violence)を根絶していくことが強く求められた(Political Declaration, Article 5. Second World Assembly on Ageing in Madrid, Spain. 12 April 2002)。特筆すべき世界的な動きであり，20年前のウィーンでの第1回世界会議にはなかったことである。

(1)　老齢者に対する偏見・差別

　年齢差別とは「老齢者に対する根深い偏見であり，また老人であるという理由で人びとに対してなされる，体系的なステレオタイプ化および差別」を意味する[1]。これは，1969年に国立老化研究所初代所長のバトラー(Butler, R.)が創った概念である。アメリカ社会で人種差別，性差別に次ぐ，第3の「イズム」(age-ism)と考えられ，老齢者に対する「究極的な偏見，最後に残された差別，もっとも残酷な拒絶」といわれている[2]。

　年齢差別が生み出された背景には，近代化により，経済が発展し，個人志向や自立志向の高まりとともに老いの価値が低下し，老いを社会から排斥・排除しようとする論理がおこってきたことが考えられる。老齢者は「依存的弱者である」「体力が弱い」「気むずかしく頑固である」「保守的で，進取の気性に乏しい」「とろい，のろい」「似たり寄ったりで個別性はない」などという不公平なステレオタイプが形成されたのである。そこには，近代化の進展によって，

低出生率・低死亡率の高齢化が引き起こされ，老齢者人口が増大する一方で，それに拮抗するかたちで，老齢者の地位が低下し，年齢差別構造が皮肉にも生み出されるという近代社会の抱える病理性のひとつの構図がみえてくる。

(2) **老齢者に対する虐待**

このような近代社会の年齢差別構造を地盤として生み出されてきたのがいうまでもなく，老齢者に対する虐待問題である。ここであらためてこの問題に対する認識の経緯とその対応をまず明らかにしておきたい。

老齢者に対する虐待については，前述のように問題対処に向けてようやく国際的に問題意識が高まりつつある段階であり，もともと1980年代初頭から人権意識の高揚にともなって関心が寄せられはじめたとされる。

くわしくは「心身ともに年老いたものが介護をする立場にある者(主として近親者)によって虐待をうけている」とする訴えが初めてなされたのが1975年イギリスにおいてである。バーストンが「おばあちゃんたたき」(Granny-Battering)と題する論文をメディカル・ジャーナル誌に発表したことに端を発しているといわれている[3]。以後，アメリカで成人子による老親への暴力や虐待が認識されるようになり，1978年にはステインメッツが「ぶたれる老親たち」[4]という論文を発表している。さらにダラスで開催された第33回老年社会学会で，ロウとコスベルグが「インフォーマルケア提供者による老人虐待」[5]と題して，老齢者が家庭内で近親者によって虐待されていることを報告している。これらを契機として，急速に社会的関心が高まったといえる。

その後，欧米を中心として調査研究が進められ，アメリカでは，老人虐待は「1980年代の隠れた犯罪」(The Handbook on Aging in the U.S. 1984)とされ，「家族と同居しているお年寄りの10人に1人が何らかの虐待に遭っている」とまで当時いわれている。その後，加齢と介護ストレスの結果引き起こされる家族問題という理解から公的な福祉サービスの必要性が主張されるにいたり，介入要請がなされるなかで，人権擁護や虐待防止プログラムの構築，成人保護サービス法や通報義務法など保護に向けた法制度の整備，司法の介入などの手立てが各

国で個々に講じられてきている。

1991年に国連で採択された「高齢者のための国連原則」(the United Nations Principles for Older Persons)において,「自立(independence)」「参加(participation)」「介護(care)」「自己実現(self-fulfilment)」「尊厳(dignity)」という観点から,老齢者の人権擁護が取り上げられたのも同様の流れである。とくに,「尊厳」の項目においては,「老齢者は尊厳と安全保障のもと,搾取および身体的・精神的虐待から解放された生活を送ることができるべきである」と特記されている。

しかし,過去20年間の研究成果をもとにまとめられた,第2回高齢化世界会議準備委員会―国連社会経済会議―の資料[6]などにおいても指摘されているが,これまで先進国や都市部での調査研究が主で,いまだに国際的に通用する明確な厳然たる定義が定まっているとはいえず,信頼し得る妥当な調査研究も不足し,対処のための方法論も確立されているとはいいがたいというのが事実である。とくに老齢者自身の口から虐待をどのように認知したのか,あるいはどのようにうけたのかについて語られた直接的データはきわめて乏しいといわざるを得ない状況にある。

Ⅱ 老人虐待問題とその理解

あらためて老人虐待とは具体的には,どういう状況を指すと考えられているのであろうか。前述のように普遍的定義が確立していないなかではあるが,アメリカを中心とする初期の調査研究から探ってみたい。

(1) **老人虐待とは**

「老人虐待とは,心身の健康維持に必要な世話をする介護者によって,故意に身体的な苦痛,けが,あるいは衰弱させるほどの精神的苦痛が与えられること,また不当に監禁されたり,あるいは故意に(権利や財産などを)奪われたりすること」(O'Malley, H., 1979)と明示的に定義されているのがおそらく初出であろうかと思われる[7]。これは介護者たる立場にある者によって行なわれる故意

の虐待行為を強調したものである。

　一般的に，虐待の具体的内容は作為の行為である「虐待(abuse)」と不作為の行為である「無視・怠慢(neglect)」とに大別され，そのうち作為の行為である「虐待」は肉体に危害を直接与える身体的虐待，言葉などにより尊厳そのものを傷つける精神的虐待，財産を不当に搾取，使用する経済的搾取などに分類され，このほか自虐行為なども，結果として老齢者自身の自己管理意欲や能力を損なせた一連の行動として含まれると考えられている。

　これらの理解から，1980年代には「老人虐待とは，結果として，介護などを必要としている老齢者に対して，身体的あるいは精神的危害を与えたり，無視・怠慢という状態を生み出すような，あらゆる行為および行動である。そのような行為および行動は，家族成員あるいはフォーマル，インフォーマルな介護者によってなされる」[8]と定義づけられている。

　最新の第2回高齢化世界会議準備委員会―国連社会経済会議の資料―においても，「老齢者に対して，結果として危害を加えたり苦痛を与えることとなる，信頼関係のうえに築かれた予期しうる適切な行為を欠いている事態，単一あるいは繰り返して行なわれる行為」(the British Charity Action on Elder Abuse 1993)という定義が採用されている。個別の状況はあるにしても，老齢者の人権侵害という観点から非常に大きな枠組みで虐待問題が理解されているといえる。

(2)　**老人虐待に対する理解のむずかしさ**

　つぎに，人権侵害問題として認知される老人虐待に対する対応であるが，前述の第2回高齢化世界会議準備委員会―国連社会経済会議―の資料によれば，老齢者に対する虐待行為について認識を新たにし，自覚と理解を促すこと，老齢者に対して尊敬や尊厳の意識をもつよう促進すること，それらによって老齢者の人権を擁護することが対処目標として掲げられている。それゆえ，虐待の発見についても，第三者が老齢者に対する「不適切な対応(mistreatment)」の兆しや明白な影響を察知すると同時に，老齢者自身が虐待についての知識と理解をもち，自覚することがなにより必要ではないかと指摘されている[9]。

しかし，現実には虐待の認知および発見において，まず老齢者自身が虐待を認知し，その事実を報復への恐怖や羞恥心，気まずさなどに打ち勝って公に申し出ることができるかどうかという非常にむずかしい問題がある。

虐待をうけている老齢者の特徴をこれまでの調査研究からみていくと，高齢であり，女性が多く，要介護の程度が高い心身に障害がある人が多いことが判明している。

では，虐待した人たちはというと，介護を主に担っている人である場合が多く，老齢者自身が生活的にも，情緒的にも，経済的にも依存している関係にあるのが特徴である。

また虐待におよんだ直接的な原因は，介護による身体的疲れや精神的苦痛，ストレス，不安のほか，過去の人間関係のもつれや不和などが大きな割合を占めているということがいずれの調査においても明らかとなっている。それゆえ，多々良らの調査研究[10]においても，虐待を行なっている人は虐待をしているという意識がなく，虐待をうけている老齢者自身もまた虐待をうけているという意識が希薄であり，加えて，虐待現場の周りにいる人たちもまた虐待が行なわれているという認識が乏しいという報告がなされている現状にある。

したがって虐待の問題構造の理解についても，往々にして少なくとも何らかの虐待的行為を行なった者を加害者として位置づけ，加害者―被害者の固定的な関係を押しつけてしまう傾向が強いが，数々の調査研究結果からみていくと，それがあまりにも一方的なとらえ方であり，老人虐待問題に関してはこうしたとらえ方に限界があることがわかっている。

(3) 自立と依存のせめぎ合い

かつて自立と依存の視点から「高齢者」と「老人」との対比を試みたことがある。「老人」という言葉からは依存的な位座に身をおく弱者であり，要介護者であり，客体としての老齢者というイメージが浮かぶ。それに対して，「高齢者」という語からは自立的な位座に身をおく主体的な生活者であり，独自のライフスタイルを選択的に構築し，生きがいを求め，積極的に老いに対処しよ

うとしている，主体としての老齢者がイメージされる。

　高齢社会にあって「老人」から「高齢者」への移行が意図的に推し進められ，老年世代に主体性をもつことや自立意識を高めることが強く求められるなかで，「高齢者」としての自立幻想の影に「老人」の依存性が隠蔽されていることを指摘した。老齢者への虐待を「高齢者」になり得ない，落ちこぼれた「老人」らをとりまく悲劇としてとらえ，「高齢者虐待」ではなく，「老人虐待」として位置づけた[11]。

　さらに，老齢者と虐待行為を行なった介護家族をめぐる状況を自立と依存のせめぎ合いという視点からみれば，虐待問題とは実は老齢者自身の「自立」と「依存」の相克でもあり，また介護家族自らの介護役割遂行者としての「甘え」と「自立」の相克でもある。さらには，介護にみる家族の囲い込みという視点からとらえれば，老齢者の「自立」と介護家族の「甘え」の相克でもあり，介護者の自己実現という視点からとらえれば，老齢者の「依存」と介護家族の「自立」との相克でもある。また，家族の関係性からとらえると，親子間における老親の「甘え」と成人子の「自立」の闘いでもあり，夫婦間における夫と妻双方の「依存」と「自立」の闘いでもある。

　自立のみが過度に強調され，甘えや依存が忌避され，排除される風潮が強ければ強いほど，それぞれの立場におけるせめぎ合いは深刻とならざるを得ない。そこには老齢者の依存性をめぐる老齢者自身の葛藤，また介護家族の介護役割意識や家族的感情における葛藤が交錯しているのである[12]。

(4) 普遍的な病理性の不在

　これまで述べてきたように，老人虐待問題においては普遍的な定義すらなく，ひいては病理的現象であることには違いないが，絶対的な病理基準が存在しているともいえない。老齢者および介護家族双方の当事者に虐待の認識すらない状況なのである。したがって，結果として虐待という形となったとしても，加害を加えた者が絶対悪ともいい切れない。前述の定義のなかでも「結果として」という表現が幾度となく読み取れるが，結果は明らかな病理現象でありな

がら，そのプロセスについては老齢者と介護家族とのさまざまな関係性に基づく要因が複雑に絡み合っており，そこに普遍的な病理性が存在するわけではない。これが老人虐待問題の最大の特徴であり，それゆえに問題解決に向けた直接的かつ即時的な介入をいっそう困難にさせているともいえる。

このことは，老人虐待問題の解消に向けてのわが国の取り組みをみても明らかである。2000年から公的介護保険制度や成年後見人制度が導入されたが，「児童虐待の防止等に関する法律」(2000)や「配偶者からの暴力の防止及び被害者の保護に関する法律」(2001)といった防止や保護を目的とした一連の動きとは明らかに一線を画している。老人虐待の場合，現状では虐待防止や被害者である老齢者の救済や保護は間接的な目的として位置づけられるにとどまり，それよりも高齢社会への対策や介護の社会化が急務のこととして論議されることのほうが多いのである。

Ⅲ 老人虐待問題の真相
——老齢者にとって生きにくい現代日本社会——

あらためて問題解決に向けて老人虐待問題にどのように介入していくことができるのかを以下，考えていきたい。

(1) 老齢者自身の声から

まだまだ調査研究においても老齢者自身の口から聞き取られたデータは乏しいが，まずは老齢者が語る，わが国の老齢者のおかれた現状をみていきたい。

実は，虐待に及ばなくとも，現代を生きる老齢者の生き方や老いについて，老齢者自身の生の声を直接拾っていくことは大変むずかしい。というのも，『平成12年度厚生白書』(2000)で希求されたような「新しい高齢者」像や，東京都高齢者施策推進室『高齢者の生活像を考える懇談会報告書』(1999)でイメージされた「これからの高齢者のライフスタイル」に適合する，「生活—自立した高齢者」「生きがい—楽しむ高齢者」「健康—元気な高齢者」「就業—働く高齢者」それぞれの声や活動記録などはよく取り上げられ，目に触れる機会

が多い。それはある種キャンペーン的意味合いもあり、高齢化された社会からの要請でもあろう。しかしそれだけで果たして十分であろうかという疑問が残る。そういう声にかき消された個々の声を拾っていくこともまた必要なのではないだろうか。

　近年、介護をめぐる「老老殺人」のニュースが新聞紙面を賑わせている。『読売新聞』大阪本社、2002年8月15日付朝刊社会面では、「老いの果て　悲しき殺意」という見出しのもと、老いた夫が介護に疲れ、老いた妻に手をかけたと報じている。87歳の夫が「妻も殺して自分も死なねば……」「もう腰がきかん。生きたくない」と思い、81歳の痴呆で要介護5の妻の首を絞めたという。さらに別の事件では要介護の80歳の妻と心中を図りながらひとり生き残った84歳の夫が承諾殺人の罪に問われた公判で、「何ともいえんです」と語り、死にたいと漏らす妻をみるうち「これ以上苦しむなら……」と思い詰めたという。記事は凶悪犯罪とよぶにはあまりにも悲し過ぎるとし、「悲劇」という言葉で括っている。

　ここで、新聞の投書欄に掲載された87歳無職の高齢女性の訴えに耳を傾けたい。

　老人にとってやり切れない「敬老の日」がまたやってくる。独り暮らしの安易さをおうかしていたら、いつの間にか友人との交流がなくなり、孤立してしまって、訪れる友もいない。長生きがめでたいとは何たることであろうか。「老いる」とはもう「元へ戻れない」ということで、以前の体調には絶対戻れない。日々衰えを自覚する毎日である。第一、歩行が困難になって、食材の買い出しに行くのもおっくうになってくる。独り暮らしなので、だれにも頼れないから急病のときも不安だ。神様から与えられた命─生かされていると思えば、弱音をはいてばかりいられないが、年老いてなお生きていかねばならないことは真実、悲しいことなのである。いまさら、何の夢も希望もない。生きていよ、とは何という過酷な神様のみ心であろうか。福祉施設

に安心して頼れる世の中になって、安らかな終末を迎えたい。「敬老の日」一日だけでなく、老人を励ましてくれる支えがほしい。明日への命をいとおしみながら、死にたくても死ねない老人の慟哭を分かってほしいと願う。
(『朝日新聞』大阪本社1,998年9月12日付朝刊「声」欄)

　敬老の日を前にして、「長生きがめでたいとは何たることであろうか……年老いてなお生きていかねばならないことは真実、悲しいことなのである……明日への命をいとおしみながら、死にたくても死ねない老人の慟哭を分かってほしい」という87歳の女性の悲痛な叫びは、経済的に豊かとなり、世界一の長寿国であり、今や世界最高水準の高齢化を抱える現代日本社会に生きる私たちに非常に多くのことを訴えかけてくる。根強い長寿信仰の陰で、さらには新しい高齢者像が希求されるなかで、これまで隠蔽されてきた老齢者の慟哭である。
　前述の老老殺人にみる、「これ以上苦しむなら死にたい……生きたくない」と語られた悲劇とともに、老齢者の慟哭は生きることの意味を問い直し、現代日本社会で老いていくことのむずかしさを語っている。この実態を、豊かさに紛れてけっして無視することはできない。どのように応えていけばよいのであろうか。

(2) **漫画というメディアから**
　いまひとつ、現代日本社会で近年起こっている現象に目を向けたい。それは介護における嫁姑の日常的な心的葛藤を殺す・殺されるという活劇調で表現したコマ漫画『極楽町一丁目：嫁姑地獄篇』[13)]の、巷での密かな流行である。解説によれば、パターン化されたストーリー展開ながら、次つぎに編み出される凄惨な姑"殺し"の方法に、読者は痛快にも引き込まれるという。要介護の姑と介護をする嫁との心的葛藤、さらには介護者の心情を見事に描き出したブラックユーモアの大傑作といわれている。
　少し紹介すると、話は「お義母（かあ）さまが寝たきりになってもう5年…私、ホントにホントに疲れたァ…きれそう。私、とっても疲れました。神さまゆるして

下さい…」というところから始まる。

　そのうえでいくつかのエピソードが繰り広げられるのであるが，食事の用意をしてもっていったところ，胸が苦しいと呻く姑を目の前にして，急いで医者に連絡をとりながら，なぜか知らぬうちに声が弾んでくる嫁の姿。死にたいといい出す姑を前にして，一度だってお義母さまのお世話をいやだと思ったことはなく，ましてや死を願うだなんてそんな恐ろしいこと考えたこともない，死んでほしいなんて金輪際思ったこともないと何度も何度も繰り返す嫁に対して，そんなにくどくどいわなくても……かえって変よと応じる姑の姿。さらには，あなたが毎日どんなにつらい思いをしているか，よくわかっているからこんな生活はもうそろそろ終わりにしなくっちゃねといい，ひと思いに助けると思って殺してほしいと嫁に懇願しながら，つらいだなんて思ったことがないと顔をこわばらせながら否定する嫁に対して，またあなた腹話術を使ったわねと冷ややかにいい放つ姑の姿。シソが入ったお粥が食べたいという姑にヒ素の入ったお粥を食べさせようとして，シソとヒソを聞き間違えたとうそぶく嫁の姿。お義母さまに信頼されていないような気がするとつぶやく嫁に対して，あなたを信頼しなくてどうするの，義理でも私たち親子なのよといいながら嫁の用意したお茶には口をつけない姑の姿などが描かれている。

　あまりにも辛らつであり，笑いを対象にしながら，悲しいまでに笑えない現実を見事なまでに描き出してしまった，そのストレートさには圧倒される。

　かつて呆けた親をいかに看取るかという深刻なテーマを取り扱った映画の秀作『人間の約束』(吉田喜重監督，東宝，1986) のなかでは，人間の約束というタイトルそのままのテーマで，呆けて死にたいと願う親を殺すことが〈愛〉なのかということが問いかけられた。そのなかで数々の規範に拘束されながら，あってはならないこと，いってはいけないこと，思ってはいけないことが人間社会にはあることが訴えられた。しかし，先の漫画は規範によって拘束されていたものをある意味ですべて取り払い，内的な葛藤をありのままに描き出すことによって，現代日本社会に生きる読者の強烈な支持を得たといえる。

第6章　老人虐待

(3)　「あってはいけないこと」は「あり得ないこと」という論理の矛盾

　老老殺人の悲劇や87歳の高齢女性の慟哭，要介護の姑と嫁との壮絶な内的葛藤を露見させた漫画の流行は，現代日本社会のいわば影の部分の一例に過ぎないが，それはもはや既定の規範や病理基準に照らされた建前だけでは通用しないこと，これまで隠蔽され語られることがなかった事象にも目配りしていくことの必要性を示していると考えられる。

　従来，社会は「あるべきこと」にのみ目を向け，「あってはいけないこと」については「あり得ないこと」としてある種の価値判断を下し，それらを取捨選択してきた。また，「あり得ないこと」が万が一起こった場合には，それは病理に他ならなかったのである。

　高齢社会を生きる老齢者にとっても，また老齢者を介護する家族にとっても，「考えてはいけないこと」「あってはいけないこと」は，「考えていないこと」「ないこと」としてみなされてきたといえる。しかし，実際起こっていることを「あってはいけないこと」「考えてはいけないこと」として隠蔽してきたこと自体が老齢者にとって，そして介護家族にとって，「社会的虐待」に他ならないのではないだろうか。それゆえに，かりに虐待が起こった場合でも，当事者ら自らが虐待についての認識すら，あり得ないこととしてこれまで無意識下に抹消してきたのではないだろうか。今，ようやく本音が語り始められ，受け入れられ始めたといえる。

　虐待は病理現象であり，社会的に対応していかなければならない急務の問題であることに変わりはないが，結果として問われる虐待行為そのものの是非についての建前だけの論議にとどまらず，老齢者と介護家族との関係のなかで虐待とは何かという本質的な問いかけがあらためて必要であるように思われる。

Ⅳ 虐待の2つのレベル
——Elder Mistreatment と Elder Abuse——

(1) 老人虐待における「虐待」とは何か

　日本労働組合総連合会(連合)『「要介護者を抱える家族」についての実態調査報告書』[14] (1995)によると，在宅介護において「要介護者に対し，憎しみを感じることがあるか」という問いに対し，介護家族による回答は，憎しみを「いつも感じている」1.9％，「ときどき感じている」32.7％，「あまり感じない」36.5％，「全く感じていない」25.6％ほかとなっている。また実際に「要介護者に対し，虐待(オムツ交換や食事の世話の放棄，暴力，暴言など)をしたことがあるか」という問いに対しては，「よくある」2.0％，「ときどきある」14.4％，「あまりない」33.2％，「まったくない」47.0％ほかになっている。また6年後の調査である㈶連合総合生活開発研究所『検証介護保険制度1年「介護サービス実態調査」から見えてきたもの』[15] (2001)によれば，同様に「要介護者に対し，憎しみを感じることがあるか」という問いに対して，憎しみを「いつも感じている」3.5％，「ときどき感じている」31.9％，「あまり感じない」32.9％，「全く感じていない」24.8％ほかとなっており，また「要介護者に対し，虐待をしたことがあるか」という問いに対しては，「よくある」2.0％，「ときどきある」15.9％，「あまりない」28.0％，「まったくない」46.5％ほかになっている。

　単純に両調査を比較することはできないが，このような調査結果が提示されたときには往々にして要介護の老齢者に対し介護者が憎しみをいだく傾向が強くなり，実際に虐待をした経験もまた増加傾向にあるとみられる。

　しかし，この結果をもって果たして虐待行為が増えているとみなすのか，あるいは憎しみをいだいたことをありのまま認め，実際にするべきではない行為を行なったり，しなければならないことをしなかったりしたことを認識するようになった結果と考えるのか，ここで正確に判別することはできない。しかし，虐待とは何かということを考えていく糸口がこのあたりにあるように思われる。

(2) Mistreatment と Abuse との区別

あらためて虐待の定義に立ち戻ってみると，「老齢者に対して，結果として危害を加えたり苦痛を与えることとなる，信頼関係のうえに築かれた予期しうる適切な行為を欠いている事態，あるいは単一あるいは繰り返して行なわれる行為」(the British Charity Action on Elder Abuse, 1993)とされている。

ここでポイントとなるのは，身体的あるいは精神的に危害や苦痛を与えるという行為そのものではなく，信頼関係のうえに築かれた予期しうる適切な行為を欠いているかどうかという点である。

日本語において老人虐待は「Elder abuse」という言葉で表現されることが多いが，欧米で言及される際の表現に着目すると「Elder mistreatment」(もしくはmaltreatment, ill-treatment)と区別して使い分けられていることに気づかされる。

図表6-1は，一般的レベルから特殊レベルまでの5段階に分けて，「不適切な対応」と「虐待」とを区別して明示した虐待構造の分類である[16]。このなかで「不適切な対応」とは「信頼関係を基軸とするなかで起こった老齢者に対する有害な行為であり，きわめて強圧的で時として心身や社会経済面に害を与え，老齢者の人権を侵害し，QOLを貶めることとなる」とされ，「虐待」とは「結果として老齢者に危害を与える攻撃的侵襲的行為・行動あるいは脅迫」とされる。

レベルⅠの老齢者を巻き込んだ暴力は，被害者となる老齢者と加害者となる介護者との関係性のなかで起こる「不適切な対応」(レベルⅡ)から，どのようにして有害な行為が行なわれたのかという，不作為の「ネグレクト」と作為の「Abuse」(レベルⅢ)に進み，さらにそのような有害な行為が引き起こされた意思が計画的な故意によるものか，あるいは発作的な未必の故意によるものかを見極めるレベルⅣ，そして有害な行為を特定し，結果として，どのようなことが具体的に行なわれたのかを明らかにするレベルⅤに至る。

こうしてみると，虐待というと，レベルⅤの有害な行為の実態そのものにややもすれば扇情的に関心が寄せられることが多いが，一概に虐待といっても，

図表6-1 老齢者に対する「不適切な対応（mistreatment）」の類型と定義

一般的

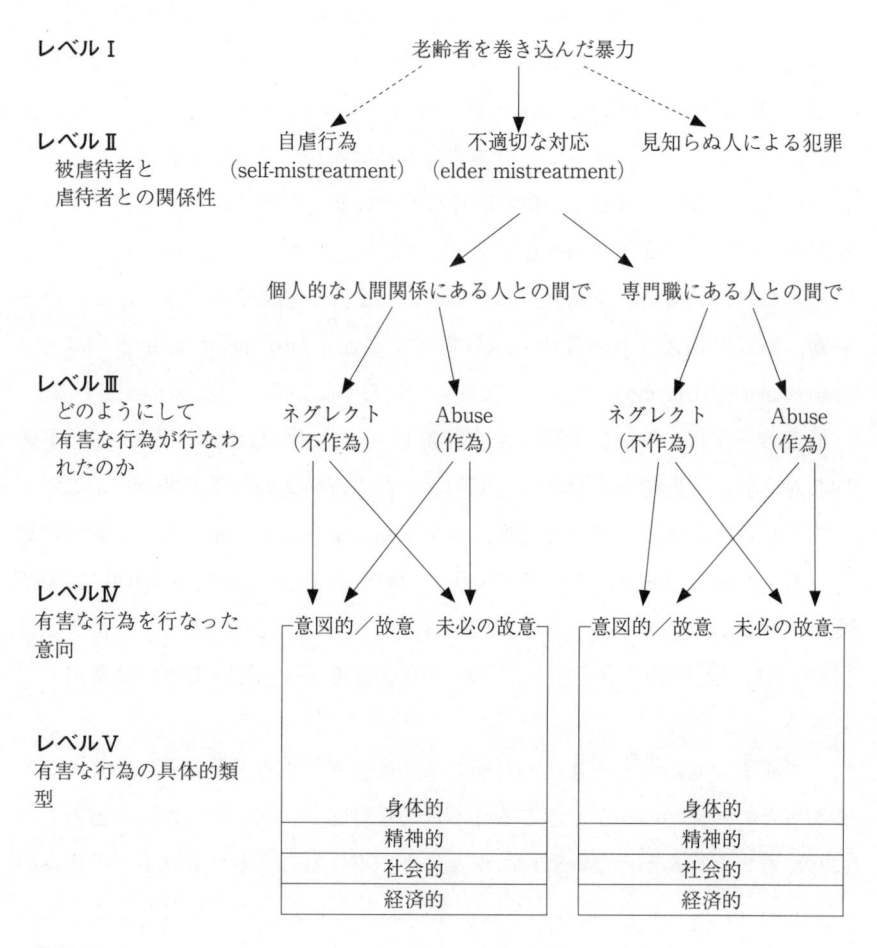

レベルⅠ　　　　　　　　　　　　　　　　　老齢者を巻き込んだ暴力

レベルⅡ　　　　　　　　自虐行為　　　　不適切な対応　　　見知らぬ人による犯罪
被虐待者と　　　　　　（self-mistreatment）（elder mistreatment）
虐待者との関係性

　　　　　　　　　　個人的な人間関係にある人との間で　　専門職にある人との間で

レベルⅢ
どのようにして　　　　ネグレクト　　Abuse　　　　ネグレクト　　Abuse
有害な行為が行なわ　　（不作為）　　（作為）　　　（不作為）　　（作為）
れたのか

レベルⅣ
有害な行為を行なった　　意図的／故意　未必の故意　　　意図的／故意　未必の故意
意向

レベルⅤ
有害な行為の具体的類
型
　　　　　　　　　　　　身体的　　　　　　　　　　　身体的
　　　　　　　　　　　　精神的　　　　　　　　　　　精神的
　　　　　　　　　　　　社会的　　　　　　　　　　　社会的
　　　　　　　　　　　　経済的　　　　　　　　　　　経済的

特殊

出典）Hudson, M.F. et al., 1998, "Elder Abuse: Two Native American Views," *The Gerontologst*, 38 (5). p.540

それぞれに段階があり，厳密には「不適切な対応」と「虐待・ネグレクト」とは異なるレベルのものとして理解することが必要であることがわかる。

さらに，先の老人虐待の定義からすると，人権擁護の観点から，現在では信頼関係のうえで予期しうる適切な行為を欠いている「不適切な対応」そのものを「虐待」としてとらえる傾向が強く見受けられることが明らかとなる。老人虐待問題への対応においても，老齢者の人権擁護の観点から，信頼関係のうえに築かれた予期しうる適切な行為を欠く「不適切な対応」の認知と自覚の必要性が取り上げられている。果たして，それはいったいどういう基準で，誰によって決められるものであるのだろうか。「虐待・ネグレクト」よりもその基準ははるかにむずかしいように思われる。

V 臨床社会学が成し得ること

老人虐待が日本社会で社会問題となったのは，1978年に東京で第11回国際老年学会が開かれ，社会福祉学者マッキュアン(Rathbone-McCuan, E.)が家庭内暴力の犠牲となっている老親を取り上げて報告し，その訳文が1981年に「老親虐待」[17]という題で発表されて以来である。

それから約25年経ているが，1990年代以降「老人虐待」あるいは「高齢者虐待」と題する実態調査研究が主として保健福祉分野で加速度的に進み，虐待への対処として予防や早期発見・早期介入に向けたマニュアルづくりが積極的に行なわれている[18][19][20]。

それらは，いずれも先の図表6-1で提示するならば，レベルⅢ，Ⅳ，Ⅴの「虐待」はどのようにして行なわれたのか，「虐待」を行なった意思はどういうものであったのか，「虐待」の具体的内容はどういうものであるのかという，いわば実態解明に主に力が注がれている。とくに保健福祉分野で介護支援を目的とした専門的介入が企図されたことから，「虐待」の発見・通報・防止，予防・援助という視点が重視されてきたといえる。換言すれば，被虐待者である

老齢者と虐待者である介護者もしくは介護家族とのあいだで起こった「不適切な対応」そのものに着目する視点は乏しかったともいえる。

近年，虐待の具体的イメージを介護者や一般の人たちに問う研究[21]や，虐待に対する認識を一般高齢者にたずねた研究[22]などがみられるが，いずれも認識把握に留まっている。また実践例として心理教育の観点から妻の介護を拒否する夫に虐待についての情報を伝えていく試み[23]などが報告されているが，まだまだ老齢者と介護者との信頼関係のなかで起こる不適切さを問題にしていく視点は希薄である。

現代において「あってはいけないこと」「考えてはいけないこと」として隠蔽してきたことが今，ようやく語りはじめられ，受け入れられはじめた。それとともに，これまで「ないこと」や「考えていないこと」としてきたことが次つぎと表面化してきている。それは従来の価値基準や病理判断では対処しきれない現象である。そうしたなかで，「虐待」にいたる前段階の，信頼関係のうえに築かれた予期しうる適切な行為を欠く「不適切な対応」をどのようにとらえ，判断するかが今もっとも問われているといえる。

「不適切な対応」を認知し，さらに自覚することが求められている以上，老齢者と介護者という人間関係において信頼のうえに築かれた予期しうる適切な行為とはどういう行為であるのか，さらには，誰にとって，何が適切であり，何が適切ではないのかという価値判断がそこには必然的に求められる。問題解決に向けて介入していくとき，当事者が介入を受け入れようとしない場合には当然のことながら「不適切な対応」について説明し指導していくことが求められる。さらにまた，一方的に老齢者に対する介護者による「不適切な対応」のみを問題にするのではなく，併せて介護者に対する老齢者による「不適切な対応」もまた視野に入れていくことが，今後，求められなければならないと思われる。

普遍的病理性が存在しない老人虐待問題にあって，「虐待」への対処ではなく，「不適切な対応」の解明こそが臨床社会学に課せられた課題といえる。

注)
1) Osgood, N.J., 1992, *Suicide in Later Life: Recognizing the Warning Signs*. Lexington Books, an Imprint of Macmillan, Inc.（野坂秀雄訳『老人と自殺』春秋社, 1994）
2) Palmore, E.B., 1990, *Ageism: Negative and Positive*, Springer Publishing Company, Inc.（奥山正司ほか訳『エイジズム』法政大学出版局, 1995）
　　Palmore, E.B., 1999, *Ageism: Negative and Positive 2nd Edition*, Springer Publishing Company, Inc.（鈴木研一訳『エイジズム』明石書店, 2002）
3) Burston, G.R., 1975, "Granny-Battering," *British Medical Journal*, September 6, p.592, 1975.
4) Steinmetz, S.K., 1978, "The Politics of Aging: Battered Parents," *Society*, July-August 15, pp.54-55.
5) Lau, E.E. & Kosberg, J.I., 1979, "Abuse of the Elderly by Informal Care Providers", *Aging*, 299, pp.10-15.
6) United Nations: Economic and Social Council "Abuse of older persons: recognizing and responding to abuse of older persons in a global context," *Report of the Secretary-General*, 9, Jan., 2002.
7) Hudson, M.F., 1986., "Elder Mistreatment:Current Research," in Pillemer, K.A. & Wolf, R.S.（eds.）, *Elder Abuse-Conflict in the Family*, Auburn House Publishing Company.
8) Podnieks, E., 1988, "Elder Abuse: It's time we did something about it," in Schlesinger, B. & Schlesinger, R. Abuse of the Elderly: Issues and Annotated Bibliography, University of Tronto Press.
9) United Nations; Economic and Social Council, 2002, 前掲書.
10) 多々良紀夫『高齢者虐待　日本の現状と課題』中央法規出版, 2001.
11) 杉井潤子「「老人虐待」への構築主義的アプローチの適用」日本社会病理学会編『現代の社会病理IX』垣内出版, 1995.
　　杉井潤子「老人虐待をめぐって―老人の依存と高齢者の自立―」井上眞理子・大村英昭編『ファミリズムの再発見』世界思想社, 1995.
12) 杉井潤子「老人虐待」畠中宗一編『自立と甘えの社会学』世界思想社, 2002.
13) 二階堂正宏「極楽町一丁目：嫁姑地獄編」『朝日ソノラマ2000』〈『小説新潮』1990年1月号から1999年4月号まで連載〉
14) 日本労働連合総連合会（連合）「「要介護者を抱える家族」についての実態調査報告書』れんごう政策資料85, 1995.
15) ㈶連合総合生活開発研究所『検証介護保険制度1年「介護サービス実態調査」から見えてきたもの』2001.
16) Hudson, M.F., et al., 1998, "Elder Abuse: Two Native American Views," *The*

Gerontologst, 38(5).
17) Rathbone-McCuan, E., 1980, "Elderly Victims of Family Violence and Neglect," *Social Casework*, 61.（森俊一郎訳「老親虐待」『現代のエスプリ—家庭と暴力—』166号，至文堂，1981，pp.196-204）
18) 高齢者処遇研究会『高齢者虐待防止マニュアル—早期発見・早期対応への道案内』㈶長寿社会開発センター，1997．
19) 高崎絹子ほか『"老人虐待"の予防と支援』日本看護協会出版会，1998．
20) 多々良紀夫，2001，前掲書．
21) 高坂祐夫ほか「高齢者虐待についての意識に関する研究」日本公衆衛生学会『日本公衆衛生雑誌』44(10)，1997．
22) 塚田典子ほか「高齢者の『老人虐待』に対する認識に関する研究」月刊『地域保健』1月号，2001．
23) 松本一生「在宅痴呆高齢者と虐待」日本家族研究・家族療法学会『家族療法研究』Vol.19，No.2，2002．

参考文献

Biggs, S., Phillipson, C., Kingston, P., 1995., *Elder Abuse in Perspective*, Buckingham: Open University Press.（鈴木眞理子監訳『老人虐待論』筒井書房，2001）

寝たきり予防研究会『高齢者虐待』北大路書房，2002．

杉井潤子「老人虐待の実状と支援の視点」「ファミリー・バイオレンス—家庭内の虐待と暴力—」『現代のエスプリ』383号，至文堂，1999．

杉井潤子「高齢社会と老人虐待」教育と医学の会（本部 九州大学教育学部）編『教育と医学』11月号，慶應義塾大学出版会，2000．

第7章 犯罪, 地域, NPO
―― 臨床社会学的自分史 ――

I 法律学から社会学へ

　私は,現在,犯罪社会学を専攻しているが,犯罪問題に関心をもったのは,大学卒業後,かなり経ってからのことである。大学は法学部であったが,私は,どうしても法律学が好きになれなかった。当時,私が学んでいた法律学は,既存の一般抽象的な法律を個別具体的な事例にどのように当てはめるべきか,という法律の解釈に終始するものであった。そこでは,法律の適否が検討されることはなく,ましてや,法律以外の紛争処理手段が取り上げられることもなかった。しかし,私は,現存する法律を金科玉条のように扱う必要はなく,そもそも法律が人間社会にとって最適な問題解決・紛争処理方法である保証もない,と考えていた。もっと自由な発想と柔軟なアプローチを欲していたのである。結局,学生の多くが司法試験に挑戦していたにもかかわらず,私が受験することはなかった。

　しかし,人間社会への関心が尽きることを知らなかった私は,就職先に法務省を選んだ。犯罪問題への関心が呼び起こされたのは,入省後に勤務した府中刑務所での経験からであった。そこで目の当たりにした光景が,私に,犯罪社会学への扉を開かせたのである。「普通に見える人がなぜ犯罪を犯してしまったのか」「異常に見える人の再犯はどうすれば防げるのか」「犯罪者ばかりなのになぜ刑務所は平和なのか」……つぎからつぎへと疑問がわいてきた。しかし,その答えは刑法や監獄法のなかにはなかった。

　このような社会学的関心がさらに深められたのは,国連アジア極東犯罪防止研修所に出向中,サウジアラビアに派遣されたときである。サウジアラビアで

は，その犯罪発生率が日本と同様に低いことを知らされた。「そうだとすれば，一見したところ文化がいちじるしく異なるような日本とサウジアラビアの間にも，犯罪防止に関して何か共通する要因があるはずである」「それは，法律のように顕在化したものではなく，日常生活世界に潜むものであるに違いない」「それはいったい何なのか」。その答えを探すため，私は，法務省に大学院への派遣を願い出た。もっとも，派遣された大学院は法学系だったので，法律学から逃れたかった私は，苦肉の策として，法社会学を専攻することにした。

　この頃から次第に，私がやりたいことは，法務省での実務ではなく犯罪の研究であり，しかも，それは法律学ではなく社会学の研究である，ということが鮮明になってきた。犯罪社会学を本格的に学ぶには専門大学院に行く必要があると考えた私は，法務省を退官し，ケンブリッジ大学大学院犯罪学研究科に留学することにした。そこで初めて，私は法律学と決別し，念願の社会学に基づく犯罪研究をスタートさせたのである。私が師事した教授は，日本では聞いたこともないアプローチによる犯罪研究に従事していた。それは，一言でいえば，犯罪原因の除去による犯罪防止ではなく，犯罪の機会減少による犯罪防止というものであった。これが，私が現在取り組んでいるテーマのルーツである。

　帰国後，私は，フィールドワークを研究の中核に据えることにした。フィールドワークにこだわったのは，府中刑務所時代，刑務所について研究者が書いた論文を数多く読んだが，そのほとんどが刑務所の実態とかけ離れたものであったため，机上と現場を融合させる必要性を痛感するようになっていたからである。しかし，犯罪研究のためのフィールド（現場）は刑事司法機関にほぼ独占されているため，法務行政の実務から離れた私でも身を投じることができるフィールドを探すのは至難の業に思えた。

　そのような折，防犯パトロールを行なうガーディアン・エンジェルスの記事が目に留まった。アメリカのガーディアン・エンジェルスは知っていたが，その支部が東京に開設されていたことは知らなかった。「ここなら，フィールドワークが可能かもしれない」。そう考えた私は，早速，ガーディアン・エン

第7章 犯罪，地域，NPO ―臨床社会学的自分史―

ジェルスとの接触を試みた。1997年10月20日，私はガーディアン・エンジェルスの事務所を訪れ，初めて代表者の小田啓二に会った。彼はとても警戒している様子で，私の質問に言葉少なに淡々と答えていた。事務所には彼ひとりしかいなかったので，しばしば外部からの電話によって会話が中断された。そこで私は，事務所の電話番を手伝いたいと申し出た。彼の反応は，「寝ていてもいいから，事務所に居るだけで助かる」というものであった。こうして，私のガーディアン・エンジェルスにおけるフィールドワークが始まった。

Ⅱ 思弁からフィールドワークへ

　私が，ガーディアン・エンジェルスでのフィールドワークを通して研究しようとしたのは，犯罪防止NPO(民間非営利組織)が担うセミフォーマル・コントロールである[1]。セミフォーマル・コントロールは，刑事司法機関がつかさどるフォーマル・コントロールと，家族や地域などによるインフォーマル・コントロールの中間に位置する犯罪統制の形態であり，その主体は，犯罪防止NPOとセキュリティ企業である。セミフォーマル・コントロールは，組織的・物理的な強制力に支えられていないという点でフォーマル・コントロールとは明らかに異なるが，犯罪防止という目的を意識しながら活動するという点では差異はなく，この点が，犯罪防止という目的を自覚しないインフォーマル・コントロールとの相違点である。私が，犯罪防止NPOによるセミフォーマル・コントロールに注目したのは，つぎのような理由による。

　府中刑務所やサウジアラビアで培った問題意識に基づき，私は，ケンブリッジ大学で日本の低犯罪率の要因を研究した。そして，強力なインフォーマル・コントロールこそ，その要因であると考えるに至った[2]。しかし，近時，インフォーマル・コントロールは，家族の絆の弛緩化，教師の存在感の希薄化，日本的雇用慣行の無力化，町内会・自治会の空洞化・形骸化という形を取りながら弱まり始めた。今後も，私事化の進展が予想される以上，インフォーマル・

コントロールは弱化せざるを得ない。かといって，行財政改革や独創性の尊重という社会のニーズにこたえるためには，フォーマル・コントロールを強化するわけにもいかない。このように，フォーマル・コントロールを強化するわけにはいかず，インフォーマル・コントロールは弱化せざるを得ないとすれば，期待すべき犯罪統制の方策はセミフォーマル・コントロールということになる。セミフォーマル・コントロールにおいては，基本的には，犯罪防止NPOがソフト（人的）な活動を，セキュリティ企業がハード（物的）な活動を，それぞれ担うことが最適な役割分担の形態であると思われる。もっとも，企業による犯罪統制の強化は，企業のサービスを購入できない者を安全な空間から排除するおそれがあり（平等主義の視点），また，一般の人びとにとっては，NPOによる活動の方が直接参加しやすく（民主主義の視点），さらに，一般の人びとは，自分たちと同じ社会的立場であるNPOによる統制の方を自発的・自主的に受け入れやすい（自由主義の視点），と考えられるので，セミフォーマル・コントロールを導入する場合には，セキュリティ企業に過度に依存することなく，NPOの積極的な活用に努めるべきである。

　このような理由から，私は，犯罪防止NPOによるセミフォーマル・コントロールを研究対象にした。このように，当初，私の研究テーマは，演繹的に導き出された，犯罪統制についての理論的アイデアであった。しかし，それは素朴なものだったので，理論として熟成させるためには，さらなるデータ収集が必要であった。そこで，既存の研究文献を渉猟して，セミフォーマル・コントロールに関するデータの収集を試みた。しかし，犯罪防止のためのボランティア活動についての研究成果には出会うことができたものの，犯罪防止NPOやセミフォーマル・コントロールという切り口から犯罪統制を詳論した研究には巡り合うことはできなかった。また，犯罪防止ボランティア活動といっても，その多くは，フォーマル・コントロールやインフォーマル・コントロールから未分化のままの活動であった。したがって，セミフォーマル・コントロールという概念を理論として熟成させるためには，既存文献の渉猟では不十分であり，

人跡未踏の研究領域に足を踏み入れる必要があった。セミフォーマル・コントロールの理論化に資するデータを収集する方法としては，犯罪防止 NPO とよばれるのにふさわしい団体におけるフィールドワークが最適であると思われた。そこで，それを手探りで捜した結果，データ収集の糸口になりそうな現場を見付けることができた。それが，ガーディアン・エンジェルスである。

III 調査に根ざした理論の生成

　ガーディアン・エンジェルスに密着して，まず気がついたことは，その活動が国連平和維持活動(PKO)に酷似しているということであった。というのは，伝統的な PKO は，受入国の同意の下に，武力行使ではなく，国連のプレゼンス(存在)の展開によって平和を維持しようとするものであるが，ガーディアン・エンジェルスの活動も，受入地域の同意の下に，武力行使ではなく，団体のプレゼンスの展開(パトロール)によって犯罪を防止しようとするもののように映ったからである。そして，この発見は，これまで暖めてきた理論的アイデアには欠落しているものがあることに気づく契機になった。すなわち，プレゼンスのフィールド展開による犯罪防止という手法は，犯罪防止活動の対象が，加害者や被害者ではなく，時空間(地域)であることを含意するが，この特徴は，いまだ理論に組み込まれていなかったのである。換言すれば，セミフォーマル・コントロールという視座は，犯罪統制の主体をめぐる立脚点であるが，それは犯罪統制の片面であり，その全体像を描くためには，犯罪統制の客体をめぐる立脚点も理論に組み込まなければならないことに気づかされたのである。そこで，犯罪統制の客体についての理論的枠組みを構築することに取りかかった。

　演繹的に導き出された犯罪統制の客体は，刑法(犯罪の定義)，加害者(犯罪主体)，被害者(犯罪客体)，および時空間(犯行時・犯行地)という 4 つの対象であった。このうち，犯罪防止 NPO によるセミフォーマル・コントロールと

の間で，もっとも高い親和性が認められるのは時空間であった。というのは，刑法に働きかけるマクロの方策は，もっぱらフォーマル・コントロールの主体の所管であり，加害者と被害者に働きかけるミクロの方策は，インフォーマル・コントロールの主体にもっとも大きな期待が寄せられる領域であると思われたからである。これらに対し，時空間に働きかけるメゾの方策は，時空間を犯罪の機会を与えないように組織化して，潜在的犯罪者が認知する犯行のコストや検挙のリスクを増大させることである。このような，犯罪機会の供給減少による犯罪防止は，正にガーディアン・エンジェルスが，プレゼンスが展開される時空間(現場)で実践していることであった。

　この時空間とは，具体的には，夜の繁華街と昼の通学路・公園であったが，その現場では，パトロール越しに，地域住民の顔が垣間みられた。そのため，ガーディアン・エンジェルスが働きかけている時空間は，物的な客体というよりはむしろ人的・心的な客体，すなわち，コミュニティ(地域共同体)なのではないかという気がしてきた。また，ガーディアン・エンジェルスの現場では，犯罪統制の客体だけでなく，その主体についても発見があった。まず，ある地域で活動していたガーディアン・エンジェルスのメンバーは，その地域の住民ではないことに気がついた。このことから，犯罪防止NPOは，活動の対象になったコミュニティ以外のコミュニティで実働メンバーを調達できることが明らかになった。しかも，この調達方式こそ，団体の活動を活性化する秘訣なのではないかという気がした。また，ガーディアン・エンジェルスのメンバーの個人的属性(年齢，職業，学歴など)が種々さまざまであることにも気がついた。このことから，犯罪防止NPOは，コミュニティのあらゆる階層からメンバーを調達できることが明らかになった。そして，これらの発見は，犯罪防止NPOの世界がコミュニティとは位相を異にしていることを含意すると思われた。というのは，一般に，コミュニティを構成する人が実質的に所属している組織は，行政(公務員)，企業(会社員)，学校(学生)，町内会(自営業者・退職者・専業主婦の役員)のうちのひとつであるにもかかわらず，同時に重複して

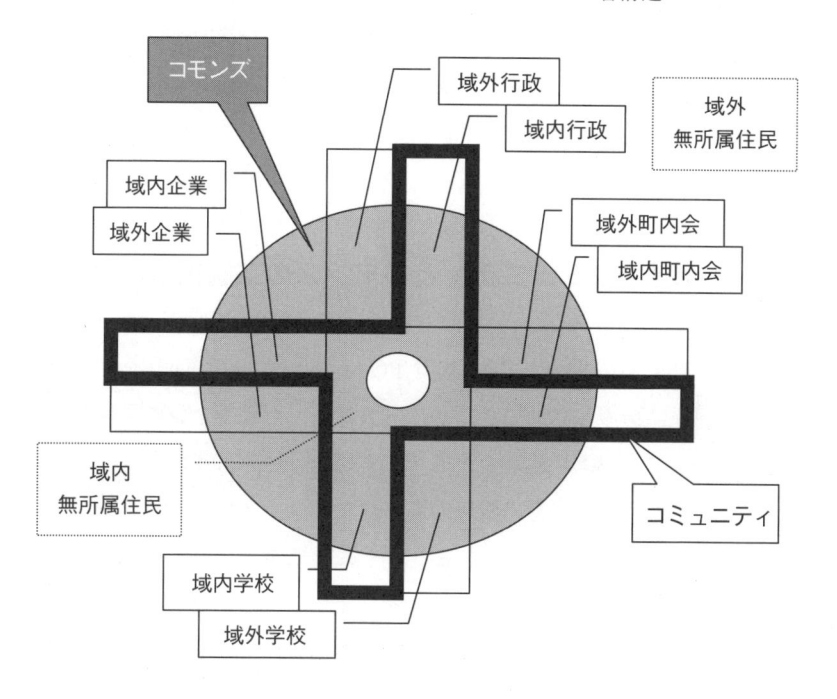

第7章 犯罪, 地域, NPO —臨床社会学的自分史—

図表7-1 コミュニティとコモンズの二層構造

（図：コモンズ、域外行政、域内行政、域外無所属住民、域内企業、域外企業、域外町内会、域内町内会、域内無所属住民、域内学校、域外学校、コミュニティ）

犯罪防止 NPO に所属できるとすれば, コミュニティと犯罪防止 NPO は, 並立しているというよりはむしろ交差していることになるからである。しかも, 犯罪防止 NPO のメンバーとして実際に活動するコミュニティが, 多くの場合, 自分自身が属しているコミュニティではないとすれば, 犯罪防止 NPO の世界は, ひとつのコミュニティを越えて存在していることになるからである。

もっとも, 犯罪防止 NPO の世界がコミュニティとは位相を異にしているとしても, その受像の鮮明度は低く, 理論生成上のもやもやが残っていた。このもやもやを取り去ったのが, 既存文献の渉猟中に目に留まった「コモンズ」[3] という概念であった。犯罪防止 NPO の活動の地を, 「地域共同体」としてのコミュニティと位相を異にした, 「関心共同体」としてのコモンズであると認識することによって, その受像の鮮明度は急上昇した。それは, 「意味したいこ

とがひとつのコトバと対応関係になったときに生ずる経験であり，解釈の醍醐味としての『分かった！』感，すなわち，モヤモヤした状態がひとつの概念によりスーッと解消される経験」[4]であった。このようにして，フィールドワークから帰納的に考案された図式が，コミュニティとコモンズの二層構造を示す図表7－1である。

Ⅳ　コミュニティとコモンズの二層構造

　図表7－1において重要なことは，NPOは，しばしば，行政や企業とは二者択一的な関係にあるとされてきたが，実際には，行政や企業に所属している人でも，コモンズ（図表の灰色環状）としての犯罪防止NPOのメンバーになることができ，しかも，自分自身の職場があるコミュニティ以外のコミュニティでも犯罪防止NPOの活動に参加できるということである。要するに，コミュニティは静的な世界であり，コミュニティを構成する人は比較的固定化しているのに対して，コモンズは動的な世界であり，自由に出入りしたり，動き回ったりできるという意味で，犯罪防止NPOのメンバーは流動的なのである。

　このように，コモンズは，特定の地域を越えて存在するので，個人はコミュニティの組織とコモンズとしての犯罪防止NPOに重複参加することが可能である。このような，コミュニティとコモンズの二層構造は，コミュニティが犯罪に強い時空間を創出しようとする場合にも有効である。たとえば，加害者，被害者，あるいは犯罪防止ボランティアのプライバシーの擁護を重視しなければならない活動には，コミュニティの組織よりもコモンズの組織の方が適している。また，協議機関よりも現場で青少年に接する実行機関が必要な場合には，若者の人口密度が高いコモンズでメンバーを募集する方が，現場向きの人材を獲得しやすい。もっとも，これらの例は，どちらかといえば，技術的・表層的な利点に関するものにすぎない。より理論的・深層的な，コミュニティとコモンズの二層構造の有効性については，以下のように考えることができる。

第7章 犯罪，地域，NPO ――臨床社会学的自分史――

　そもそも，持続可能な犯罪防止のためには，社会変動にかなった様式で犯罪統制策が講じられる必要がある。換言すれば，現代社会の生活様式に照らして，無理のない犯罪統制の方策だけが持続可能であるといえる。とすれば，犯罪統制は，現代の日本社会の基底にある情報化と私事化を考慮に入れて構築されなければならないことになる。したがって，コモンズが情報化と私事化の進展にともなって拡大している以上，コミュニティの安全確保においても，コモンズとしての犯罪防止NPOが重要な役割を果たすことができるはずである[5]。

　コモンズの重要性は，犯罪統制策が働きかける時空間をめぐる意識の変化に思いをはせるといっそう明確になる。日常生活において時空間は主観的な存在であり[6]，かつては日常生活における時間と空間はコミュニティに結びつけられて一致していた。しかし，情報化とグローバル化によって，一方では，日常世界の高速化という「時間の収縮」が，他方では，日常世界の拡大化という「空間の膨張」がもたらされ，その結果，日常生活における時間と空間がコミュニティから切り離された。したがって，コミュニティは，ローカルなものだけで構成され完結する世界ではなく，グローバルなものが部分的・局所的に表出した世界であるといえる[7]。とすれば，コミュニティによる犯罪統制にも，特定のコミュニティを越えて存在するコモンズによる犯罪統制が投影される必要があるはずである。それは，とりもなおさず，安全確保において，「地球規模で考え，地元で行動する」(Think Globally, Act Locally)ことにほかならない。要するに，コミュニティだけではコミュニティを守ることはできず，コミュニティから離脱した存在であるコモンズの力を借りて，初めてコミュニティの安全は確保されるといえるのである。

　このようなマクロ的な考察に加えて，ミクロ的な切り口からも，コモンズの重要性を確認することができる。前述したような「時間の収縮」と「空間の膨張」が進展しているマクロ状況は，「無能感・矮小感」と「万能感・誇大感」の共存が，個人の内的世界にもたらされているミクロ状況と読み替えることができる。というのは，一方では，メディアからの情報の洪水によって過剰に自

己評価・自己点検を強いられるようになった結果,「無能感・矮小感」の肥大化が,他方では,メディア機器を駆使すれば自力で大量の情報に接することができるようになった結果,「万能感・誇大感」の肥大化が,同時並行して進行していると考えられるからである。そこでは,アイデンティティが断片化され[8],「もうひとりの自分」が立ち現れることになるが,その典型が,NPOに参加するボランティアである。換言すれば,コモンズとしてのNPOの台頭は,情報化,メディア化,グローバル化などが引き起こしたアイデンティティの揺らぎを背景にしているのである。

このように,「もうひとりの自分」がコモンズでボランティアとして活動し,「相変わらずの自分」がコミュニティで日常生活を送るとすれば,これまで述べてきたコミュニティとコモンズの二層構造は,「もうひとりの自分」と「相変わらずの自分」という,個人の内的世界の二層構造が,時空間に表出したものと考えることができる。換言すれば,コモンズと相互作用するコミュニティは,アイデンティティが揺らぐ個人と,フラクタル(自己相似)な関係にあるといえるのである。したがって,コミュニティとコモンズという二層の社会構造は,ポストモダン(脱近代)とよばれる時代における個人の心理構造を共振させて,犯罪防止に威力を発揮すると考えられるのである。

V 調査を通した理論の検証

このようにして理論武装されたコミュニティとコモンズの二層構造の理論は,ガーディアン・エンジェルスの現場に持ち帰られ,検証に付された。その結果は,おおむねこの理論は経験的社会事象と整合する,というものであった。たとえば,調査現場では,しばしば,ガーディアン・エンジェルスのメンバーと町内会・自治会のボランティアとの合同パトロールを目にしたが,その光景は,正にこの理論の実践とよばれるのにふさわしいものであった。

もっとも,この理論の妥当性が確認されたのは,ガーディアン・エンジェル

第7章 犯罪,地域,NPO ―臨床社会学的自分史―

スの現場がちりばめられたコミュニティにおいてであって,それ以外のコミュニティにおいては,他の犯罪防止 NPO が十分に育っていない現状では,確認の仕様がなかった。とはいえ,理論は「ある特定のタイプの状況にだけではなく,さまざまな幅広い日常生活状況に対して十分適用可能な・一・般・性を持ち合わせていなくてはならない」[9]ので,コミュニティとコモンズの二層構造の理論についても,一般的妥当性,すなわち,ガーディアン・エンジェルスの現場以外のコミュニティにおいても実践的に活用できる可能性が推知される必要があった。そこで,この可能性を探るために,一方では,犯罪防止ボランティア活動に関する意識を一般の人びとに尋ねる調査票調査によって,理論の一般的妥当性についての外堀を埋め,他方では,犯罪防止ボランティア活動に関する実務を関係者に尋ねるインタビュー調査によって,他の現場における理論の活用可能性についての感触を得ることに努めた。

　調査票調査とインタビュー調査によって確認されたことは,コミュニティとコモンズの二層構造を現実のものとするには,欧米と比べて堅固なコミュニティではなく,欧米と比べて脆弱なコモンズを発達させる必要があるということである。換言すれば,コミュニティとコモンズの二層構造の理論を,あらゆるコミュニティにおいて実践的に活用できるようにするには,コモンズとしての犯罪防止 NPO の輪郭を明確に描き出す必要があると思われたのである。

　このように,コミュニティとコモンズの二層構造の理論は,犯罪防止 NPO によるセミフォーマル・コントロールの理論にとっては,その基礎にすぎず,それが熟成するには,二層構造における犯罪防止 NPO の役割が明確にされる必要があった。そこでまず,ガーディアン・エンジェルスの現場におけるフィールドワークを通して得たデータから,犯罪防止 NPO による活動の方法と効果についての理論的アイデアを帰納的に導き出した。つぎに,この理論的アイデアを,インタビュー調査を通して得たデータと照合し,その一般化を図った。さらに,この理論的アイデアが,調査票調査を通して得たデータによっても反証されないことを確認した。このようにして生み出された理論が,

犯罪防止 NPO による活動の方法の5Cと効果の5Mである。

もっとも，実際には，この理論は，コミュニティとコモンズの二層構造の理論に続くものとして生成されたというよりも，むしろ二層構造の理論の生成と同時並行して浮上してきたといわれるべきものである。すなわち，5Cと5Mの理論も，ガーディアン・エンジェルスの現場に立った瞬間に始まった理論化のよどみない流れのなかから浮かび上がってきたものなのである。

Ⅵ 犯罪防止 NPO の5Cと5M

さらに，5Cと5Mの理論は，複雑系と免疫系の理論によって演繹的に補強された。犯罪防止 NPO の役割の明確化に際して，複雑系と免疫系による理論武装を図ったのは，犯罪防止 NPO が担うセミフォーマル・コントロール，すなわち，時空間を犯罪の機会を与えないように組織化して，潜在的犯罪者が認知する犯行のコストや検挙のリスクを増大させることは，複雑系や免疫系と共通項を有すると考えられたからである。詳言すれば，加害者に働きかける犯罪統制策の中核は，犯罪原因の除去という要素還元論的・線形システム論的なアプローチであるのに対して，時空間に働きかける犯罪統制策の中核は，犯罪機会の供給減少という非還元論的・全体論的なアプローチであり，この非還元・非線形という点こそ，正に複雑系や免疫系の特徴にほかならない，と考えられたからである。このように，5Cと5Mの理論は，帰納的アプローチと演繹的アプローチが出会った地点なのである。

このような理論と調査のスパイラルによって生み出された，犯罪防止 NPO が活動する方法の5Cの内容は，つぎのとおりである。

① Care：強制的に犯罪原因を除去することではなく，人に犯罪実行を回避する機会を与え，人が犯罪以外の行為を選択するのを援助すること。

② Communication：潜在的犯罪者と潜在的被害者とを明確に区別して，潜在的犯罪者に対して敵対的・攻撃的な態度や行動を取ることではなく，すべて

第7章 犯罪, 地域, NPO ―臨床社会学的自分史―

の人を分け隔てなく扱い, だれに対しても友好的・控え目な態度や行動を取ること。

③ Creation：先駆者として, 自発的に犯罪防止策を案出し, それを積極的に実行するとともに, 刑事司法機関や住民組織との協働を通して, それらを動かし, 犯罪現象の深層的・根源的・潜在的な部分にメスを入れることによって, 安全を維持するというよりもむしろ安全を創造すること。

④ Coordination：中立不偏の立場で, 行政, 企業, 学校, 住民組織, NPOの多元的なネットワークのなかを動き回り, 多種多様な組織を犯罪統制ネットワークに取り込むとともに, 関係組織間の意見や利害の対立を調整すること。

⑤ Collection：活動の専門性を向上させるため, 情報の収集・蓄積に努めるとともに, 得られた情報を積極的に発信し, その情報を一般の人びとと共有することによって, 一般の人びとの信頼を得ること。

そして, 犯罪防止 NPO が5Cの方法に依拠して活動を展開した場合に想定される効果の5Mの内容はつぎのとおりである。

① Message：潜在的犯罪者に対して「犯罪は実行させない」というメッセージが発せられることによって, 潜在的犯罪者が認知する犯行のコストや検挙のリスクが増大するとともに, 一般の人びとに対して「私たちの安全はかけ替えのないものである」というメッセージが発せられることによって, 犯罪防止活動に関わる価値が覚醒し, 一般の人びとの当事者意識が高揚すること。

② Monitor：公共時空間における相互作用を確保し, その私物化を防止するためのモニター機能が発揮されることによって, 潜在的犯罪者が認知する犯行のコストや検挙のリスクが増大するとともに, 潜在的被害者としての一般の人びとが抱く犯罪被害不安が和らぐこと。

③ Mobilization：散発的・断続的・皮相的になりがちな個人による犯罪防止のための行為が束ねられて, 組織的・持続的・深層的・専門的な犯罪防止のための活動に変換されることによって, 社会の安全度が高まること。

④ Model：若者に, 彼らが自発的に選択するような, 遵法的・積極的な役

割モデルが呈示されることによって，若者が社会人にふさわしい行動様式を学習し，模倣すること。

⑤ Moisture：人間と人間との関わり合いというソフトな要素が活性化されることによって，住民の生活の質が向上し，子どもの社会性がはぐくまれるとともに，ハードな方策の射程外である深層的な争いや悩みが沈静・軽減すること。

これらの5つのCと5つのMが，コモンズとしての犯罪防止NPOが活動する方法と効果である。この5Cと5Mの理論の生成によって，コミュニティとコモンズの二層構造における犯罪防止NPOの役割が明らかになり，犯罪防止NPOによるセミフォーマル・コントロールの理論は熟成するに至った。

Ⅶ 調査から実践へ

「比較的長期にわたってフィールド調査を行なう者は，『参与観察者』という固定した役割で調査対象者の社会のなかに位置づけられるというよりは，『参与者』と『観察者』の間を揺れ動く」[10]といわれているが，私の場合にも，ガーディアン・エンジェルスにおける立場が，時がたつにつれて，「観察者（局外者）」から「参与者（当事者）」へと移動した。調査の初期には，メンバーの言動に違和感や不快感を覚えることも少なくなかったが，調査が進むにつれて，メンバーが当たり前と思うことを，私も当たり前と感じるようになった。しかし，そのことは，「観察者」としての調査能力の低下を意味する。こうして，私は，参与と観察のバランスを失い，参与観察の続行は望ましくないと思うようになった。そこで，調査開始から2年が経過した1999年10月をもってフィールドワークを終了することにした。

ガーディアン・エンジェルスは，当初，「自警団」を名乗っていた。しかし，自警団という語には，武装，超法規的活動，非合法的処罰といった負のイメージが付きまとう。これらは，ガーディアン・エンジェルスの実体とはかけ離れたものである。そこで私は，「犯罪防止NPO」というネーミングを提案した。

第7章　犯罪，地域，NPO　―臨床社会学的自分史―

それは，研究上のヒントを与えてくれたガーディアン・エンジェルスに対するささやかな恩返しでもあった。

その後，私は「地域安全マップ」に関心を寄せている。地域安全マップとは，犯罪が発生した場所，犯罪を誘発しそうな場所，犯罪被害不安を覚える場所などを表示した地図である。地理情報システム(GIS)というハイテクを用いたクライム・マッピングと比較すると，地域安全マップは，ローテクを用いて作製されるので，そのデータは素朴で未熟なものである。しかし，地域安全マップは，地域の人びとが相互協力して作り上げるハイタッチなものなので，ロータッチなクライム・マッピングに勝るとも劣らない犯罪防止のツール(道具)になり得る。

この地域安全マップを大学の社会調査実習でも取り上げ，2002年度は，広島県三原市において，2003年度は，京都市において，大学3年生31名による地域安全マップ作製の合宿実習を行なった[11]。具体的には，31名が5つの班に分かれて，調査地域を分担し，ハード的な危険地点とソフト的な不安地点を洗い出した。また，地元住民，防犯ボランティア，交番警察官，市役所職員，駅長，商店主などへのインタビューや，警察署での意見交換会も実施した。最初は旅行気分の大学生も，実習が終了する頃には，すっかり警察署長気分になっていたので，地域安全マップには，人を夢中にさせる力があることがわかった。

また私は，中学校・高等学校の「総合的な学習の時間」を利用した，地域安全マップの作製を提案し，その教科書を，子どもの危険回避研究所と共同して開発した[12]。子どもたちは，地域安全マップを作製するためには，文献や資料に基づいて危険箇所・不安要素のチェックリストを作成するだけでなく，小集団を成して街に出て，地域社会を観察したり，住民や通行人にインタビューしたり，警察や自治体からヒアリングを行なったりする必要がある。そのため，マップ作製を通して，友達との世代内コミュニケーション能力や大人との世代間コミュニケーション能力が大きく伸びることになる。また，地域社会の再発見や地域住民との触れ合いを通して，地域への関心と愛着心が高まることも期

待される。要するに、地域安全マップは、被害防止(犯罪機会の供給減少)のために作製されるものではあるが、その過程で、コミュニケーションによる問題解決能力や地域への愛着心(他者への共感性)を育て、その結果、被害者にも加害者にもならないように子どもたちを導くことができるものなのである。

地域安全マップ作製の推進活動は、私自身がコモンズとして、コミュニティの安全に貢献しようとするものである。今後も、このような臨床社会学的活動、すなわち、犯罪社会学に依拠した実践を続けていきたい。

注)
1) 小宮信夫『NPOによるセミフォーマルな犯罪統制―ボランティア・コミュニティ・コモンズ―』立花書房、2001.
2) Komiya, Nobuo, 1999, "A Cultural Study of the Low Crime Rate in Japan," *British Journal of Criminology*, 39(3), pp.369-390.
3) 金子郁容・松岡正剛・下河辺淳『ボランタリー経済の誕生 ―自発する経済とコミュニティ―』実業之日本社、1998, p.138.
4) 木下康仁『グラウンデッド・セオリー・アプローチ―質的実証研究の再生―』弘文堂、1999, p.204.
5) Rosenbaum, D.P., Lurigio, A.J. & Davis, R.C., 1998, *The Prevention of Crime: Social and Situational Strategies*, Belmont: Wadsworth, p.241.
6) Herbert, D.T., 1989, "Crime and Place: An Introduction," in David J.E. & David T.H., (eds.)., *The Geography of Crime*, London: Routledge, pp.1-15.
7) ギデンズ、A.(松尾精文・小幡正敏訳)『近代とはいかなる時代か?―モダニティの帰結―』而立書房、1993, pp.136-137.
8) 今田高俊「アイデンティティと自己組織性―ポストモダン時代における自己―」青井和夫・高橋徹・庄司興吉編『現代市民社会とアイデンティティ―21世紀の市民社会と共同性:理論と展望―』梓出版社、1998, pp.271-291.
9) グレイザー、B.G.、ストラウス、A.L.(後藤隆・大出春江・水野節夫訳)『データ対話型理論の発見―調査からいかに理論をうみだすか―』新曜社、1996, p.323.
10) 佐藤郁哉『暴走族のエスノグラフィー―モードの叛乱と文化の呪縛―』新曜社、1984, p.16.
11) 『中国新聞』2002年9月11日、『読売新聞』2003年9月4日
12) 小宮信夫監修・横矢真理『危険回避・被害防止トレーニングテキスト』栄光、2003.

第3部

臨床社会学と実践的課題

第8章　臨床社会学とフィールド研究

I　アメリカ社会問題論の伝統と臨床社会学
――A. M. Lee の所説を手がかりに――

　今日，ポストモダンともいわれる多角的で相対的な象徴体系しかもち得ない状況がますます顕在化している。あるいは共生循環型社会としていわれる人と人が，そして人と環境がどのように共存し得るのかがいよいよ現実味を帯びた課題になっている。

　臨床社会学研究における現場との関わりを示唆する研究としてしばしば言及される[1)]リー(Lee, A.M.)の著作，*Multivalent Man*(1966)は，1960年代のアメリカにおける社会文化的状況を色濃く反映するものである。しかしその問いかけている問題は，時代と状況を超えてなお現代社会についてもあてはまる。しかもそれは，単なる回顧的な視点からではなく，いわば再帰的，自省的な視点からみてのことである。

　そう考える一例を挙げておこう。端的にいうとリーは，当時いよいよ勢いを増してきた社会調査に基づく実証的な社会学研究や人間関係に関する実験主義的な心理学研究とは距離をおき，むしろ批判的な立場をとる。しかしそれにとどまらず，方法的に洗練化され，高度な確率論や推計学的技術が発達することにより，データとその処理技術とそれらの評価が学術活動の中核に位置するようになった時代のわれわれにとって，むしろ社会学者としての観察(observation)の重要性，対象者との関係性を強調重視するリーの立場は，きわめて現在的といえるのである。とりわけ彼の主張は臨床社会学の意義を問う本巻にとって関連性が深く，ちなみに日本社会学会でも近年，社会学における社会調査，社会における社会調査がシンポジウムのテーマに取り上げられたことは周知の

とおりである。
(1) 社会に関する臨床的研究とフィールド

　まずリーのいう"臨床"とは，いかなるものか。それは無論，医療や心理学領域における相談援助・治療活動にとどまるものではない。しかしだからといって，社会学理論の構造的展開でもなければ，社会学理論の応用による標準的な現実説明でもない。社会が「社会に関する臨床的研究(clinical study of society)」に求めているのは，まさに現実，フィールドに根ざした，具体的事例や社会現象への理解であり，かつそれに基づく問題解決に向けた社会的対応に寄与することだという。これに向けた諸活動がリーの構想する"臨床"だが，医学や心理学でいう臨床に比して，相当に広義な臨床概念である。実践家である行政マン，ビジネスマンは，いわば有力な臨床社会学徒であり，かれらとのセミナーが大いに益する，とするリーの言い方にこのことが典型的にみてとれる。さらに注目されるのは，彼ら実践家との交流が，なお一層科学的研究の役割や価値などの大切さを再認識させてくれることへの指摘である。隣接領域の研究者，実践家との交流を通じて得た，筆者自身の確信とも軌を一にするものである。しかし以上のことは特にリーに限ったことでなく，戦前からのシカゴ学派の影響を受けて展開していた当時の臨床社会学そのものといっていいだろう。

　こうした広義の臨床研究は，社会学者にとって具体的にはどのように展開されるのだろうか。学術指向の社会科学者が臨床的フィールドから学び得る仕方をリーは，次のように3つあげている。1) 社会学の理論を行政やビジネスに携わるひとびとに提示することによって，むしろ彼らから投げ返されるその鋭い批判，疑問による現実的，時に反証的吟味を通じて，社会学理論の現実非適合性や曖昧さ，例外的事例の軽視などが逆照射される効果。2) 貴重な現場資料に直接アクセスできる可能性。3) 自らが直接現場やフィールドに参与することによって，社会学理論自体の展開に寄与しうる可能性。

　リーの主張は，現在からみれば必ずしも新奇なものとはいえない。その中であえて注目されるのは，これらの臨床的データは実験的，人工的なデータでな

第8章 臨床社会学とフィールド研究

く，現実のフィールドでみられる自発的で自然の状況から引き出されたものであることの強調である。おそらく当時隆盛化していたハーバード大学などの小集団研究など，人工的条件付けによる実験的手法ならびにそのデータ処理の高度技術化への熱意に対する違和感と反発からでもあろう。いずれにせよリーが重視するのは，シカゴ学派のいう「社会的実験室」を想起させる，自然の問題状況における"観察"である。あまりに整序的に組まれルーティン化したデータ収集とデータ加工よりも，観察とデータ解釈の循環的プロセスこそが社会学的臨床研究であり診断であるという。あるいは社会学的観察を伴わない"測定"は意味がないという文脈で，測定よりも観察を重視するのである。

そしてこの循環的プロセスを通じて，予期せぬ事実や例外に出会うことの意義を強調し「掘り出し物(serendipity)」の効用を説いた上で，以前より新しい社会学的一般化を可能にしたのは，以上のような社会に関する臨床的研究にほかならないとみる。その好例として，*Street Corner Society* を著したホワイト(White, W.F.)の手法，メーヨー(Mayo, E.)らのホーソン工場での参与的実験研究，非学術者であるホワイト Jr.(White Jr., W.H.)の *Organization Man* などを高く評価している。

現在からみれば，リーの立論はやはり時代の制約を認めざるを得ない。黒人への差別用語を使用したり，あるいは社会的意義が明確でないままに社会学的に重要だとされる研究は測定などの方法や技術を洗練するだけに過ぎないと指摘しながらも，どのような立場に立つかによってその社会的意義自体がさほどにクリアでないという，われわれが現在直面しているポストモダン的状況の問題性についてはいささか無自覚的に過ぎると思われる。ただそれにもかかわらず，次のように叙述されたこの「社会に関する臨床的研究」は再興された近年の臨床社会学，たとえばルバックとブルーン(Rebach, H.M. & Bruhn, J.G.)[2]の骨格とあまりにも共通していることに，驚きを禁じえない。リー曰く「社会科学はこれまで同様，今後もさまざまな領域からのさまざまなタイプの貢献によって発展していくだろう。とりわけ有望なのは臨床的研究からの貢献である。こ

の種の研究は，社会問題への関心に触発された，客観的，密接的，友好的でかつ継続的で思慮深い観察と，批判的な評定(evaluation)，それに（実験心理学のような―筆者補足―）条件付けや社会的操作に対する反応ではなく，自然で自発的な反応に関する発展しつつある理論への統合化によって成り立っている」[1] (p.330)。

あわせてこの研究アプローチの課題点を4つあげている。すなわち，1) 利用可能なデータの多くが複雑で，また印象に基づくものであること，2) 多くのデータが比較不能であること，3) ある一群のデータはその出所が信頼に耐え得ないことがあること，そして，4) 知見を異にする臨床社会学研究の結論を採択する際の基準が決定的でなく，相対的であることの4つである。この内，1)と3)については現在多くの改善をみているといってよいが，4)は未だ解決されぬウイークポイントであり続けていると考えられる。むしろ，リーが考えるようには平板に解決できない問題のようにも思えるし，またこの難点は特に臨床社会学だけのものではないともいえよう。筆者自身は，2)を中心に，臨床データと一般(地域)データとの突き合わせの要を強調してきたものであり，既に第3章でも「過度な一般化と過度な特殊化」の問題として指摘した。

II 問題解決志向性と問題探索性

(1) 問題解決志向性

社会病理学的研究一般が，ましてや臨床社会学的研究の基本が問題解決志向性にあることを主張してきたのが筆者の立場であり[3][4]，次項でもその立場に触れる予定でいる。近年再度注目を集め始めた臨床社会学は，なにがしか問題解決への寄与を求める点にその基本的特徴がある。とすれば，あえて臨床社会学と標榜することなしに，臨床社会学的研究を社会病理学的研究の名の下に展開してきたことになる。筆者の他にも社会病理学会の中には，同様に社会病理学研究として問題解決を志向する研究を続けてきた学会員がいるはずである。

第8章 臨床社会学とフィールド研究

なぜ今,臨床社会学なのか明瞭で必然的な根拠を明示することは難しい。

そう考える理由のひとつは,「問題解決性」はこれまで日本の社会学や社会病理学において敬遠されがちな論点であり,問題解決性に触れると胡散臭い反応を受けてきた経緯があるからである。問題解決性を強調する際に直面してきた反応のひとつは,問題解決を主張することのおめでたさに対する「わかってないな」との冷ややかな突き離しであった。構築主義の立場からの主張を除けばほとんどの場合,「批判」や「対話」の形を取らず冷笑,無視といった反応パターンである。

臨床のリアリティを知らずに問題解決志向を振り回すのであればいざ知らず,1980年代半ばにおいて臨床現場に出て臨床社会調査を試み始めていた数少ない社会学者,社会病理学者の一人の立場からは,率直にいって「わかっていないのはどちらのほうだろうか」との思いもあった。当時リーを知っていたわけではなかったが,図らずもリーがいうところのリアリティの観察をするために精神医療の臨床現場に入り込み(sociology in medicine),手探りしながら社会学的臨床研究を手がけはじめたのである。もちろん臨床に出ればいいというものでもなく,上記の冷ややかな反応は社会学者による臨床研究への慎重さでもあっただろう。それにしても,その慎重さはどのように現実に反映され,具体的に問題解決に投影されてきたのだろうか。そしてなぜ今,改めて臨床社会学なのであろうか?

なお,筆者がいうのは問題解決「志向性」であって「指向性」ではない。志向性は問題解決を意識し,それとの関連で進める研究,活動,施策などの広範な諸活動を指すが,「問題解決指向アプローチ(solution-focused approach)」の例のように,指向性はもっと自覚的,直接的で具体的な問題解決を追求する研究であり,諸活動である。本書の畠中論文はルバックとブルーンにならって,そのような臨床指向性を自覚的に追求している。指向性に比べ志向性は,より間接的で緩やかな問題解決を目指すものと理解される。

(2) **問題探索性**

　いまひとつ筆者が一貫して主張してきたのは，社会病理学研究における問題探索性である。ある事象に問題があるとすればどのような問題があるのだろうかと問う態度，姿勢であり，従前の社会病理学によくみられた，特定の社会事象をアプリオリに病理と決めてかかる現象病理視とは一線を画すものである。具体的に述べると，たとえばアルコール依存症や自殺，離婚などの問題をよくよく観察してみると，これらの事象や相談事例に特徴的とみなされることの多くが，実はいわゆる一般家族にも少なからず認められることがあり，また反対に病理的ないしは特殊なケースがあるとするとそれを過度に一般化してどの家族も，どの個人も同じ問題を抱えているとしてその問題やこれを表現する概念を喧伝したりする。アルコール問題を取り上げた第4章でも指摘した「過度な一般化と過度な特殊化」問題である。前者の例としては，近年話題となった共依存やアダルトチルドレン，"切れる17歳"等があげられよう。後者の例として，統合失調症(旧精神分裂病)家族に特徴的とされた二重拘束説とわれわれの日常生活における二重拘束的コミュニケーションの仕方，あるいはアルコール依存症家族に多く認められる特定の家族システムパターンが，日本の家族では結構非アルコール依存症家族にも観察される結果[5]をあげることができる。

　このことを筆者は「ポジの中にネガを見，ネガの中にポジを見る」と言い慣わしてきたが，つき詰めてゆくとどちらがポジでどちらがネガかわからなくなり，どちらでもよくなってくる。「問題」や「病理」があるとすれば，それはアルコール依存症家族にも認められるし，いわゆる一般家族にもまた多かれ少なかれ認められることが見えてくる。こうした複層的な問題状況の中で，いったいなにが病理なのか，どこからが病理なのか，再度問題探索的に考えるしかない。複層性の双方への目配りである。これが事前評定でもあり，事後評定に至る途中経過での「事前評定の再評定」と修正ということになろうか。「過度な一般化と過度な特殊化」問題が，現象病理視など問題の多い病理的見方が陥りやすい過誤に導く要因であることが，この「ポジの中にネガを見，ネガの中

にポジを見る」問題探索性の基本姿勢からみえてくる。これも臨床的観察経験を通じて導かれた論点であり，リー[1]のいう臨床的観察の重要性を自ら身をもって確信した経験であった。

筆者の体験をひとつ引くと，1983年に著した論文において一般家族の病理性として家族問題の内攻化を論じたものがある。近年では「異常に低い非嫡出子出生率」言説も珍しいものではなくなったが，この「異常に低い非嫡出子出生率」問題をわが国で最初に取り上げ論じたのは当時の湯沢雍彦氏と筆者であろうか。湯沢はこれを「強大な社会規範の存在」[6]から論じ，清水は「ラベリングの抑止効果」[7]の点から検討した。そしてその強力な抑止作用が，実は家族の中に育児不安や時に子殺しを発生させるなど，一般家族における家族病理の"内攻化"問題を論じた。近年の「異常に低い非嫡出子出生率」言説は，ポストモダン状況にあって近代家族の制度疲労からくる問題点などといった観点から論じられているものである。しかし近代家族のさまざまな問題を可視化させた近代家族論を待つまでもなく，論じる文脈の相違を認めつつも，「ポジの中にネガを見，ネガの中にポジを見る」問題探索性の視点からは，すでにこのあたりの問題は可視化されていたのである。それは，いわゆる病理家族といわれてきたセクターと一般家族といわれてきたセクターを結びつけ，ポジとネガをあわせ見る問題探索性によるところが大きかったものと考えている。

このように，問題探索的アプローチは，いわゆる逸脱者，病理家族，少数派のライフスタイルだけが「問題」として取り上げられるのでなく，いわゆる一般の住民や家族，多数派の問題性にもわれわれの問題関心を向けさせてくれるという，狭義のラベリング論や昨今の構築主義とはまた違った道筋からいわば視座転換を促すものといえよう。

Ⅲ 問題構築と社会的対応

社会問題は自然発生的にそこにあるのではなく，人びとによって問題だとい

う意識と,それがどのように問題なのだという問いかけ(クレイムともいわれる)が,一定規模の社会的合意を伴ったときに輪郭を現す。こうした見方が,マルクス主義的社会問題論と一線を画す,アメリカ社会問題論,社会病理学の伝統的立場である。この伝統的立場の流れを汲みつつ,近年ではこうした一連の社会現象過程を「社会問題が構築される」過程として強調し焦点を当てる立場もある[8]。ただ気になるのは,そうした立場の一部に問題は構築されることによって発生するのだから,できるだけ問題は構築しないほうがいいのだとの主張もあるやに思われる点である。おそらく筆者の勇み足的な理解であることを望むが,社会的対応を考える場合そうした主張をどう理解し位置づけるかは,臨床社会学の今後の発展にとっても避けては通れない問いであろう。

　フィールドとの関わりを考え実践していくにあたっては,この問いに対する一貫性のある姿勢を示さないと協労する人びととの安定した,相互理解的な関係性を築くことが難しいと思われる。もっとも,社会病理学や臨床社会学の現実的貢献は,当事者や現場のスタッフとの関わりからだけ生じるものでもなく,知識社会学的に自らの知的営為を自省し彫啄することで間接的に貢献することもある。ただし何らかの形でフィールドや当事者の活動,政策形成過程との接点をもたないと,学術コミュニティ内部での閉じた議論になりかねない危惧には,臨床社会学研究を心がける場合敏感であることが望まれる。かつて,純粋な社会学理論であったラベリング理論が,アメリカのみならず日本でも反精神医学運動の嵐を吹かせ,またヨーロッパ諸国でも少なからず影響力をもちえたのは,精神医療や犯罪・非行対策としての4D政策など現場との関わりの中で展開したからだと考えられる。

　こうした基本的考え方の上で,社会問題の構築をすべきか否かの問に戻ると,基本的には社会問題の構築は可能だし,されることが望ましいことがあり,また必要があり時にすべきでさえあるといえる。最近の例でいえば,犯罪被害者のケア問題や権利問題,ドメスティックバイオレンスの犯罪化,自殺遺族のサポート問題等々,これまで当事者や一部の関係者のみに「問題」と意識されて

きた事象が，社会的な理解の共有が図られ，実際にアクションが取られ始めた事象の例である。ドメスティックバイオレンスを親密な男女の間で生じる痴話げんかとしかみなしてこなかったからこそ，当事者や関係者は，とりわけフェミニスト・セラピストや法律家の後押しもあって，可視化への努力，クレイミングを展開してきたのである。また自殺対策は常にうつ対策としてしか議論されてこなかったのだが，自殺者が3万人を超えた平成10年以降の「自殺者3万人時代」に至り，ようやく自死遺族の問題に光があてられ，そのグリーフ・ワークやサポートグループの必要性が議論され始めたところである。それは平成不況やリストラの影響ばかりに目が行き，"中高年男性の自殺急増"の見出しだけが大きく踊るマスメディアの報道，問題構築の仕方に対するクレイムでもある。その背後に女こどもが，親しい友人たちが悲嘆から立ち直れなかったり，自分の胸にだけ奥深く封印したものの，パンドラの箱のような心の重荷を抱えて独り生きてゆかねばならぬ現実を，まだ少数ながら関係者や当事者が「問題」と認識し，可視化させる必要性を感じているからである。

　もちろんすべての「問題」が可視化されるわけでもなく，さらに社会的対応がとられるのでもない。問題の広がり，深刻さ，当事者・関係者の戦略，政治・行政世界での計算づくや問題の優先順位ランク，時にはもみ消しの動きなど，さまざまな力学と過程があることはいうまでもない。医療化や専門家支配問題にも直面するだろう。したがって，それらの過程での問題点や課題を明らかにし検証する作業も不可欠である。しかしこのことと，「できるだけ問題は構築しないほうがいい」とする主張は直結するものではない。上記の検証をして，その上でなおやはり問題が多い社会問題構築であると評定するならば，そう主張したうえで，ではどうすべきなのかを明示することが社会的対応を考えることであるだろう。ただしその場合，対案の明示，行動，実践が伴わないことを理由に，そうした主張を退けるのはこれまた狭量な主張であり，この主張を認めてしまえば究極的には「その痛みは当人でなければわかりっこない」とする，他者の関わりを拒絶する超当事者主義に行き着きかねないからである。

社会的対応とは関与，実践，責任などとともに，想像力と共感性もまた必要不可欠な要素とするものではなかろうか．小骨を抜いて大胆に記せば，問題に応じて社会的対応の必要性を考えてゆくべきであり，それには問題の構築，そして解決・支援の手だてを目指すべきだというのが筆者の立場である．

Ⅳ 臨床社会学とフィールドとの関わり

次にフィールドとの関わりについて，自らの臨床社会学的経験を通じて考えていることを中心に記してみたい．というのも，フィールドの外にあってのフィールド論や批判は散見される一方，社会病理学的・臨床社会学的研究においても，この種の実践的論議はほとんどないからである．むしろ臨床社会学というよりは，ライフヒストリー論やライフストリー論などの領域での議論にみるべきものが多い[9)10)11)]．当事者と治療者，面接者と被面接者の相互規定的で相互影響的な関係性についてなされる議論である．

ただフィールドとの関わり方にもいろいろであり，これでなければならないという絶対的なスタイルも定めがたい．筆者自身はアルコール臨床フィールドに深くかかわりながら臨床社会学研究を進めてきた者である．ここではそうした筆者自身の経験に依拠しながら，まず1) 研究者と当事者の関係性をめぐる両者の基本的関わりのあり方について，次いで2) 臨床場面に関わる際の留意点のいくつかについて話題提供的に，つまり未完成な議論として論じてみる．

(1) **負け犬論と共同作業論**

かつてラベリング論者は「負け犬の側にたつ」と宣言した[12)]．負け犬と，どうみても社会的勝者にしか思えぬ論客たる研究者．勝者と敗者，生活世界と研究世界の間にある厳然とした異質性を高らかな「負け犬」宣言によって一気に乗り越えてしまうこのスタイルは，1960年代，70年代にはあり得たかもしれぬが，21世紀の今日ではとうてい素直に受け入れるにはあまりにも楽天的すぎる状況意識にしか思えない．後述する用語で表現すれば，実践的マゾヒズムとナ

ルチシズムが混交した中産階級的宣言でもあった。

　仮にジャズミュージシャンと共にマリファナを吸ってみても，オートバイで一緒に暴走したとしても，あるいは共に断酒を試みたとしても，事は同じである。そのようにわれわれは時に一時的当事者になり得ても，ひとたび研究あるいは研究実践の活動を始めれば，なにがしかの一般化を目指して，当事者同士より学会コミュニティのほうに顔を向け，自分だけの独創的な考え方やデータにこだわり，人生のつまずきや底つきもなしに「敗者復活戦」の可能性を口にしたりもする。もちろん"対象者""当事者"との印象的な出会い，巡り会い，感動もないわけではない。しかしそれを「共同作業」とか「同じ目線で」とか言い切ってしまうことには釈然としないものがあるうえ，文脈によっては抵抗さえ感じざるを得ない。

　専門家支配として非難される，上から指示，教示する態度や援助者－援助希求者の関係構造の問題性への自戒から「共同作業」とか「同じ目線で」と自らにいって聞かせることはあっても，それはあくまで心得であり原則ではないと考える。また少し歴史的な観点から援助者側のパターナリズムや権力支配構造を問題としているというならば，それは歴史的な時間限定的な議論主張であり，これまた原則とはなり難いといえよう。

　共同作業や同じ目線が可能なのは，自らが当該問題の当事者であったり，研究者・研究実践家の役割を脱ぎ捨てた時であろう。それは自己物語「論」を論じる者としてでなく，自己物語を自ら構築しようとする者同士の関係性に立った時，顕れ感じられる事柄であろう。これが，少し安直な流行り言葉になっているものの，近年ピアカウンセリングなどといわれる関係性タイプの本来の機能と役割および期待である。

(2)　**研究者・実践者と対象者・当事者関係の原則**

　少々一方的に過ぎるこのような言い方をするのは，次の点をよりクリアに浮き上がらせるためである。つまり，研究者・実践者と対象者・当事者とはどこまで行っても類的に異質な存在であり，われわれの役割は限定的なものでしか

ないとの原則認識の重要性である。臨床的な実践も研究もその上でのことであり，その異質性と限定性の原則をしっかりと受けとめた上であれば，つまり上記の「心得」をしっかりと自らに刻印したうえであれば，自らをきちんと研究者あるいは専門家と位置づけることの方が正直であり，相手も受け入れやすいとさえいえる。仲間として感じたり共同作業的と感じられる時や場面があったとしても，ひょっとするとそれは一種の幻惑であり，結局われわれは学会報告と論文に帰っていく研究者・専門家なのではなかろうか。

専門家といったからとて，無論わたしたち自称専門家は博学万能，優しさと慈愛に満ちた援助者というわけではない。「問題」のリアリティの教えを請い，対応のヒントを学び，個別具体ケースの「体験」を集積していま少し一般的な「経験」として，他者とも十分共有できるリアリティを構築してゆく者としてある。時には可能な限り事象の背後に絡む専門的情報を提供しながら，当事者のリアリティ構築を少しは相対化してみせる能力があるというに過ぎない。しかしそれでも援助者としての研究者・専門家は専門家であって，当事者や対象者とは同じではない。

最初から一貫して専門家として基礎，臨床，専門教育を受けていく医療関係者でさえも，事情は同じはずである。ただ彼らは料金という支払いを受けるため，専門家としての貢献，還元にはよりシビアなものが期待されている。そのため「同じ目線で」みているよりも，さしあたって痛みを取り除くことが先決優先される。人よりも臓器を看るよう条件付けられているともいえる。患者からも全能であることを期待されやすい彼らは，専門家としての役割にこだわらざるを得ず，患者に指示遵守を求めるあまりコンプライアンス行動に目がいき過ぎたり，「共同行為」としての入念なインフォームドコンセントよりは治療効率と効果に関心がいく。医療保険制度と利潤追求の条件下で，あまりにも自明に援助者と援助希求者の間に一線を画し，専門家の役割にこだわる一方，上記の異質性と限定性論議に反対はないはずである。

社会学や社会病理学研究において，「同じ目線」論や「共同作業」論が強調

される背景には，元来研究者は対象者・当事者とは類的に異なる異質性や，問題解決に万能どころか十分効果的に貢献できぬわれわれの限定性があるからこそとも推測できる。異なるからこそ，またたいしたこともできないからこそ，共同作業論は研究者にとっては楽なスタンスなのである。この認識なしに，あまり簡単に共同作業論をふりまわさない方がいいように思われる。

(3) **フィールドとの関わりにおける経験的留意点——実践の魔性，ナルチシズム，マゾヒズム——**

　問題解決志向性が重要であることを述べてきたが，かといってわれわれ研究者が臨床家になることが一義的に重要であるというわけでない。われわれは，良くも悪くも研究者なのである。筆者のスタンスは臨床活動に参画しつつも，臨床それ自体に対しては一定の距離を保つものである。臨床や実践から一定の距離をおいているということは，確かに毎日の臨床実践に埋もれがちな現場のスタッフに対して岡目八目的な，大局的な見方ができることにもなり，大きなメリットである。事実，現場のスタッフから研究者に期待されることのひとつは，この種の次元を異にする見方である。

　しかし筆者が「一定距離」にこだわるのは，そのようなメリットあるいは研究者としてのアイデンティティの問題もさることながら，筆者自身を含め研究者が問題解決志向とばかり実践的なフィールド活動に携わり始める際に陥り易いいくつかの点を自戒するからである。それらの留意点として，以下に筆者が肝心と考える，① 実践活動の魔性(activism)，② ナルチシズム(narcissism)，③ マゾヒズム(masochism)，の3つを述べてみる。

① 実践活動の魔性

　「臨床をやっていると研究などする気にもならない」。臨床家から時折聞く言葉である。確かに実践活動は賽の河原の石積みにも似てしんどい反面，さまざまな人びととの出会いがあったり，自分自身を改めて発見させられたりエンパワーされたりと，それ自身奥深く興味の尽きないものである。この側面は，しばしば「臨床はおもしろい」と表現されたりもする。それは一種の魔性のよう

な性質をもち，具体的な活動をしているだけで充足してしまい，時にわれわれを捕らえて離さないようにもなる。しかし研究者がその言葉を吐くとなれば事情は少し異なってくる。実践のしんどさならびに興味深さと「研究する気がしない」ことは，研究者が研究者である限り峻別されてしかるべきであろう。さもなくば，実践活動の魔性に取り込まれ，まさに「ミイラとりがミイラになる」の諺どおりとなる。

　フィールドにおける臨床実践活動は少なくとも次のような2つの意味で，われわれの研究活動の意欲を低下させる魔性をもつ。ひとつは上述のごとく実践にとりつかれる形で，しんどさにもかかわらずそのおもしろさの魔性にからめとられてしまうこと。2つには，実践活動をしていれば「すべきことをしている」つもりになってしまう魔性である。しかし臨床実践に独自のものをフィードバックすることを期待される研究者の立場からすれば，それははっきりいって錯覚であり，少し厳しい見方をすれば研究者の役割放棄とその自己弁解にもなりかねない。このような場合，結局は社会病理学研究者でないもう1人の臨床実践家が増えたに過ぎないといえよう。ただどちらの意味においても，臨床家とは異なる研究者としての，果していかねばならぬ課題と緊張を強く意識することによって研究意欲の低下は防げるであろう。もとより，社会学，社会病理学といった臨床実践に縁の薄かった学問をしてきたわれわれが発揮できる臨床的技量など，たかが知れているものである。そう自己限定することも，もうひとつの現実的な自己統制法になろう。それは次に述べる，ナルチシズム，すなわち過度な自己効用感の追求を統制することにもなる。

② ナルチシズム

　実践活動の魔性と関連して，「やるべきことをやる」際にしばしばわれわれはナルシスティックな自己正当化をすることがある。社会福祉の領域などでは，「自分は善い事をしているのだ」「人のために役立っているのだ」といった実感は，むしろ程度を過ぎねば健康なセルフ・エスティームの保持に必要でさえあろう。一方「どれほど役に立つのか」を問われることが多い最近の社会学，社

会病理学研究者は，心理社会的状況として反動形成的に役に立ちたがる傾向をもちやすい。「当事者との共同作業」論のみならず，筆者が問題解決志向性を強調するのも，実はそうした状況を反映した上でのことなのかもしれぬ。ただ問題解決志向性の強調とナルシスティックな自己正当化の間には，なお距離があるように思われる。確かに自己の心理的安定化にとって，「自分にはやるべきことがある」という事実，それも「善いこと」をしているという事実は大きい。しかしそれは「問題」の当事者サイドに立つ強みと勢いを得る反面，その強みと勢いこそ結局は「自分のため」（自己のアイデンティティ確認の手がかりとして）の対象設定という部分があることを物語ってはいないだろうか。自らの経験と自戒からそんな思いをもつものである。

「負け犬の側に立つ」と宣言してしまえば，少々ナルシスティックな自己陶酔を感じざるを得ない。むしろ逆に，ひとりの個人としての自分や自身の家族関係を自省してみれば，実は自らがアルコール依存症者の場合とさほど変わりない「負け犬」でもあることに気づかざるを得ない。ただ違うのは，彼らがそうしたストレスの多い時間と状況を下手な酔いによってアディクティブに殺している一方，われわれは多少なりとも上手にアルコールとつき合っている点だけかもしれぬ。わざわざ負け犬の側に立つ必要もなさそうである。もちろん研究者毎に「対象」との関わりのスタイル，自身の個人史，価値観は異なるのであるから，必要があればそうすればよいのであって，負け犬側に立つ必要性を全て否定するつもりもない。

③ マゾヒズム

ここでいうマゾヒズムとは，問題解決を強調するあまり現場との接点を求めて，フィールドを共にする人びとへと接近する時に示す迎合的態度の問題である。問題解決に向けた運動論的戦略としては理解できるものの，やはり一方的な立場であり臨床社会学的研究者の自己と彼らとの区別を曖昧にしてしまう危険性を伴う。その結果2つの傾向が認められる。第1の点は筆者がいうまでもないことだが，問題解決とは最後のギリギリの所では当事者以外誰もが代わっ

てやれない部分が必ずあり，この自他の区別を無視しては表面的に問題解決が計られたとしても，当事者自身の問題解決能力の成長という観点からはむしろ問題性さえ含む場合があるといえよう。第2には，第1の点よりもはるかに重要と思われるが，自他の区別の曖昧さから次第に自分は自分だといいにくくなり，クライエントや運動の仲間のおかしな点をおかしいといえなくなる傾向である。研究者の臨床実践的役割のひとつはまさにここにあるのであって，この役割をとりにくくするのがマゾヒズムである。「負け犬の視点」もあるいはこのマゾヒズムが関係していることが多々ありそうである。

　いうまでもなくクライエントをはじめとする「対象」の人びとは，そのように局限された役割でのみ存在するのではない。良いも悪いも，ホコリもミジメも，強がりも寂しさも全てを包み込んだトータルな存在としてある。迎合的な態度だけでは，彼らの否定的な側面や問題は無論のこと，その積極的な姿や生活さえも必ずしも十分見えてこないのではあるまいか。問題探索性の原理からすれば，深刻な部分はどうしてもこちらが「見たい」部分となりがちだが，同時に問題への対処の側面や健康的な部分をも積極的に照射することにも力が注がれるべきであろう。上述のごとき研究上の理由と共に，社会学・社会病理学サイドからの臨床実践活動を息の長いものにするためにも，このポジティブな面を見据えることがわれわれの実践的バーンアウトを防止してくれるのであり，さらには研究者とか実践家と言った区別なしに自分丸ごととして感じ，癒される体験を与えてくれる契機ともなろう。前述した「問題の複層性」とその双方への目配りの肝要性とつながっている問題である。

　臨床フィールドでは，実にさまざまな人びととの出会いがある。臨床社会学的研究をフィールドとの関わりで展開する場合，「アイツはあいつ，オレは俺」として言うべき事はいえる，歪曲されたマゾヒズムから自由な立場に立てる関係を構築することが肝要と思われる。

注)

1) Lee, A.M., 1966, *Multivalent Man*, George Braziller.
2) Rebach, H.M. & Bruhn, J.G. (eds.), 1991, *Handbook of Clinical Sociology*, Plenum Press.
3) 清水新二『社会病理学的方法論覚書――実態調査と臨床・実践活動――』日本社会病理学会編『現代の社会病理Ⅱ』垣内出版, 1988, pp.83-106.
4) 清水新二『アルコール関連問題の社会病理学的研究――文化・臨床・政策――』ミネルヴァ書房, 2003.
5) 清水新二編『アルコール依存症と家族』培風館, 1992.
6) 湯沢雍彦「戦後日本の家族病理動向」那須宗一・上子武次編『家族病理の社会学』培風館, 1980, pp.185-206.
7) 清水新二「現代家族の問題状況とその背景――家族病理学的接近――」『社会福祉論集』大阪市立大学生活科学部, 1983, pp.121-166.
8) Spector, M.B. & Kitsuse, J.I., 1977, *Constructing Social Problems*, Cummings. (村上直之・中河伸俊・鮎川潤・森俊太訳『社会問題の構築――ラベリング理論をこえて』マルジュ社, 1990)
9) Kleinman, A., 1988, *The Illness Narratives: Suffering, Healing and the Human Condition*, Basic. (江口重幸・五木田紳・上野豪志訳『病いの語り――慢性の病をめぐる臨床人類学――』誠信書房, 1996)
10) 好井裕明・桜井厚編『フィールドワークの経験』せりか書房, 2000.
11) 好井裕明・山田富秋『実践のフィールドワーク』せりか書房, 2002.
12) Becker, H.S., 1963, *Outsiders*, The Free Press.(村上直之訳『アウトサイダーズ』新泉社, 1978)

第9章　専門性の問題

I　問題意識

　現在我が国では，社会病理学から臨床社会学へと学問域を移行しようとしている研究者が少なくない。そして彼等は臨床社会学のアイデンティティを特徴づけようと苦悩している。そのような意味では新しい研究分野が始まったばかりで，どのような理論づけをするかは研究者によってさまざまである。

　臨床社会学の先進国であるアメリカに目を向けてみると，今まで実践論で社会的に認知されなかった分野の者が社会的認知度をあげるために，マニュアルや，基本的な基準をつくり，それを実践するものがそれらを守っているかなどを客観的に数値化したり測定したりする方法として臨床社会学を位置づけているようである。

　ただし，ここでも研究者と実践家との考え方の間に温度差があるようである。このような2者の相違を，ある分析方法を使ってアセスメントすることも重要な仕事である。

　実践論が社会に認知されるためには，客観的な分析や事象を計る物差しをつくることが重要である。アメリカの専門家は，独自の指標をつくったり，既存の尺度を使って分析したり，さまざまなプログラムをつくっていくことが現在重要なポイントになっている。それが職域の拡大や地位向上に必要なことである。とくに実務を中心としてきたソーシャルワーカーを中心に社会的な地位向上，クライエントの安心感の増大，職域の拡大のために，職種の専門性やアイデンティティを社会に表現しようとしているようである。

　しかし，プログラムを作ってアメリカと同じような専門職規定をすることに

慣れていない日本では,一定の規定や尺度をつくりながら分析していく「臨床社会学」というアイデンティティをすべての職種が受け入れることはむずかしい。

しかも多くの職種が名称独占的専門性の段階にある日本にとって,独自の専門性を規定することはなおさらむずかしい。

そこでこの章は,若干であるが,臨床社会学の専門性についての連関を論述していく。

II 社会病理学と臨床社会学の専門性

社会病理学と臨床社会学では何が違うのかを一言であらわすことはむずかしい。そこでまず社会病理学について考察してみる。岩井(1973)の立場を借りれば,社会病理現象とよばれるのは,「犯罪,非行,アルコール依存,薬物,浮浪などで社会病理学はそのような社会生活の不適応現象を取り上げ,正常か異常か」ということを時代に応じた標準的な道徳で判断することであった。けれども時代が急速にグローバル化した結果,問題を分析する場合にもひとつの基準では問題を解決できない場合も多くなった。そこでもっと多角度から分析する社会学の必要性がでてきた。その流れから逸脱論が主流になった。これは善悪を判断する時代から人びとが多くの社会変動を体験し,社会の成員は暗黙の了解のうちに新しい社会に同調するような社会システムができ,それが新たな社会規範を決定するというものであった。そしてこの新しい規範に対して非同調的な行動をするものが逸脱とみなされるようになるという考え方であった[1]。

現代では人びとが一つひとつの理論をことごとく切り捨て,間違い探しをし,それに「悪い」というレッテルを貼りがちであるが,カオスといわれる新しい社会では,新しい考えとともに旧態然としたシステムも存在している。そこで問題を解決するためには新旧の理論を融合させる必要もでている。

たとえば今まではミクロの分野を専門にとらえていた心理学の分野でも現在

第9章　専門性の問題

ではコミュニティ心理学があるように，社会病理学も小さなコミュニティの分析やミクロの分析をするだけでは社会学としてのアイデンティティをもてないのも確かである。

21世紀はますます，世の中がグローバル化し，同時に一つひとつアソシエーションが分業している。そこではひとつの規範・分析の方法で適用するものと適用しないものが出現している。また社会システムを動かす構成要素のひとつである法的な部分から考えても，ある行為が社会一般論や自分の育ってきた社会の規範からみると相違があったり，自分では悪であると思われるものも法の解釈や新しい社会システムを介在させることによって，合法になったり非合法になったりする。ここでもひとつの問題分析の方法だけでは分析できない場合も少なくない。

それだけ社会も場所，時間，法，社会変動やそのなかの人間の行動などによって現象の見方を考えなければならない複雑系の社会になってきている。

現在，自分の育ってきた地域のシステムもしくは今まで生活してきた家族システムのなかで適用されてきた社会的規範は現在の新しい全体社会に適用できないことも多い。しかもマスコミの報道などによりその状況の変化を必要以上に伝達させる結果，人びとを理解不能にさせる現状がある。この状況も場所や人間関係，社会，伝統文化によって異なり，評論家がいうような感情的批判や一方向の議論では対処できないことをわれわれは理解しなければならない。

社会学も新たなる規範の解明方法や新しい社会構造の分析などをするためにフレキシブルな対応が必要になってきている。

まず新たな社会現象を分析し，もう一度既存にある社会システムの機能不足[2]のプロセスをみていく必要がある。ソーシャルワークの世界では一般的になりつつあるアセスメント──インターベンション──エバリュエーションというプロセスを中心にして社会行為や問題点を縦断・横断的の両方の立場から分析していくことをアイデンティティ[3]にしている。そこに臨床社会学の生きる道があるといっても過言ではない。

臨床社会学は，行為や構造を診断し，システムの不全と新しいシステムの可能性間にある連関を分析し，それをコーディネートしたり，俯瞰(inspect)することによって社会構造のなかにある機能不全—新理念—新システムの確立という全体像をみつけだす発想をもつ[4]。とくにカオスな社会では，まずサイエンスよりもリベラルアーツ的な発想が必要になる。そしてその細部の研究ではサイエンス的な発想をする(また同時にミクロ，メゾ，マクロの考え方の融合も必要である)。それゆえ最終的には両方の立場から理論化することも大切である。

　また，今後は社会病理学の考え方の規範を多面化するとともに診断から再構築までの設計図を引いていくことが臨床社会学の優位性であるとともに専門性であろう。

III 「臨床」という社会学のアイデンティティと専門性

　臨床社会学を社会のなかで台頭させていくためには，「臨床」といわれる既存の用語から区別し，社会学として現代社会にとって優位性をあらわすことが重要であろう。

　しかしながら現在のところ，前述したとおり，確固たるアイデンティティを社会に明言しているとはいいがたい。そこで専門性とは何なのかを考えてみる。「専門」という言葉を広辞苑で引くと，「特定の分野をもっぱら研究・担当すること。またその学科・事項など」となっている。また，「clinic」をoxford辞典でみてみるとどちらかというと患者を観察し，処遇するための関連ととらえている。そこには専門性が必要になるであろう。

　ミラーソン(Millerson, G., 1964)が提唱している専門職という定義をみてみると1)理論的な知識をベースとした技術の使用，2)技術の教育と訓練，3)試験制度によってその分野の能力を保証，4)専門としての基準の一定化，行動基準，5)公共のサービスを図る，6)その専門職を組織化する団体の存在などができるこ

第9章 専門性の問題

とをあげている。

　このミラーソンの専門職の基準からみても，これこそが臨床社会学の専門性であり他の分野と競合しても勝っているといえるものはない。ミラーソンのような確固たる定義も早急に考えていく必要がある。社会学があえて「臨床」を考えなければならなくなった観点のひとつとして歴史の構造があげられよう。前述したとおり，20世紀は伝統的社会システムのなかで，社会構造を分析する人も規範を読み取ることが比較的容易であった。社会病理現象も逸脱理論をかかげれば病理を判定することができた。しかしながらカオスといわれる今日，逸脱理論だけではなかなか解釈することが不可能になってきている。

　たとえば，対象者のなかには，「逸脱」という自分の立場を理解した上で社会のなかのマイナス面を逆に主張して，生きる上で優位に立てるように自己表出する人も出てきている。

　「社会の貧困者自身の無理解」が社会病理現象であるという従来の表現では分析にならなくなっている事例も沢山ある。もっと詳しく述べれば，演技性人格障害，不登校など近年の社会病理現象の分類に入っている人も同様のことがいえるだろう。一時的にはひとつの問題背景にメスを入れるだけで問題解決が図られる時代もあっただろう。しかし，時代がかわりカオスの状況になり，人びとは医者や教育機関によって一方的に悪もののレッテルを貼られたり，解決する側の専門家も特定分野の研究だけではあまりにミクロすぎ問題解決ができないことも少なくない。

　カオスの時代には，社会病理という現象をとらえる学問から社会を診断するという臨床社会学の流れがマッチングするかもしれない。しかし職域の地位をあげようとして，人びとが理論的構築を求めたり，社会のなかで地域のアイデンティティを確立したがるとき，実務の職域は，大村(2000)が述べたように「アートからサイエンス」[5)]になろうとその行為に必死となる。だが気をつけないと人間性や人間関係，社会のなかの相互作用を忘れ去り，しかも臨床としてのゲフュール(Gefühl 匂いをかぎわける能力)を失うこともしばしばある。

本来の臨床社会学のアイデンティティは，ミクロではアートをめざし，メゾではサイエンス，マクロではミクロとメゾの連続性，そして，社会との連関をみながらシステム不全とその改善をしていく俯瞰者(inspector)になることが使命であろう。問題性を感じる瞬間は情報化社会のなかで無限にある。このとき専門家はどう出前(outreach)して日々変動する社会の風に触れるかを，まず第1に考えることが必要であろう。社会学者はどちらかといえば理論に傾き，現在の風に触れず頭で考えようとするが，社会のなかでの人間関係などの現実の姿をみていく必要がある。

Ⅳ　分野別の専門性

　臨床社会学は，前述したとおり，出前してさまざまな事象を観察する必要がある。その上でその事象がどのような連関で起こるのか考える必要がある。また，あらゆる人間関係の問題はすべて対象である。しかも臨床社会学においても「誰のための学問であるのか」といった社会学としての有効性が常に問題となる。

　臨床社会学は，社会の現実に向かってフィールドワークすることである。だが，社会学者としての机上の理論との間に矛盾や葛藤を感じることも確かであろう。理論家でいくと実践家から攻撃をうけ，実践家でいくと理論家から意見される。この二極の間でゆれるのが臨床社会学であろう。

　応用社会学としてのアイデンティティを得るためには臨床社会学をアイデンティティとする人間が理論と実践のなかでもっともまれる必要があるかもしれない。まずは実践家として社会に出向いて現実論とぶつかりながら，つぎに，自分のこなした事例をもとに精神，個人，家族，コミュニティ，伝統文化といった線上をとらえ，どのような相互作用があるのかを考えてみる（図表10-1）。また，その焦点づけ(focusing)する問題に対してどのような分析手法で分析するのか。治療のためなのか，分析のためなのか，相互作用なのか，個人の

第9章 専門性の問題

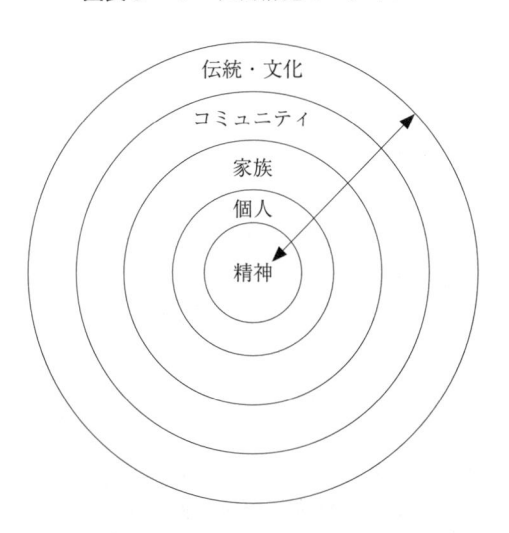

図表9−1　社会構造のベクトル

（同心円図：中心から外へ）精神／個人／家族／コミュニティ／伝統・文化

ためか，集団のためか，社会のためなのかなど，まず立場を明確化しながら研究していく必要があろう。

　その結果を，各専門家に還元していくことが望まれる。

　社会のなかの事象や人間関係の問題はすべて社会学になるので限られた紙面ですべてあらわすことは不可能である。そこで，この章ではいくつかの分野別の専門性を考える。臨床の始まりは，クライエントが問題に対して介入を求めるか，もしくは，臨床社会学の専門家が問題をみつけ，クライエントが臨床社会学専門家の介入に合意を得たときである。その後，臨床社会学専門家とクライエントの間に解決すべき問題の構造化の作業が進められる。クライエントは個人の場合もあるし，集団である場合もある。企業，地域，国である場合もある。1対1という個々人の相互作用だけでなく，その個々人をとりまく社会のダイナミックスを常に考えているのが臨床社会学である。そういった意味で専門家がどの考え方に立つか，これによって方針や解決の仕方が異なってくる。臨床社会学者にとって一番大切なのは全体像から現在のクライエントがおかれている立場を理解しやすいように個人や社会に説明することである。また，予

175

防対策や予測の専門家としてメンタルヘルスや社会予測，行動予測，現在の社会構造を読み解くアドバイザーとして社会に訴えかけることが可能である。また臨床社会学の専門家はあらゆる脈絡(context)を読み取ると同時に，問題状況の解決に向けて具体的な活動実践を行なっていくことがこれからのあり方であろう。

課題としては，人びとがさまざまな分析手法のなかから臨床社会学の研究方法を選択してくれるかどうかである。選択をしてもらうために臨床社会学専門家の技術や知名度をあげていくほかなかろう。また類似している他職種との対比で優位な点が地域住民に熟知される必要もあろう。どう社会に対して納得のいく，そして万民が理解する科学になるか，この点も臨床社会学の課題である。紙面上限られているのでいくつかの臨床社会学専門家の立場を考えていく。

(1) **医療の臨床社会学と実際の臨床社会学の専門性**

近年，社会病理現象といわれるアルコール依存症や薬物依存症，そしてパニック障害，人格障害など科学的見地に立つ医者の見解では治療できると断言していても実際にはなかなか治らないものもたくさんある。

なぜこのようなことが起きるかといわれれば，生物主義の立場の医者は独断的な見立てをたて，クライエント自身の問題解決や心の保持よりも医者自身の分析優位に立ちたい人が多いからである。

アメリカでは，医者のインフォームド・コンセントなどを重視し，クライエントとのコミュニケーションやクライエントとの信頼関係を深めるために医者の資質などを測るアセスメントなどもでてきている。しかし依然として，クライエントに対して社会性を無視した自分の理論を押し付ける断定的な医者も少なくない。さらに，経営の観点からも投薬に頼る医療に終始することになる。そのようなことでは，社会的存在としてのクライエントの治療は部分的なものであり本当の問題解決はむずかしい。中途半端な対処なのでクライエントもなにを信じてよいのかわからなくなるのが実情である。だから官僚的，階層的な医療の分野でも最近では，病院経営の裏側に外資系企業のブレインが医療を

第9章 専門性の問題

コーディネートしている場合も少なくなく，その場合には個人だけでなく家族，コミュニティという全体像の立場からアセスメントしたり，コーディネートしている現状もある。

筆者が昨年から関係している病院では，臨床社会学的アプローチを取り入れている。医師と診察室に入り，障害について対人関係の影響や生活史も関係させて問題について見立てをするようにしている。たとえば，パニック障害の疑いで受診したクライエントについて，先ず医者が見立てをする。気持ちを落ち着けさせるために薬物を投与したり，点滴によってパニックの状態からクライエントを楽にさせ，気持ちを受け止めながら治療を進めていく。

しかし，点滴を行なっている最中もクライエントは苦しみ悲鳴をあげる。ほとんどのクライエントがパニック障害の症状は初めてではなく，繰り返しこの発作を起こしている。医者の応急手当の間，臨床社会学の専門家は，医者の見立ての検証をするとともによりよい状態にするためにクライエントの状態をみていかなければならない。「臨床」と名がついているだけに臨床社会学専門家もクライエントの現在の欲求を充足させたり，この発作に至った経過を分析していくことが重要になる。

ほとんどのクライエントは身体を硬直させ，「死ぬのではないか」という恐怖と不安感をもつ。そして以前倒れた状況の悪夢，自分ひとりになった不安，心的動揺などの経験を再体験する。そこで専門家は内面にひきこもり，不安におびえるクライエントを援助する必要がある。臨床の立場としてまず，声かけそしてクライエントの痛みの軽減をする必要がある。

私の場合には動作法を取り入れ，硬直した身体の弛緩を試みる。投薬から20～30分で身体の硬直，痛みの軽減，ちょっと前に体験した不安感，動悸，死んでしまうのではないかという不安が消失する。落ち着いてしばらくすると病院からほうりだされてまた，不安に駆られることになることが多い。

ここに現在の医療の限界性がある。クライエントは，またパニックに陥り他の病院にいくとまた心電図，MRIなどをとられ，異状なしという診断をもら

うか,自律神経失調症などとラベリングされることも少なくない。

　これではクライエントはいつも不安に駆られるし,医者に対しても信頼感はなくなる。しかも最近ではSSRI (Selective Serotonin Reuptake Inhibitor)選択的セロトニン再取り込み阻害剤などの薬もでて,この薬を飲めば軽減されるといわれている。確かにサイエンス的にいえばクライエントにとって魔法のような薬かもしれない。けれども実情はうまくいっていない。病状の裏側にクライエントの精神構造,生活構造,人間関係の構造,家族関係,社会構造などの問題が複雑に絡み合っているからである。本来はインフォームド・コンセントやカウンセリングが重要であるが余分な時間は診療対象とならないのでむずかしい。

　クライエントが落ち着いて自宅に戻ることができるようになった場合,臨床社会学専門家と医者のミーティングの結果,治療の継続,薬の投与,しばらく通院すること,この病気は特別なものではないこと,クライエントが自分の病気を理解すること,対処の方法を知ること,自分の生活のプロセスや自分の生活をストーリー化すること,また新しい自分に向けて目標を設定することなどが重要になる。投薬だけではパニック障害から回復して新たなる人生再構築のためのストーリー化はむずかしい。

　そこで,臨床社会学専門家の出番である。

　臨床社会学専門家は医者の処遇を観察し,同時にクライエントの感情のプロセスに対する共通のフレームをつくっていく必要がある。スクリーニングでは,医者との間の葛藤(conflict),規範の相違,クライエントの自己・他者に対する葛藤,総合的な見立てがたてられるかどうかなどを検討する。次回病院にクライエントが来院したとき,医者の検診および臨床社会学専門家の面接をうけてもらう。ここでは医者の判断基準となったDSM-Ⅳの問題点についても話し合うことが必要である。また診断をつけられたクライアントはどのように反応するか,また診断のプラスの効果などについても話し合う。たとえば,診断は一種のラベリングであるが,ラベリングによりクライエントは何らかの影響を受けることもある。多くの場合クライアントは,次第に安定し医者,臨床家に

転移し，気楽な状態になる。そこで，病気とクライエントと社会を取り巻く構造を説明し，どのようにクライエントが回復していきたいかを一緒に話し合い，どのような目標をもつかを考えてもらう。また，自分の不安や死にたい気持ちの背後にあるストーリーの構造をまとめてもらう。もし，言語でいえない段階であれば，まず感情を述べてもらうことからはじまるであろう。つぎの段階にはいやな感情の背景にある人間関係やエピソードを語ってもらう。それが今の自分にどう性格づけられているか。行動化しているか，悲しみ，辛さ，恨みなどの感情を表面化させる。そして，問題構造を解決するために一緒に新しいフレームづくりをしていく。

このような情報を連携をもっている医者と共有し，クライエントから同じ話が問診時にでてくるときにはどのような相違があるのか。矛盾している部分の調整を行なう。

なぜクライエントに現在の問題が生じたのか。個人の立場，家族の立場，社会構造の立場から仮説をたてる。

ここでは，パニック障害といわれる現象が起きる対象者の環境や社会のなかでのギャップ，人間関係，不適切な役割，不全の状況などを確かめる必要がある。重要なことは正しいとか間違いであるという指摘をするのではなく，どう不全の状況があるかをクライエントに示すことである。この作業からどのように危機介入していくかを検討する。介入することによって期待される効果，セッションの回数や期間，介入するために必要な準備をする。クライエントにどう社会適用するのかを解説するとともにクライエントの士気を高める努力もする。介入してみてどのようなことがわかったかいつもモニタリングしながら失敗した場合もう一度アセスメントし，また再介入していく。一緒に話してきたり，問題を解決した結果，どのような変化がクライエントにあったかを語ってもらい，自分のフレームワークのなかで構成してもらう。そのようななかで「不安」「死にたいような」気持ちという感情論からその感情の背景を導きだしエピソードレベルまで変化させていく。それ以後，自分の問題性に気づき，自

然に自分のなかに再構成される。同時に今まで語られることのなかったエピソードが専門家に投げかけられることになる[6]。このようなプロセスをクライエントがあらわせるように援助するのが臨床社会学専門家の技術である。

　一方，サイエンスから考える医者は，どうしようもない不安や吐き気や息苦しさをとめるのに「脳内物質の不均衡がある」とサイエンスに基づいて位置づけをする。また「パニック発作の診断基準表」を基にしてクライエントをフレームづける。一旦クライエントは病気に位置づけてもらうことによってある意味で安心するが，時間の経過とともに病気の自分に嫌悪感すらいだくようになることも確かである。

　そこで臨床社会学専門家はこのフレームをうまく使って，クライエントが病院に来談してもらうことを期待する。話をしている間に対象者自身の問題性，死にたくなるような状況の裏側にある問題性に気づいてもらい，しかも薬物療法の効果も相乗的に作用させ，クライエントを回復させていく。回復していく段階では時として薬はお守りがわりになるし，長時間の診断に対してもクライエントは集中できるようになる。また目標性と安心感が混在するために以前のようなパニック状況が起きづらくなり，普通の生活を送れるようになるというプロセスがそこにある。このような治療に向けての課題は，まだ一緒の診察室に入り一緒に問題解決を考えていこうという医者が少ないことがあげられる（職業間コラボレーション）。また一方で臨床社会学専門家にも臨床が十分に行なえる人が少ないことが問題としてあげられる。これからこのような共働(collaboration)できる活動が望まれる。

(2) 高齢者分析の臨床社会学

　近年の社会的問題として大きくとりあげられる問題のひとつとして，高齢者のそれがある。しかし高齢者のことを書いてある本を読んでみると，多くはどうみても高齢者のイメージが悪くなる書き方をしている。社会の現状として高齢者は増加し，医療費の増大，保険料の高騰，対象者支援の税金のパイが減少

していく状況である。片や，依然として福祉は，人間の権利をたてにとって援助されるべきと一方的に主張している。またコミュニティに住む人びとはさまざまな角度の情報によって左右され，情報操作によって大衆文化のなかに訳のわからない定説が位置づけられる。それによってカオスの状態になるために，社会に住む個々人の文化的概念が変化し，不安や怒りや不安定感が人びとにあらわれる。それによって問題が出現，本人が問題性を感じ，問題を解決したいと訴えたとき臨床社会学者の介入が始まる。ミクロな部分ではクライエントの社会でのポジショニングを考えるとともに問題の所在や関係性の問題を考える。メゾの部分ではコミュニティや社会との関係の部分に目を向けていく必要がある。また，マスコミや社会に提示している規範が正しいのかも考えていく。痴呆性のお年寄りやそれを抱えている家庭など福祉対象者で自分や自分の家庭だけでは問題解決できず，なんとか問題状況を解決したいという要請があった場合，臨床社会学のアイデンティティを活用しうるであろう。

　問題のアセスメントによってクライエントが現在おかれている状況をつぶさに検証し共通の知識体系を作り出し，科学的な推論や構成的仮説作業，仮説の検証および高齢者を取り巻くデータを収集分析し，そのなかでの規範を洗い出し，その問題がでてくるプロセスと因果関係をみつけだし，パターナリズムや不全な問題の方向に後戻りしないようにそのプロセスを提示する。

　また既存の理論や学説も活用しながら臨床的問題解決方法の計画をたてていく。ミクロであれば，本人と家族，福祉施設と本人，家族の関係，近隣と家族の問題など以前と現在の行動変容などが分析的視点となる。メゾから考えれば，痴呆のお年寄りと家族の機能，関係性などの改善が重要になる。

　また，その問題を援助する専門機関との共働，家族間のストレスや軋轢の解消などもあるだろう。対象者の住んでいるところがたとえ福祉サービスの徹底しないコミュニティであったとしても，そのなかで葛藤やストレスをなくすために機能の改善や構造を理解させるための教育プログラムづくりを地域に組織化し，コミュニティの改善を図っていく。マクロな部分であれば，国の痴呆性

高齢者の見立てや考え方が家族や近隣の支援してもらいたい実際とは異なっているかもしれない。もしかすると痴呆性の問題より解決しなければならない行政問題に直面しているかもしれない。その背後には経済的問題や政治としての内的な所での軋轢があるかもしれない。そのような問題に目を向け，いかに個人の問題を解決するか。総合的判断能力が問われる。また現代では単にその状況をミクロの立場から解明するだけでなく，総合的に確実な問題解決に向けての計画化がなされる必要がある。

　しかし，ここでは筆者自身にミクロの介入事例しか手本がなかったのでミクロな視点から考察していく。

　特別養護老人ホームに入ってきたお年寄りは痴呆や身体機能が衰えているということで入所している訳であるが，なかには公的機関のアセスメントとはその行動やレスポンスが大きく違いがみられ，異なる人がいる。しかし，施設では公的な機関がなぜこのようなアセスメントをしてきたのかということに対して科学的な推論をいれることは少ない。もし疑問に思っても仲間内で文句をいうか，ひとりで悶々と違いをつぶやくぐらいが関の山である。

　なぜなら施設の仕事はルーティンなものであり，忙しく，もともと一人ひとりの入所者に十分対応できるように人員設定されていないからである。しかし，施設の職員の多くがそのアセスメントに疑問を感じたり，何とか対象者の行動変容がみられればという職員の希望や要請があったとき，臨床社会学の専門家の出番がある。

　ここではある老人ホームでの臨床社会学専門家の介入の事例をみていく。ある老婦人の家は米屋であった。3年前まではひとりで食事をしたり身の回りのことはひとりでできていた。しかし，6ヵ月前からは日常の生活行動が遅くなり，息子が食事の世話，トイレ介助や，風呂も介助していた。あまりの重労働に息子も悲鳴をあげ，いろいろなところに相談した結果，特別養護老人ホームに入所となった。老人ホームでは日常生活トレーニングや自分で身の回りができるようにリハビリを進めている。そしていつの間にか老婦人はある程度ひと

りで生活できるようになった。

　なぜ，老婦人がひとりである程度日常生活ができるようになったのか考えてみた。このようなシステムの一連を考えて行くことも臨床社会学者の使命である。まず，老婦人の老人ホームにくるまでのプロセスをアセスメントする。そして老人ホームに入所するまでの老婦人の行動分析をした。家では息子が米屋の配達で忙しく，しかも重労働の部分はすべて息子がやっていた。そのような忙しさに家族のなかのコミュニケーション時間も限られ，会話も鎖された質問 (closed question) が多くなっていた。輪をかけて，老婦人も痴呆が進み，病院で痴呆性であることを告げられる。その認知によって，暗黙の了解のうちに老婦人＝意味のわからない人というラベリングが貼られていた。会話の内容・時間数がこのラベリングを物語っていた。息子の一方的な対応に身体が弱っていた老婦人も息子の介護のタイミングを合わすことができず，次第になすがままになってしまう。お互いに頑張れば頑張るほど家族システムは不全の状態になり，機能しなくなっていった。最終的には息子の身体的・精神的な葛藤が構成され，老人ホームに入所させなければならないという正当性が呈示されることになる。ここに息子の老婦人への介護の正当性が物語られる。

　老人ホームに入所した当時の老婦人は最初，無表情でなにもできない感じであったが，しだいに老婦人が職員に転移感情をだき始めて，次第に表情が出たり，欲求をあらわし始めた。職員の態度も受容的であった。職員は，対象者に合わせてコミュニケーションしているために老婦人も話をすることができるようになったと思われる。一方，施設の現実世界では限られた職員配置のために食事や車椅子の移動など自ら欲するものはある程度自分でやらねばならない状況があった。しかし，職員は対象者に対してスポットをあて，訓練が成功するとほめながら，うまくいくようになれば家に帰ることができることを示唆した。そして，息子にも時々来所してもらい，訓練の状況をみてもらうことにした。3ヵ月後には自分で車椅子も動かせ，自分で食事もできるようになった。トイレにもいけるようになった。表情も明るくなり，自分のことは自分でやるとい

う意欲がわいてきた。介入として，老婦人が家に戻っても以前の家族機能の不全の状態に陥らないことを中心に考えた。

　老婦人には，家に戻ってもリハビリを続けること，息子には忙しい状態であっても今までの老婦人─息子のパターンにならないようにすること，問題の起こる時間，とくに息子が働いている時間に問題の諸源があることからその間デイケアで預かってもらって息子の重労働を軽減する方法などを一緒に考えた。

　葛藤が起こった時のことを考えて，ロールプレイや言葉や態度が相手に与える影響やパターンを変化させるために望ましい自己表現トレーニング（アサーショントレーニング）などを入れ，お互いにポジティブに行動できるようなコーディネーションを考えた。これによって6ヵ月後には老人ホームを退所し現在，在宅でケアを受けている。臨床社会学専門家が2人の関係図を改善し，家族の教育を促進，家族機能の不全状態を呈示，そして望ましい関係を創造する教育的なプログラムを設計した事例といえる。けれども，臨床の現場に専門家が介入するためには，施設との信頼関係や今までの実績，顔をつき合わせた親密な関係がないと，臨床社会学という名目や専門性だけでは施設のなかでうまく介入させてもらえないのが実情である。

V　結　論

　ここまで臨床社会学の専門性を述べてきたが，いろいろと困難なこともある。
　たしかにどんな人でもかかわれる社会事象もある。しかし医学や弁護士などの専門家のようにミクロな部分では専門的な技術や知識が必要になることもある。またアートの部分では勘やセンスを身につけていないと話にならない仕事もある。そのような分野の場合，その全体像やその人間関係から社会学的分析をしたとしてもミクロの立場から専門分野を精通してから分析すべきであると医学，弁護士などの専門家からは批判されるに違いないし，たとえ問題性を

フィードバックしたとしても説得力がなかろう。日本の場合，臨床社会学を普及させるのに困難な点として，社会学研究者が応用社会学研究者のアイデンティティをあまり認めておらず，実務者であると思いがちなところである。しかもフィールドワークの実習を大学で率先して実践しているところがまだ少ないことなどがあげられる。

本来ならば大学の授業のなかで医療の現場や福祉の現場，営業の現場，経済の現場，政治の現場などを客観的にとらえられるように実習することが臨床社会学の専門性を高めるために重要なことであると思われる。近年，大学でも各分野で専門性がいわれるようになり，国，財団，学会が資格制度をつくり，自分たち独自の分野研究域や職域を決めようとしている。そのためその資格をもっていないと現場のなかに入っていくこともできない分野もある。

しかし，大部分は業務独占よりも名称独占の資格が多いので，資格をもっていても仕事につけなかったり，社会全体の意識を変化させるようなレベルまではたどりついていないようである。

ただ社会の流れとしては地域，社会のなかに資格をもった人を据えて，その人を核にしてソーシャルサポートネットワークをつくろうとしている。その点から考えると臨床社会学の分野も早急に資格化していく必要がある。ますます社会学の分析の視点を広げて実習したり，実践する必要がある。また専門性の高さを平準化するために臨床社会学実践家，理論家のスーパービジョンのシステムもこれからつくっていくことが急務であろう。複雑化していく社会のなかで人びとがどうその社会を理解し，自分らしく適応していくか，そのマップづくりができるようになることが望まれる。

注）
1）岩井弘融編『社会病理学』東京大学出版会，1976，pp.1-6.
2）畠中宗一編「臨床社会学の展開」『現代のエスプリ』393号，至文堂，2000.
3）臨床という言葉は実際にさまざまな分野へのアプローチをすることを指している。

4）畠中宗一，前掲書，p.7.
5）大村英昭・野口裕二編『臨床社会学のすすめ』有斐閣アルマ，2000，pp.3-7.
6）McNamee, S. & Gergen, K.J. (eds.), 1992, *Therapy as Social Construction*, Sage Publication.（野口裕二・野村直紀訳『ナラティブ・セラピー』金剛出版，2000）

参考文献
大村英昭・野口裕二編『臨床社会学のすすめ』有斐閣アルマ，2000
野口裕二・大村英昭編『臨床社会学の実践』有斐閣選書，2001
丸山哲央監訳『社会学中辞典』ミネルヴァ書房，1996
Rebach, H.M. & Bruhn, J.G., 1991, *Handbook of Clinical Sociology*, Plenum Press.
Richard, R., Daniel W. & Shuman, J.D., 2000, *Conducting Insanity Evaluations*, The Guilford Press.
宝月誠・大村英昭・星野周弘編『社会病理』東京大学出版会，1986.
佐藤郁哉『フィールドワーク』新曜社，1992.
秋山博介「社会福祉援助技術の解釈学的臨床社会学研究」『日本福祉教育専門学校紀要』第7巻1号，1998，pp.1-7.
秋山博介「『人格障害』のエスノメソドロジー分析」『実践女子大学生活科学部紀要』第37号，2000，pp.167-172.
秋山博介「レクリエーション療法の臨床社会学」『日本福祉教育専門学校紀要』第9巻第1号，2001，pp.1-9.
秋山博介「ボディ・イメージの臨床社会学」『立正大学大学院社会学・社会福祉学論叢』第34号，2001，pp.11-22.
Millerson, G.L., 1964, *The Qualifying Association*, London, Routlegde and Kegan Paul.
秋山博介「パフォーマンス学の社会，人間，コミュニティ診断―臨床社会学融合の観点から」佐藤綾子・秋山博介編集『現代のエスプリ』411号，至文堂，2001，pp.51-63.
秋山博介「企業」畠中宗一編『現代のエスプリ』393号，至文堂，2000，pp.187-195.

第10章 社会病理学の終わりと，自由な社会の構想から得られた２水準モデルの臨床社会学

I 問題意識

　本稿ではまず，社会病理学が陥っている困難について考察する。それは，さしあたりさまざまな論者の内的論理の破綻としてもあらわれている。だが社会病理学の困難の根本にあるのは，さまざまな社会現象や生活現象を「病気」扱いする学的な根本枠組み自体が，先進諸国の多元的な社会に埋め込まれたしかたでは存在しえない，という消えゆく必然性である。

　つぎに，この社会病理学の困難と比較しながら臨床社会学の可能性を検討する。確かに臨床社会学は，社会に埋め込まれた学として現代社会に適合しそうな外観を呈している。しかし少なくとも現行バージョンの臨床社会学には，社会に埋め込まれた学としての実践上の困難が立ちふさがっている。すなわち素朴な「当事者と共に」主義では，オウム真理教教団をクライアントとする思考実験が示すような，多元的な価値を生きる者たちの間の侵害問題に対処できないのである。

　そこで，臨床社会学の新たなスタイルを求める方法的な発見の作業が必要になる。ここで用いる方法は，さまざまにありうる可能な社会像のなかにある実践体系を埋め込み，この思考実験的な埋め込み状況のなかでその実践体系が進化する像を描く，という仮想の進化実験である。本稿ではこの方法論を用いて，極限的なまでにリベラルな社会の理念像を描き，この可能的社会像に臨床社会学を埋め込んで，そのなかで適合的に進化してあらわれうる新バージョンの臨床社会学の像を描く。これは現時点での臨床社会学の困難を克服する新たなスタイルを発見するための，策出法(heuristics)である。この思考実験から得られ

たスタイルは，①共存条件確保水準と，②個別の善の追求水準という２水準に区分したモデルの臨床社会学である。このバージョン・アップした臨床社会学は，上記２水準区分により，これまでの臨床社会学の問題点を克服する。本稿で提出した２水準区分モデルの臨床社会学は，これからの臨床社会学の有望な候補たりうる。

II　社会病理学と臨床社会学の何が問われるのか

　社会病理学と臨床社会学の意義を問うとき，まずつぎのことを念頭に置く必要がある。ニーチェは，記す。「あることの発生の原因と，そのことの終局の効用，その実際の使用，ならびにそれを目的の体系へ編入することとは，『天ノ幅ホドニモ』かけ離れている」。なんらかの発生したものは，その環境となる他のアクターたちとのせめぎあいのうちで，「あたらしい意図をめざすものとして解釈され，新たに差し押さえられ，新しい効用を発揮するように作りかえられ向け変えられる」。かつてあったものは，現在と同じ名前でよばれてはいるが，新たに解釈・修正され，別の意味あるいは働きを刻印され受け持たされている[1]。

　社会病理学や臨床社会学にかぎらず，さまざまな歴史を有する学知や概念の過去は，現在の感覚からは「野蛮」な印象をうけることがある。しかし多くの場合，実践的に意義深く用いられてきた概念ほど歴史とともに変貌を重ねており，その名の出発点を現在の姿とかさね，その起源でもって現在の学を批判することはできない。批判は現在についての批判であるべきであり，「野蛮」な過去を引き合いに出すにしても，新たな機能の刻印による変貌が十分ではない現在が問題になるのである。

　社会病理学にせよ臨床社会学にせよ，その名がはじめてあらわれた段階においては，現在の社会学からは奇異なものであった。問われるべき点は，実践的に有意義な変貌を遂げているかどうかということである。このような観点から，

社会病理学と臨床社会学を検討してみよう。

Ⅲ 社会病理学の凋落

　社会病理学の名は社会有機体説との関連で出現し，有機体モデルを脱した後も，好ましからざる社会現象や望ましいとされる特定の社会的秩序化の欠如（社会解体）を，病気のメタファーで扱う学問としてその歩みを続けた。この名はリベラル・デモクラシーを掲げる先進諸国では不利な歩みを余儀なくされるであろうことは，容易に想像がつく。政府や軍や地域コミュニティが特定の価値セットを強制する共通善の社会から，戦後憲法のもとで西側先進諸国の一員となった日本でも，この（他人の生や社会化の形式を「病気」扱いする）スタンスはかなり分が悪いものである。

　大橋はすでに1958年の『社会学辞典』（有斐閣）「社会病理学」の項で，上記の分の悪さを認めつつつぎのように記している。「そのような試み〔社会病理学の語を避け別の語に置き換えること（内藤）〕がなされる理由のひとつとしては，『社会病理学』という語が古い社会有機体説の残滓を印象づけるという点があげられる。しかし，そうした動きにもかかわらず，暖簾はやはり強固であり，こんにち『社会病理学』の名はいっそう人びとに親しみやすいものとなりつつある」[2]。

　もちろん歴史はこの期待をかなえなかった。それから35年後，1993年の『社会学辞典』（有斐閣）「社会病理学」の項で，宝月はつぎのように記す。「1950年代なかば以降，アメリカでは社会病理学の名称はほとんど用いられず，それに代わって社会問題論や逸脱行動論が一般的になっている」[3]。日本においても，日本社会病理学会の会員の変遷をネガティヴにとらえるか存続していること自体をポジティヴにとらえるかは主観の問題だが，隆盛とはいいがたい。

　時間は十分あったはずである。この間，社会病理学に新たな意味や機能を刻印づける有効な努力がなされてきたのだろうか。少なくとも戦後においてほと

んどの論者は,「何が病理か」を一概に決めることができないという難点,あるいは取り組むべき課題を指摘する[3)4)5)6)7)8)9)10)]。しかし,課題を指摘した後の「病理」概念変更作業は成功したとはいいがたい。

　以下ではまず,さまざまな論者による社会病理概念あるいは社会病理学の位置づけ論をとりあげる。つぎにそのそれぞれについて検討しながら,「病理」の学としての社会病理学が,現代社会に埋め込まれた学として存在の余地がなくなってしまうことを示す。。

　A・大橋は上記1958年の『社会学辞典』で,社会問題的観点の段階→社会病理学的観点の段階→社会解体理論の段階という,不適応現象研究の３つの段階を示し,実質的には社会解体理論にとってかわられているが,社会病理学という名前が「暖簾はやはり強固」という仕方で残り,その社会病理学に期待することはできると主張する[11)]。また岩井は,『社会学講座　16　社会病理学』の序論で,何をもって病理とするかの相対性を強調しながらも解答を保留し,常識の枠内で病理とされるものをテーマとすると宣言する[12)]。

　B・[大橋・米川,1985]では,[大橋,1958]の３段階説は修正され,社会病理学→社会崩壊論→価値葛藤論→逸脱行動論・レイベリング論の４期説が提出され,社会病理学をそれらの理論的諸視角の総称概念とすることが提唱される。また彼らは,社会的異常の概念が内容的に同一の社会的逸脱という概念に取って代わられている現状を嘆きつつ,「社会的異常の概念はきわめて重要であり,簡単にその使用をやめるわけにはいかない」と断定する。そして社会的異常概念と社会的逸脱概念とのこの内容の同一性を話題にした後の論議で,社会的逸脱を,全体社会に普遍的に妥当する規範に対する逸脱と概念規定することを提案する。また彼らは社会病理学を,生活機能の障害という基軸から問題となる現象を扱う学問であるとする[13)]。

　C・それに対して星野は,何をもって生活障害とするのかは相対的であり,また機能主義的な特殊アプローチを社会病理学全体に押し広げるべきではないと主張する。その星野自身は相対主義的検討の後に,当事者の感覚に着目し

「ある社会で，多くの人びとに共通して，あるいは一定の属性をもつ人びとに共通して，生活障害を引き起こしたり，逸脱に向かわざるを得ないようにしむけたりする，と感じられる社会的刺激，相互作用，装置と，その結果として生ずる社会現象」を社会病理と定義する[14]。

D・米川は，「一定の社会単位――さまざまな地位にある個人，集団，地域社会，文化体系，全体社会等――において望ましいとされている価値の損減ないし侵害が，当の社会単位もしくはこれと関係する他の社会単位から，ある種の特殊的な社会的反応――改善，改良，救済，治療，罰，制裁等々や，これらを求める運動など――を惹起する程度でもたらされた」機能障害と逸脱を，病的と定義する[15]。

E・宝月は，研究者自身が実体主義的に病理を想定する方法を捨て，当事者による病理視をめぐる政治的なせめぎあいを研究対象にしたり，研究者自身による病理感覚を研究の方向性を示す感受概念として活用したりするスタイルを示す[16]。また宝月と大村は，社会病理を定義する場合に「自己の立場の明確な表明」を要請する[17]。

F・仲村は，既存の社会病理学を激烈に批判しつつ，マルクス主義的な「あるべき」社会像との距離によって現存の社会そのものを病理とみなす[18]。

上記の諸説を検討してみよう。

AおよびB・「暖簾はやはり強固」[19] という発言は既成事実を援用する政治的な主張であるが，この言語行為(説得)は「暖簾」に人気がないことが判明すると逆の政治的効果(「暖簾」を廃棄する方向への説得)をおよぼしうる。〔岩井，1973〕も，「問題はあるが講座を出すという既成事実に従いましょう」という含意で「常識の枠内」に飛躍するのであるが，「常識」にしたがって逆の帰結(問題があるのだから講座を中止する)を導き出すことも可能である。また〔大橋・米川，1985〕も，精緻な議論と「きわめて重要」という迫力による説得が混在したものになっている。

AおよびB・〔大橋，1958〕〔大橋・米川，1985〕では，3つ(大橋，1958)や

4つ(大橋・米川，1985)の学的領域からなる全体集合のうちの一要素である社会病理学の名を，他を含める総称概念(あるいは暖簾)に転用することで，社会病理学の大領域を確定している。この説だけでは，その総称概念の候補が他のものや，その3つや4つに含まれないものでもかまわないという可能性を排除できない。さらにいえば，(きわめてトリッキーな例外を除けば)通常の概念操作においては，要素を全体の名にすることは論理整合的ではない。たとえばイヌやネコやヒトといった集合を総称するのはその集合の外部の名である動物であり，ヒトやネコやイヌの集合をネコという名で総称するのは間違っている。それと同様に，社会病理学を，社会病理学と社会崩壊論と価値葛藤論と逸脱行動論・レイベリング論の集合の総称概念として用いるのは不適切である。

　B・[大橋・米川，1985]は，社会全体に普遍的に妥当する規範を社会的逸脱の基準にする。彼らによればこの社会的逸脱概念は社会的異常概念と内容が同一であるから，上の基準を論理的に社会的異常の基準でもあると受けとめることができる。そして社会病理概念は，この異常概念に基づくと考えられる。しかしこのように概念規定された異常および病理の概念が，たとえば，金王朝治下の北朝鮮にあてはめることができるかといったチェックに耐えうるかどうかは，疑問である。また，社会全体に普遍的に妥当する規範がほとんど存在せず，さまざまなタイプの相互に矛盾する規範群がそのときどきで状況的に作動したり作動しなかったりしている可能性は大きい(たとえば，死刑執行人や兵士は正しく人を殺し，一昔前の医者は癌患者に癌ではないと正しく嘘をつく)。この場合人びとは，普遍的に妥当する規範にしたがって生きているのではなく，雑多な規範群を活用するethnomethods[20]を実践的に身につけていると考えることもできる。

　CおよびD・[星野，1999]と[米川，1986]の病理概念規定は，蒼古的な病理実体主義を脱し当事者主義に傾く現代的タイプである。しかしこれにも困難な問題がある。[星野，1999]のように「多くの人」をつけ加えれば，病理概念は限りなく大衆の気分に迎合するものになる。たとえば「多くの人」が

第10章　社会病理学の終わりと，自由な社会の構想……

「ムカツク」と感じるソクラテスが病理的存在とみなされ，ソクラテスを殺す群衆は病理的ではないことになる。それに対し［米川，1986］は，「多くの人」を捨てた分散的な概念規定を行なう。米川のこの定義がもっとも明晰で首尾一貫している。しかしこの完成度の高い概念規定は，「病理」というよりも，「当事者によるリアクション付随的な問題化」についての概念規定となっている。この操作的な定義に従えば，オウム教団でサリンをまくのを拒否した信徒は「病理」的ということになる。これは「当事者によるリアクション付随的な問題化」とよぶのがふさわしく，すでに「病理」という語の適用範囲をはるかに超えてしまっている。

　当事者たちが相互にリアリティが不透明なままに星雲状に分散した生ときずなのスタイルを生きる社会状況であればあるほど，当事者主義の病理判定は限りなく分散する。「病理」という概念がこの分散に耐えうるかどうかは，きわめて疑わしい。

　E・［宝月，1993(a)(b)］は，辞典項目であるにもかかわらず，病理の定義をいっさい行なっていない。ただささまざまな当事者がさまざまな社会現象を病理とする見なし方を論ずるのみである。そして彼は，病理は研究デザインを導く「感受概念」であるとする。これは無理のない学問的に正しい論理であるが，学問内概念としての病理概念の放棄を意味する。なぜなら，この感受概念は，学問的命題として主張される内容ではなく，学問的命題の外の領域から研究を導くものであるからだ。これは，研究を導くという意味で価値をきわめて重視しながら，これを学問的な主張として提出してはならないとするウェーバーの価値自由説[21]の「価値」の部分に「病理」を代入したような論理構造になっている。

　F・［仲村，1967］の批判的主張内容は現在の社会学ではありきたりのものであり，積極的主張内容はほとんど歴史によって却下された。21世紀に生きる者は，仲村が執拗にやり玉にあげる社会病理学者がせいぜい歴史に冷たくされた程度であるのに対して，仲村の夢が歴史によって完膚無きまでに破砕された

ことを知っている。ただ，自分が生きている社会の外に立つ「かのような」彼の思考法から，可能性を引き出すことはできる。あたかも社会の外に立つ「かのように」社会そのものの存立の原理をさまざまにモデル化し，そのモデル群を比較対照しながら，臨床的な現場に突き刺し問題をえぐり出す研究者のスタイルが，臨床社会学者が「クライアントの便利屋＝精神なき専門人」になること(次節参照)を防ぐであろう。

　以上さまざまな論者による社会病理学および社会病理概念の位置づけ論を検討した。社会病理学は古い版[22]のままでは現代の学として存立できない。さりとて現代的な学として多元主義・当事者主義と整合的にバージョン・アップしようとすると，どうしても「病理」という概念枠が使用不能なものになってしまう。つまり社会病理学には，現代社会に埋め込まれた学としての存在の余地がないのである。つぎに臨床社会学の検討に移ろう。

IV　臨床社会学の可能性と問題点

　臨床社会学(clinical sociology)はその1920年代の出発点においては，医学部の学科として構想されたり，パーソナリティ研究に焦点づけられたりするものであった[23]。しかし現在においては，"clinical"から医学的な意味は抜け落ち，その焦点もパーソナリティに限らぬ広いスペクトラムを有するようになった。

　『臨床社会学ハンドブック』[24]のなかの詳述箇所[25][26]によれば，臨床社会学は，社会的環境のなかのクライアントと共同作業的に行なう，社会学的思考を駆使した，評価と介入の実践体系である。

　フリードマン(Freedman, J.A.)によれば，この実践体系はつぎのように特徴づけられる領域とされる[27][28]。

1．実践指向
2．ケーススタディに焦点を置く
3．個人，集団，組織およびコミュニティを援助する

第10章　社会病理学の終わりと，自由な社会の構想……

4．診断的
5．変革指向
6．ヒューマニスティック
7．個人がうまく機能するのをさまたげている社会的要因を理解する試み
8．クライアントによる問題のとりまとめを超えて，その機能に影響を与えている他の要因，とくに広範な社会の傾向を考察する
9．社会学的想像力といった批判的な社会学的伝統による洞察の活用
10．行動変容や成長を導く
11．リベラルでシニカルあるいはラディカルな問いをもつ傾向

　臨床社会学は問題解決指向であり，問題の在処(ありか)を指示する評価と問題解決をめざす介入を行なうわけであるから，それは価値を含む。臨床社会学は，前節で社会病理学につきつけられたような価値をめぐる難問をどのようにかいくぐるのであろうか。

　サンダース[29]によれば，臨床社会学ではクライアントと臨床社会学者が共同作業的に問題とその解決法を発見し，この発見と介入をスパイラルに循環させながら，問題解決のプロセスが進行する。このとき問題化や解決指向を導く価値は，すべての人に当てはまるものとは考えられず，個別的な当事者の個別的なプロセスのなかで機会的に足場とされるものである。たとえば，クライアントと臨床社会学者が関わり合う共同作業のなかで暫定的に，あるいはチャンスとしてある価値 x が見出される。双方はそれを足場にして共同作業を進め，その過程でさらなる社会的ダイナミズムが生じ，そのダイナミズムのなかで最初の価値 x が価値 y に変貌する。臨床社会学者はクライアントとともに，このような機会的な価値にコミットする。

　このような臨床社会学のスタイルは，① さまざまなアクターにより多元的にさまざまな価値が生きられる先進国型のリベラルな社会に適合しており，② 社会防衛というよりはさまざまなアクターがクライアントとなり，クライアントがよりよくなろうとする内発的な動きに合の手をさしのべるというスタイル

になっている。

　しかし臨床社会学は(これだけでは)その基軸にある当事者主義のゆえに，多元的な価値同士の対立・侵害問題に対処できない。たとえばある臨床社会学者が，メンバーは企業や学校への参加をアイデンティティの基盤にすべきだとするアクターを午前の仕事のクライアントとし，同じ企業や学校がメンバーに人格の根底まで「売り渡す」ことを強いるアイデンティティ強制を阻止しようとするアクターを午後のクライアントとする場合，「精神のない専門人」[30]として「クライアントの便利屋」になる以外に彼はどうすればよいのだろうか。また臨床社会学者がオウム教団をクライアントとする場合を想定してみよう。オウム教団のメンバーたちが「よりよくなろうとする内発的な動きに合の手をさしのべる」臨床社会学者は，当事者主義の機会的な価値を足場にして，共同作業的に「逸脱者」を殺したりサリンを撒いたりするのを援助するかもしれない。

　この難問を解くためには，臨床社会学の新たな意味づけと展開が要求される。結論的にいえば本稿では，臨床社会学における評価や介入を，① さまざまな価値あるいは善い生のスタイルを生きるアクターたちが他を侵害することなく共存しながら成長していく環境条件を設定・維持するための評価や介入の水準と，② さまざまなアクターがそれぞれの価値あるいは善い生のスタイルを追求するのを援助するための評価や介入の水準という，2つの水準に分けることを提唱する。このことにより上記の問題が解決するのみならず，臨床社会学はさらに洗練され完成に向かう。

　この2水準区分は，リベラリズムの社会構想から引き出される。臨床社会学は自由な社会の構想に位置づけられ，新たな意味あるいは働きを刻印されることによって，上述の問題点を克服しうる。

V　自由な社会の構想と臨床社会学

　臨床社会学は，(社会学と同様に)論者の数だけあるといっても過言ではない

第10章 社会病理学の終わりと,自由な社会の構想……

ほどさまざまにありえ,それらが社会状況のなかで変異しつつ淘汰されていく。それは有効に実践的たるべき知の領域の必然であるといってもよい。さまざまなありうる臨床社会学のビジョンが,その置かれた社会のさまざまな力のせめぎあいのなかで意味あるいは働きを刻印されながら方向づけられ,淘汰され進化していくのである。いかなる社会に埋め込まれるかが,臨床社会学が繁茂するか凋落するか,あるいはいかなる形をとるかを規定する。たとえば,もし第2次世界大戦でドイツと日本が勝っていたとすれば,または将来,先進諸国が共同体主義に席巻されるとすれば,前述の社会病理学の難点は逆に利点となり,ハンドブックで紹介される臨床社会学は別の姿をとっているであろう。

　臨床社会学がいかなる社会に位置づけられるかによって姿をかえるとすれば,逆に未完の臨床社会学をさまざまな社会像のモデルに埋め込む思考実験によって,進化のシミュレーションを行なうことができる。以下ではひとつのありうる自由な社会の構想に埋め込むしかたで,ひとつのありうる臨床社会学の像を浮かび上がらせる。この社会像は価値を含む。このような価値的世界のなかにあるとすれば,臨床社会学はいかなるものとして進化するであろうかというシミュレーションを行ない,そこから生み出されたスタイルを,もう一度現実に引き戻し,現実の臨床社会学の新たな発展に役立てるのである[31]。

　なお筆者は「たまたま」リベラリズムに価値コミットをする者であるが,価値的に描き出した社会像のなかに臨床社会学を埋め込むシミュレーションはその社会像に反対の価値コミットをする者にも,論理的に追尾可能なものとなっている。もちろん価値的に描き出した共同体主義の社会像(たとえば,右翼や左翼の描く理想社会)に社会病理学を埋め込むシミュレーションもまた可能であり,リベラリストがそれを論理的に追尾することもできる。その意味で,このような作業は学的普遍性を有する。

Ⅵ　自由な社会についてのひとつの理念的な像

　筆者は拙著『いじめの社会理論』の第8章「自由な社会の構想」で，自由な社会についてのひとつの理念的な像を描いた[32]。以下では，その輪郭の一部を紹介する。

　すべての人にとって望ましい一種類の生のスタイルやきずなは存在しない。現実の人間の姿はつぎのようなものである。Aさんにとって「このおかげで生まれてきてよかった」と思えるすばらしいものは，Bさんにとっては醜悪きわまりない。Bさんが命がけで守ろうとしている価値は，Cさんにとってはおぞましい野蛮人の習俗である。Cさんにとっての幸福は，Dさんにとっては退屈な牢獄以外の何ものでもない。Dさんが「生きている」と感じるきらめきの瞬間瞬間は，Eさんにとっては底冷えのするようなウソの世界である。
　こういったAさん，Bさん，Cさん，Dさん，Eさん…が，共通の望ましい生き方(共通善)を無理強いされることなく，それぞれにとっての望ましい生のスタイルときずなを生きることができる社会状態が，望ましい社会状態である。
　このような社会状態は放っておけばおのずからできあがる，というものではない。一人ひとりが自由に生き，さまざまな「当事者にとって善い」生のスタイルときずなが殲滅し合うことなく発展を遂げるためには，さまざまな価値あるいは生のスタイルを生きるアクターたちが他を侵害することなく共存しながら成長していく環境条件を設定し，維持していかなければならない。この共存のための枠あるいは環境条件がいかにあるべきかという水準と，上記AさんBさんCさん…たち「当事者にとって」いかに善い生や絆のスタイルを生きるかという水準は別のものである。さまざまな善い生が共存しながら成長するための枠は，個別の善い生とは区別された水準にある理念的実在であると信憑されていなければならない。この自由の枠は，単に信憑された理念としてだけでは

なく，制度的枠組みとして具体的に現実化され，人びとが社会生活を送るうえでのインフラストラクチャーとして機能している必要がある。このインフラのもっとも基本的な役割は，他のスタイルを生きる人に対する侵害を禁止し，個人の選択と移動の自由を実質的に保障するといったことだ。

リベラリズムによる政策は，構造的な力関係によって人格的な隷属を引き起こしやすい社会領域（学校・会社・家族・地域社会・宗教団体・軍隊…）に対して，個の自由と尊厳を確保しやすくするための制度的な仕組みをはりめぐらせる。また人びとがさまざまなライフチャンスにアクセスする権利を保証しなければならない。そのためには最小国家では不十分であり，中程度の規模の政府による積極的な介入が必要になる。この自由のインフラは強制的なものを含んでいる。とくに侵害的なアクターに対しては公権力による厳しい制圧を行なう。

自由な社会では，互いに相容れない多様な生のスタイルを生きる人たちが，平和に共存しなければならない（他人への迫害は厳しく禁止される）。だから職場や学校や地域で，肯定的にうけとめることができない別のタイプの生を生きる人たちが存在しているのを，いつも目にして生きることになる。自由な社会では，このことだけは我慢しなければならない。

それに対して特定の共同態が強いられる場合，特定の生や絆のスタイルが共通善として強いられ，それ以外の多様な生のスタイルが絶滅させられがちである。そして個々人にはつぎのようなきわめて耐え難い事態が降りかかってくる。

① 自分の好みの生のスタイルを共通善の玉座にすえるための陰惨な殲滅戦。

② 主流派になれなかった場合には，自分の目からは醜悪としか思えない共通善への屈従（へつらいの人生）を生きなければならない苦しみ。

さらには，③「われわれの特定の善なる共同世界を共に生きる」ために自分を嫌いになってまで，その共通善に「自発的」に悦服している「かのように」おのれの人格を加工しなければならない（いわば魂の深いところからの精神的売春を強制される）屈辱と絶望。

こういった共通善の共同態が強制される苦しみと比較して，自由な社会で強

制されるのは，なじめない者の存在を許す我慢（寛容）だけである。「存在を許す」というのは，攻撃しないという意味であって，「なかよくする」のとは違う。むしろ「なかよく」しない権利が保証されるからこそ，「存在を許す」ことが可能になる。

　自由な社会では，攻撃することは許されないが，嫌悪を感じる者とのあいだに距離をとる権利（あるいは生々しいつきあいを拒絶する権利）が保証される。自分にとって醜悪な者が大手を振って生きているのをみることに耐えなければならないだけで，自分がそのスタイルに巻き込まれる心配はない。この安全保障が，人間社会に絶えず自然発生し続ける憎悪と迫害の力を弱め，一人ひとりが自分なりのしかたで美しく生きる試みを可能にする。

　自由な社会では，魅力と幸福感をメディアとする淘汰によって，一人ひとりにフィットした自己と絆のスタイルが洗練され進化していく（自己と絆のセットのスタイルを，生のスタイルとよぼう）。

　自由は，人間の尊厳を支える重要な価値のひとつであると同時に，各人にとっての十人十色の高貴さ（それぞれの生のスタイルの完成度の高さ）を可能にする成長促進的な生態学的環境条件でもある。自由な社会のインフラストラクチャーによる環境の作用は，さまざまにありうる生のスタイルの淘汰媒体から暴力や囲い込みを排除し，淘汰媒体が魅力と幸福感に限定されるように誘導する。このリベラルなインフラストラクチャーによる環境の作用（メディア限定作用）は，単に迫害や囲い込みを排除する効果があるだけではない。このインフラ条件が可能にする自由な生活環境のなかで，幸福を追求する人びとが新たなスタイルを工夫したり，模倣したり，「いっしょにやろう」と誘惑したり，失望して撤退したりする試行錯誤の積み重ねによって，多種多様なきずなと自己のスタイルが生成し，洗練され，繁茂する（生のスタイルの試行錯誤的な交錯による多様化と洗練）。

　魅力と幸福感による淘汰の場合，ある時点で淘汰のハードル（複数）を通過した生のスタイル（複数）が試行錯誤的に交錯し，さらなる生のスタイルの多様化

第10章　社会病理学の終わりと，自由な社会の構想……

と洗練をもたらす。このことによって，より高い魅力の基準(複数)が多様に分岐・創設され，つぎの時点での第2次淘汰の際には，第1次淘汰を通過した生のスタイルがふるい落とされる。この第2次淘汰のハードル(複数)をくぐり抜けた生のスタイル(複数)の試行錯誤的交錯が，さらに新しい多様化と洗練をもたらし，さらに高い魅力と幸福感のハードルを分岐・創設し……，という繰り返しが続く(ただし洗練と多様化に限りがないわけではない。魅力と幸福感による淘汰をくぐり抜け続けた馴染みの生のスタイルは，「いくたび生まれかわっても，こういう生き方をしたい」といったものになりがちである)。

　このように，魅力と幸福感による淘汰は，生のスタイルの選択肢空間をますます複雑で魅力的で贅沢なものにしていく。このことは愛や信頼や倫理や快楽やきずなに関する，洗練されたスタイルの享受可能性の増大を意味する。生のスタイルを自由に選べる人間は，高貴さや美や愛やきずなの質に関して贅沢になり，自己の尊厳の感覚が染みつき，完成度の低いものをますます愛さなくなる。こうして人間世界と人格は多元的に洗練されていく。

　これは，市場競争のような印象を与えるかもしれない。しかし問題は，① 何が淘汰されるのか(淘汰単位)，② 何によって淘汰が起こるのか(淘汰媒体)，③ 淘汰の受益者は誰か(受益主体)ということである。自由な社会では，淘汰されるのは個々の人間ではなく，自己やコミュニケーションやきずなのスタイル(生のスタイル)である。この淘汰は魅力と幸福感を媒体とする。多様な生のスタイルがこのメディアを通じて淘汰され進化する。この淘汰の受益者は，磨き上げられたスタイルを享受しながら多様に成長することができる自由な個々人である。

　このように生のスタイルの完成度を高めていくことは，自分に馴染んでいくことでもある。たとえば自分はなにが好きでなにが嫌いか，なにを愛しなにを憎むか，どんなときに幸福でどんな場合に不幸か…，といったことがぴたっと身についている。それにしたがって動いていると的確に幸福感がわいてくる。こういう状態を，自分に馴染んでいる状態とよぶことができる。自分に馴染ん

だ生活をしているとき、その人は幸福である。

　自分が感じる魅力や幸福感によって、対象との距離の調節を自由に繰り返すことで、自分(が対象とともにある馴染みの存在様式)がわかってくる。こういう距離の調節の繰り返しは、自分を知る旅のようなものだ。

　行政は、さまざまな生のスタイルやきずなユニットの魅力による淘汰と進化と多様化が十全に展開するような生態学的な大枠としての、自由な空間を設定したり維持したりする役割を担う。これを個々の要素の形態や振る舞いを指定しつつ組織する通常の設計に対して、生態学的な枠の設計、あるいは生態学的設計とよぼう。

　この大枠のなかで、どのような善い生やきずなや「人間像」が発生し、展開し、多様化するかは、生態学的環境設計者にもわからない。むしろ環境設計者としては、何が善い生であるかを追求したり指定したりしてはならない。行政は、さまざまな生のスタイルやきずなユニットの生態学的布置が、囲い込みや脅しや不安によってではなく、人びとが魅力と幸福感による試行錯誤を繰り返した結果であり、また魅力と幸福感による将来の展開可能性に開かれているのであれば、「それでよし」とする。

　このように、魅力と幸福感を媒体として人間の不透明な豊饒化を可能にする自由の環境秩序を、細心の注意を払って保持するのが、生態学的環境設計者としての行政の仕事だ。行政は、生のスタイルの自由な試行錯誤を生きるためのチャンスを万人に提供する責任を有する。たとえば行政は、街を、さまざまな生のスタイルの異種交配が生じ、多様な新種が地に満ちるような誘惑空間と化する都市計画を行なう。

　行政がこれらの責任を十分に果たしているかどうかが、選挙の大きな争点となる。行政は、いわばさまざまな生のスタイルやきずなユニットが共存する自由の雑木林[33]の多様性を守るエコロジストとしてちゃんと働いているかどうかを、市民によってチェックされる。市民はその仕事ぶりをチェックしながら、市民運動から選挙による「裁き」にいたる、さまざまな介入を行なう。この介

入が活発になされなければ，行政はよい仕事をすることができない。自由な社会のための生態学的設計主義は，活発な民主主義によって支えられる。

Ⅶ 臨床社会学の2つの水準

　上では，理念的にひとつのありうる自由な社会の構想を示した。そこでは，何が善い生や善いきずなであるかの多元性と不透明性，そしてさまざまな異なる善を生きる者たちが他を侵害することなく共存することがきわめて重要なものとされる。したがって行政あるいは公的部門は善に関する指定や強制を一切行なわないだけでなく，共存の条件を維持するために強制を含めた積極的な介入を行なう。この介入のためには，旧来の介入以上にさまざまな現場を熟知する必要があり，そのために現場のフィールドワーク的あるいは臨床的な知が必要不可欠となる。

　こうした大枠の設定や維持をめざす介入のために臨床社会学が用いられる側面を考えることができる。それは，① さまざまな価値あるいは善い生のスタイルを生きるアクターたちが他を侵害することなく共存しながら成長していく生態学的な環境条件を設定するための評価や介入の水準である。

　それに対して，② さまざまなアクターがそれぞれの価値あるいは善い生のスタイルを追求するのを援助するための評価や介入の水準を別に考えることができる。この水準では，臨床社会学者は，何が善い生であるかを追求するクライアントに伴走するという意味で，何が善い生であるかに積極的に関わらなければならない。

　この2水準モデルを前提にして，上記 ① の水準(共存条件確保水準)を ② の水準(個別の善の追求水準)の規制条件とする臨床社会学およびその実践上の制度(臨床社会士)を考えることができる。ここで ②の水準だけであれば，臨床社会学者はオウム教団をクライアントとして，信徒がサリンを撒くのを拒否する「機能障害と逸脱」を「解決」しようとするかもしれない。しかし，①

の水準を②の水準の規制条件とするタイプの臨床社会学であれば，このような問題は生じない。2水準モデルの臨床社会学に基づいた臨床社会士の制度があるとすれば，彼は臨床社会士の資格を剥奪されることになる。またメンバーの人格を包摂しようとする企業や学校をクライアントとする問題に対して，臨床社会学者はつぎのように対処することになる。すなわち，企業や学校がメンバーの人格的傾向に強制力をおよぼすことは①の水準で禁止されるので，臨床社会者は昇進や給料や成績認定や「針のむしろ」状態と完全に切り離される保証がないかぎりは仕事を請け負うことはできないという条件を，企業や学校を共同体化しようとするクライアントにつきつけることになる（このような保証は実質的には不可能に近い）。

　ここで重要なことは，オウム教団や会社（学校）共同体主義者のめざす特定の善い生やきずなが「悪い」がゆえに協力を拒否するのではなく，さまざまな人びとが魅力と幸福感に導かれてさまざまな善い生やきずなを求めて生きる共存の条件を破壊するがゆえに[34]協力を拒否するのである。死んだり，貧乏になったり，「針のむしろ」に座らされたり，路頭に迷ったり，落第したりする可能性で脅しながら，他人に特定の善い生やきずなのスタイルを強制することはできない，あるいは，善い生やきずなのさまざまなスタイルたちの，自由な社会での生態学的なせめぎあいにおいては，あくまでも魅力と幸福感でのみ勝負しなければならない，というのが①の水準（多様な善い生の共存枠の水準）の規準である。

　以上のように，①共存条件確保水準と，②個別の善の追求水準を区別し，①を②の機制条件とするタイプの臨床社会学は，第Ⅳ節で示した従来の臨床社会学の困難を克服している。この2水準モデルの臨床社会学は，これからの臨床社会学の範型として適合的である。

注
　1）Nietzsche, F.W., 1968〜: *in Nietzsche-Werke, Kritische Gesamtaussgabe* (Ⅰ〜Ⅷ

Abteilung), herausgegeben von Giorgio und Montinari, Walter de Gruyter, Berlin, New York.（秋山英夫訳『ニーチェ全集第2期第3巻　道徳の系譜』白水社，1983，pp.92-95）
2）大橋薫「社会病理学」『社会学辞典』有斐閣，1958.
3）宝月誠「社会病理学」『社会学辞典』有斐閣，1993(b).
4）仲村祥一「社会病理学の現代的課題―体制病理学の試み」宝月誠・大村英昭・星野周弘編『リーディングス　日本の社会学　13　社会病理』東京大学出版会，1986.
5）岩井弘融「序論」岩井弘融編『社会学講座　16　社会病理学』東京大学出版会，1973.
6）大橋薫・米川茂信「方法としての社会病理学」大橋薫・高橋均・細井洋子編『社会病理学入門』有斐閣，1985.
7）宝月誠・大村英昭「概説　日本の社会学　社会病理」宝月誠・大村栄昭・星野周弘編『リーディングス　日本の社会学　13　社会病理』東京大学出版会，1986.
8）宝月誠「社会病理」『社会学辞典』有斐閣，1993(a).
　　宝月誠，1993(b)，前掲書.
9）米川茂信「成熟社会の概念と病理認識の枠組み」米川茂信・矢島正見編『成熟社会の病理学』学文社，1993.
10）星野周弘『社会病理学概論』学文社，1999.
11）大橋薫，1958，前掲書.
12）岩井弘融，1973，前掲書.
13）大橋薫・米川茂信，1985，前掲書.
14）星野周弘，1999，前掲書.
15）米川茂信，1993，前掲書.
16）宝月誠，1993(a)(b)，前掲書.
17）宝月誠・大村英昭，1986，前掲書.
18）仲村祥一，1967，1986，前掲書.
19）大橋薫，1958，前掲書.
20）Garfinkel, H., 1967, *Studies in Ethnomethodology*, Prentice Hall.
21）Weber, M., 1904, "Die 》Objektivitat《 sozialwisssenschaft und sozialpolitischer Erkenntnis," *Archiv für Sozialwissenschaft und Sozialpolitik*, Bd 19.（富永祐治・立野保訳，折原浩補訳『社会科学と社会政策にかかわる認識の「客観性」』岩波書店，1998）
22）〔四方壽雄「社会病理現象認識の立場」四方壽雄・山口透・藤田弘人編著『現代の社会病理学』学文社，1988.〕において，四方は「主なる社会病理現象を概括すれば，次のごとくになる」として，3ページにわたるリストを，過去形ではなく現在形で提示した。そのなかには，次のような項目が含まれている（現在差

別表現とされている語もそのままのかたちであげる)。

　売春，性的逸脱，同性愛，フェティシズム，不道徳，悪徳，悪い習癖，堕胎，精神障害(精神分裂，精神薄弱，偏執狂，性格異常，ノイローゼ)，身体障害，疾病，悪性遺伝，性病，貧困，要生活保護，不就学，長期欠席者，年少労働者，大衆運動，異議申し立て，反対運動，ヒッピィ運動，ウーマン・リブ運動，過激主義運動，テキヤ，アナキズム，右翼・左翼団体，圧力団体，離婚，別居，出稼ぎ，単親家族，寡婦，留守家庭，夫婦交換，婚外性交，嫁飢饉，未婚の母，非摘出子の出産，孤老，隠退者の世帯，小集団，少数異民族，移民の集団，水上生活者地区，少数異民族集合地域(黒人街，ゲットー，中国人街)，歓楽街，退廃地区，低学歴，登校拒否，近隣社会からの孤立化，地域の定住性の減少と移動性の拡大，男女の地位の不平等，差別，労働者と資本家の対立，職業に対する社会的評価の格差(日雇い労働，内職，露店商)，技術革新による技術の急激な変化，新思想の対立，都市化，産業化による生活文化の変化，時代思潮，世論の変化，風俗の紊乱，ポルノ，ストリップショウ，大人のおもちゃ，ブルーフィルム，ポルノ雑誌などの不良文化財の浸透，マスコミ文化の低俗化，大衆消費化，迷信，俗信，既存宗教の堕落と新興宗教の浸透，資本主義社会の社会主義化。

　1988年の出版物で，現代の社会病理学が扱う対象としてこのようなリストがあげられていることは，学術出版物としては奇跡的なことであるといってもよい。(筆者は病理という観点では考えないが)もし仮に四方がいうように「社会病理の問題は，…社会の多数の人びとが不適応現象は悪いこと，改善すべきことであると価値判断し実践的契機をもったとき，現れてくる問題」(四方，1988, p.4)であるとすれば，1988年の学術書で世論の変化や社会運動や低学歴やシングル親家族や同性愛やエスニック・グループやウィメンズ・リベレーションを露骨に「病気」扱いする社会病理学は，四方のリストに入るかもしれない。

23) Fritz, J.M., 1991, "The Emergence of American Clinical Sociology," in Rebach, H.M. & Bruhn, J.G. (eds.), *Handbook of Clinical Sociology*, Plenum Press, pp. 18-19.
24) Rebach, H.M. & Bruhn, J. (eds.), 1991, *Handbook of Clinical Sociology*, Plenum Press.
25) Saunders, B., 1991, "Assessment in Clinical Sociology," in Rebach, H.M. & Bruhn, J.G. (eds.), *Handbook of Clinical Sociology*, Plenum Press.
26) Rebach, H., 1991, "Intervention in Clinical Sociology," in Rebach, H.M. & Bruhn, J.G. (eds.), *Handbook of Clinical Sociology*, Plenum Press.
27) Rebach, H. & Bruhn, J., 1991, "Clinical Sociology-Defining the Field," in Rebach, H.M. & Bruhn, J.G. (eds.), *Handbook of Clinical Sociology*, Plenum Press, pp.4-5.
28) 畠中宗一『家族臨床の社会学』世界思想社，2000, pp.202-203.

29) Saunders, B., 1991, 前掲書.
30) Weber, M., 1920, "Die protestantische Ethik und der 》Geist《 des Kapitalismus," *Gesammelte Aufsatze zur Religionssoziologie*, Bd. 1. (大塚久雄訳『プロテスタンティズムの倫理と資本主義の精神』岩波書店，1989)
31) 価値理念を用いた理念的な像の描き出し法については，[Weber, M., 1904] なども参照．
32) 内藤朝雄『いじめの社会理論』柏書房，2001(a).
33) 森毅『雑木林の小道』朝日新聞社，1983. 雑木林のイメージについて参照．
34) 日本政府は，さまざまな殺人や拉致監禁をくりかえしたあげく地下鉄にサリンを撒いたオウム教団に破防法を適用することなく，組織（アレフと改名）の存続を許した．自由な社会の原理から公権力が共存条件確保に責任を負うと考えれば，破防法どころか（日本にはいまだ存在しない）さらに強力な反テロ法によって，教団を消滅させ関係者をきわめて重い刑で処罰するのが当然である．一方，教団の立ち退き要求のみならず，信徒の転入拒否や子弟就学拒否を求める住民運動が各地で展開した．地方公共団体がこの要求を受け入れることすらあった．報道によれば彼らは，オウム教団（アレフ）が組織的な殺人を行なったことではなく，地域住民に「こころを開か」ず「不安感を与える」ことを，排斥の理由にあげていた．地域住民は，「われわれ」にとって「不気味」に感じられる生のスタイルを排斥しようとする共通善運動を行なったのである．このような社会現象は，政府や地方公共団体をも含めた，日本社会にいきわたる実践的な現実感覚を浮かび上がらせる．君が代斉唱時に起立しない教員が処分され，サリン散布後にオウム教団（アレフ）を存続させている社会は，いったいどういう秩序原理によって支えられているのであろうか．

（本稿は，[内藤，2001(b)][35] に大幅な加筆修正を加えたものである．）
35) 内藤朝雄「自由な社会の構想と臨床社会学」日本社会病理学会編『現代の社会病理』16，2001(b).

第4部

臨床社会学と隣接科学

第11章 隣接科学からの期待：
臨床福祉学の立場から

I 問題意識

　社会的規範を相対化し，自分たちの固有の価値・規範の承認を求め，社会の側の態度の変革を主張するために，ソーシャルワーク実践の場面で取り組まれてきた「当事者組織」の活動や関係者の人たちの福祉実践がある。それは，「病理」を作りだしてきた社会の側の問題を問いながら，「逸脱者」とされてきた人たち，あるいは，短絡的に社会から排除されてきた人たち自身が，みずからの利益を守り，人として「普通の生活」の実現をめざす取り組みでもある。ここには，多様な他者の存在に着目する価値観と多元的な社会を志向する流れがある。もちろん，こうした考え方の背景には人びとの人権を守るさまざまな運動があり，それによって切り開かれてきたものといえる。

　本稿では，痴呆により社会から排除されてきた当事者および関係者が「痴呆とともに生きる」実践へのアプローチを通して，従来の「痴呆概念」の転換と相互作用に焦点をあてたケアの提供が本人にとってより豊かな生活を実現することに結びついてきた点について紹介する。そして，こうした視点からのソーシャルサポートへの歩みがソーシャルワーク実践の価値にどのような影響を与えたのか。今日の社会福祉のパラダイム転換とも関連させて把握するとともに，ソーシャルワーク実践からみた「臨床社会学」への期待について述べることにする。

Ⅱ　社会福祉のパラダイム転換とソーシャルワークの価値

　2000年6月に社会福祉事業法の一部が改正された。厳密には,「社会福祉の増進のための社会福祉事業法の一部を改正する等の法律」である。法律の名称が「社会福祉事業法」から「社会福祉法」に変更したことにとどまらず,国の福祉政策の方向・理念が大きく変化してきたことは確かである。社会福祉の基礎構造にかかわる改革の方向は,すでに1998年に社会福祉審議会から示されていた(「社会福祉基礎構造改革について(中間まとめ)」)。その改正の趣旨には,「個人の尊厳をもって自立した生活を送れるように……」とあり,改正の本来の趣旨は,利用者と援助者との人格的な対等性を認め,それを維持し尊重することを前提に,個々の利用者の状況に応じて,その自主的な問題解決能力を高め,自己実現を支援し続けるという方向である。

　改革の中心点を,より具体的にみると,第1には「措置制度」から「支援費制度」への移行にみられる利用契約制度の導入である。第2は,社会福祉の分野への企業も含めた多様な供給主体の参入である。こうした点からも,社会福祉の基礎構造にかかわる重要な「改革」のポイントは,21世紀におけるわが国の社会福祉のありようを根本から規定し方向づける要素を多分に含んでいることはいうまでもない[1]。しかし,「改革」が打ち出されてきた背景には,これまでの措置制度の運用とかかわって,社会福祉施設・相談機関の責任や住民の福祉サービスの受給権が曖昧であったことがあげられる。また,利用者の「処遇」に関して人権を侵害する実態やその配慮に欠ける事実が存在していたことも事実である。こうした点からも,実施機関である行政との関係において,同時に提供者(事業者)と利用者との関係においても「改革」が問われなければならない課題があったからであろう。

　もう一方では,当事者・関係者の福祉運動や福祉実践の取り組みは,真の意味での自己決定の尊重や利用者と提供者との対等な関係の確立といったコンセ

プトを生み出すとともに，障害者福祉の分野では，自立観を大きく変化させ，これまでの「職業的自立」を第一義とした考え方から「人間的自立」という考え方が広まったことにある。そして，同時に「同一年齢の他の市民と同等の権利の保障をめざす」「住み慣れた地域で安心して暮らし続けたいとの願いを実現する」といったノーマライゼーション理念の具体化を進めてきたといえる。このことが，社会福祉を提供者本位から利用者本位のサービスに転換するということと，情報の開示や苦情処理，成年後見制度，地域生活権利擁護事業といった利用支援システムを構築していく課題を俎上に上らせてきたともいえる。

ところが，社会福祉の基礎構造改革が「自己決定の尊重」と「利用者本意のサービスの提供」を支援するサービスに転換するという時，ここで想定されるサービス利用者像は，「自己の責任において利用すべきサービスを選択し，決定することのできる，そして，その結果についても責任を負うことのできる人」である[2]。しかし，実際の利用者は，こうした「自己決定」と「自己責任」を兼ね備えた人たちとはかぎらない。ここに本質的な論点がもうひとつ横たわっている。それは，社会福祉の固有の対象とは何か，社会保障や他の諸施策とどのような関係にあるのかという点をふまえて把握しておかないと日本の社会保障・社会福祉は限りなく「所得補償の一元化」へと進んでいくことになる[3]。また，社会福祉の対象の広がりは，ともすれば「社会の秩序や規範からの逸脱」ないしは「社会への不適応」の問題としてとらえられてしまうことになる。

国民が社会福祉の基礎構造改革に託した課題は，高齢者の介護保障の問題や子育て支援の対象の広がりにみられるように，一般勤労者階層への社会福祉の対象の拡大を，セーフティネットとして必要とされる社会的共同サービスの広がりとして位置づけ発展させることであった。そして，ここでの「人間観」は近代市民社会がモデルとしたものとはかなり異なった考え方を包含している。つまり，それは，人間の本質的な価値を「自立した個人」から，「協同と連帯」に置くという考え方である。この価値を「現代」という時代の「社会原

理」として探求していこうとする方向にある時,社会福祉構造改革で示されている「自立したサービス利用者像」は逆の方向に位置するものとしてあるのではないだろうか。

Ⅲ 痴呆症の人たちの「心の世界」をどう理解するのか

社会の側から「逸脱者」としてのスティグマを付与された人びとが「病理」を作りだしてきた社会の側の問題を問いながら,自らの利益を守り,人として「普通の生活」の実現をめざす「当事者組織」の活動や福祉実践がある。ここでは,上述した視座からの「社会原理」の探求として取り組まれてきた痴呆症者とその家族の人たちの問題を取り上げる。

さて,筆者自身がこのテーマに問題関心を払ったのは,痴呆老人のいわゆる「問題行動」とよばれるものが痴呆老人と痴呆老人にかかわる人や「モノ」との関係から起こるのではないかという点であった。痴呆老人は何もわからなくなっているのではなく,痴呆症の人たちの内面・心の世界を理解する必要があるのではないかという問題意識から「問題行動」と社会環境要因とのかかわりについての研究を進めてきた[4]。

痴呆症については,外来の診療場面で医療の関係者によって取り上げられることが多いが,痴呆の原因疾患の解明と治療が,生活場面におけるさまざまな「問題行動」や症状を改善していく有効な「処方箋」を必ずしも持ち合わせているわけではない。むしろ,後でも述べるが薬物療法による副作用により,新たな症状をもたらす場合すらある。しかし,今日では,痴呆の原因疾患の解明と治療だけでなく,痴呆のケアのあり方,さらには,「痴呆とともに生きる」生活のあり方が重要な課題として意識されるようになってきた。

ただし,今日のように社会福祉の問題が国民的な課題になり,多くの人びとが「痴呆」「障害」に関心をもつようになっても,痴呆症へのイメージと理解は「痴呆にはなりたくない」「痴呆になるくらいなら死んだほうがましであ

る」という考え方が根強くある。社会福祉を学ぶ学生たちに聞いてみても同じような答えがかえってくる。どうしてだろうか。おそらく，第1には，「問題行動」が介護者を困惑させ日常の介護が大変なものと認識させられてきたからである。第2には，痴呆をもつことによって社会の側から人間性までもが否定されることへの恐怖である。第3には，痴呆症の人たちへのケアのあり方，生活援助の水準がきわめて貧しい内容となって人びとの目に映っていることが拍車をかけているように思う。より人間らしいケアの提供がなされていたならば，否定的で消極的な老いのイメージは払拭されるであろう。そして，こうした一面的な痴呆症に対するとらえ方が痴呆症とその家族を苦しめる一因にもなっており，こうした考え方の転換こそ，今，必要なのである。

　各地のデイケアハウスやグループホームで始まった「痴呆とともに生きる」実践は，彼らが変化していく姿を通して地域における福祉の存在意義を明らかにしてきている[5]。「特別なケアが提供されれば，痴呆になっても，普通の老いのプロセスと何らかわりがない生活ができる」「痴呆になっても人間としての価値にはかわりはない」という認識は，豊かなケアの提供を通して周囲の人たちに，これまでの痴呆のとらえ方を変化させてきているのである。

　ところで，わが国の痴呆老人対策は1970年代に意識されはじめた。初期の頃は精神医療の分野からの対策が着手され，現在では福祉の分野に広がりをみせている。1970年代から1980年代前半までは主に医療的視点に特徴があったが，1980年代後半から1990年代に入ってからの対策は介護問題の相対的自立化にともなって，痴呆対策も介護，ケアとのかかわりをもって提示されるようになった。たとえば，介護と環境，介護と社会資源，介護と社会関係といった広い視点から取り上げられるようになった。また，「当事者組織」として活動を進めている「呆け老人をかかえる家族の会」は1980年に京都，東京に相次いで発足。翌年には，全国で10ヵ所，1000人近くの会員を擁する全国組織へと発展した。そして，現在では36都道府県に支部が結成されている。「会」は，痴呆についての知識の普及や国民への意識啓発，相談・情報提供のための活動，「ミニサ

ロン」「同僚相談センター」，E型デイサービスといった事業を展開するなど，当事者組織の動きも痴呆症対策を前進させていく上での大きな役割を果たしてきている。

このような30年近い期間は痴呆症とその家族だけでなく，社会全体も痴呆とは何か，どのような対応が望ましいのか，まさに模索の時期でもあった。もちろん，こうした痴呆高齢者対策によっても，痴呆高齢者の姿は大きく影響をうけてきたといえる。

Ⅳ 「痴呆とともに生きること」の先駆的な探求

「今聞いたことが分からへんで，もういっぺん聞いてみようか，どうしょうかしらん思うことがありますねん。自分ながら情けないこっちゃ」「忘れるけん仕方ないわねと，こっちが威張っとるわ」。島根県出雲市小山町の住宅街の一角にある「小山のお家」(エスポアール出雲クリニック，老人性痴呆治療・介護施設デイハウス)を初めて訪れたのは，1996年であった。

「小山のお家」は精神科クリニックの付属施設として，1995年に痴呆老人を対象として開設された毎日通所型のデイケア施設である。「小山のお家」がテーマにしていることは，「今」を生きる「居場所づくり」である。本人が自らの苦しみや不安を語り出す場があり，スタッフは痴呆老人の「心と苦悩の世界」を発見する場ともなっている。

「小山のお家」の実践を特徴づけるベースにあるものは，小規模で家庭的な雰囲気があること。しかも，毎日，同じ人たちとの共感的ふれあいがあり，物忘れを認めてくれるところである。ここでは，物忘れがひどくても叱責されることはない。そして，集団精神療法の技法のひとつとしてのサイコドラマを位置づけている。安心できる集団のなかで主役になったり，観客になったりしてドラマを演じ，自らをみつめ自らを表現していくトレーニングを取り入れているのである。ここしばらく，主役体験など経験してこなかった人にとっては，

自分の存在を認めなおす貴重な体験の場となっている。つまり，めいめいが「主役」になって自分の思いや経験をことばにして，周りの人たちはその体験と気持ちを共有し合うのである。こうした試みを通して，自信を失っていた人たちの心が次第に開かれ，表情や行動も穏やかさを取り戻していくのである[6]。

　手記から「痴呆老人とデイケア」より（原文のまま）[7]
　「自分の物わしれに気のつく様になったのは，昨年の夏の頃よりだったと思います。それに気づいたときは想とう悪く成ってから汽づきました。これではこまった事になったと思いました。さびしい気持ちになり精心的に汽がおつました。なんとか良い方に精心的にならないだろうかと大変気分を悪くしました。しかしその内にあきらめがつきました。あまり気にしない様にして良い方に持っていこうと思う様にしています。
　お山に来る様に成ってから大分話し方もわかる様に成りつつあります。自分自身にいい聞かせて頑張る様になろうと思います。（平成6年5月6日）

　そして，スタッフたちは，精神的な混乱状態に陥った痴呆症の人たちの生活史的な背景を含めた全体状況を，また，本人にとってどのような世界がみえているか，どこに混乱の始まりがあるのかをしっかりととらえることに心を砕いている。その上で，痴呆症の人たちの傍らに身を寄せてその精神状態を理解しようとしている姿がある。老い，病んでいく人びとを，一人ひとり大切にしていて，その身体的，あるいは精神的症状をその人格と生活の全体から切り離してとらえることなどはけっして行なわないという基本姿勢がある。そして，単に，医療・福祉の対象としての観察にとどまらず，この時代・この社会を生きる人間として向かい合うという視点が貫かれているのである。
　このような実践を前にして，私たちは，あらためて，これまでの痴呆症の人たちのイメージが一面的なものであったのかを思い知らされる。と同時に，痴呆とは何なのかという問い直しの必要性とケアの意義への着目に心を払うので

ある。

Ⅴ 相互作用に焦点をあてた援助のあり方

　石倉康次は，痴呆症の人たちの「問題行動」について「『問題行動』と説明されるものの多くは，痴呆症に随伴するものではなく，痴呆症に陥ったことの不安や苦しみが直接の引きがねとなっているのではないか。また，生活環境や対人関係のなかにある問題が，痴呆老人を困惑に追い込み，それが『問題行動』を生み出すのではないかと思わせるのである。『問題行動』は痴呆老人の側の問題である場合よりも，痴呆老人にあった生活環境が用意されておらず，痴呆による障害を理解し老人の人格を尊重した社会的対応になっていないことが，まさに，『問題』なのではないか」と指摘している。そして，痴呆老人の「問題行動」の背後には，① 痴呆疾患そのものの進行による記憶障害や見当識障害，② 何らかの不安にとりつかれた場合の精神症状，③ 新たな疾患に罹患した場合や合併症による苦痛，④ くすりの副作用，⑤ 介護者と患者とのコミュニケーションのまずさ，⑥ 変化した生活環境・生活条件等への不慣れ等の諸要因や諸契機が存在していることを明らかにしている[8]。

　こうした知見は，知的発達障害による行動上の問題，パニックとよばれる「問題行動」（生活障害）を理解し実践的アプローチを進める上でも有効である。知的障害の障害特性は，一般的に抽象的な思考や認知の低さからくる適応力の弱さ，コミュニケーションが上手くできず，同じ行動を反復したり，ひとつの物事に固執する傾向があること等が指摘されてきた。そして，「強度行動障害」とよばれる人たちは，ともすれば標準的なレベルからの逸脱のみが「問題行動」として強調され，そのことが障害の特性とされてきている。社会福祉の援助・生活ニーズの把握とかかわって大切な視点は，障害をもつ人たちの生活がこれら「問題行動」とよばれる領域をカバーすることだけで成り立っているわけではないし，他者との関係やおかれている生活環境もふくめてさまざまな

第11章 隣接科学からの期待：臨床福祉学の立場から

要素との関係性で成り立っているとの認識が重要である。もちろん，知的障害がどのような原因によってもたらされているのかということについての理解と，その前提として障害の生物学的基礎を明らかにしておくことは重要である。

いずれにしても，日常的に援助を提供する者の対応が障害をもつ人たちにどのくらい影響し，かつ，どのくらい影響されているのか。疾病や障害をもつ人と援助者の相互作用に焦点をあてた援助のあり方が問われはじめている。

そこで，筆者は，パーキンソン病による痴呆症状を呈した母親を最後まで介護した家族の介護記録から，介護者の側からのコミュニケーション関係の深化の諸段階についての分析を試みた。痴呆老人対策が模索段階にあった時期に家族がまったくの手探りで介護にあたった模様をつぶさに知ることができた5年余りにわたる介護記録であった。

「コミュニケーション関係の深化の諸段階」とは，介護者の側の働きかけによって患者本人がどのような反応をもたらしていくのか。また，逆に，患者本人の言動が介護者にどのような反応と変化をもたらしていくのかという点に分析の視角をあてた。

介護者が「ぼけ」を認め，高齢者と痴呆そのものを受け入れ介護をしていく決意をするまでの過程は，もちろん高齢者自身の状態やそれを取り巻く環境によって異なる。痴呆性高齢者の障害の側面は，その人のごく一部であり，健康な側面も相当保存されていることが明らかになってくると健康な部分を含む，その人全体に目を向けることが可能となる。

介護記録の分析作業を通して，この過程には以下の諸段階が介護者と痴呆老人との双方の関係にあることを明らかにしてきた[9]。

その過程とは，
① 「異常への気づきの段階」：「おかしいな」という思いと「とまどい」「混乱」
② 「怒り，否認，抑うつの段階」：過去の「正常」なイメージとのギャップ。痴呆についての絶望視

③「適応への期待の段階」：適応への期待と介護の試み。身体的・精神的な疲労困憊
④「再適応への努力の段階」：痴呆であることへの正視。対応と認識の見直し
⑤「受容，共働関係の回復の段階」：痴呆とのつきあい方の獲得。共感・共働関係の回復，である。

この過程を簡潔にみてみると「異常」の気づきから「混乱」への段階とその期間は，痴呆の発症原因によっても異なる。たとえば，脳梗塞のように急激だが原因が明らかな疾患については，ショックは大きいものの疾病・障害への受容は科学的な理解とともに相対的にはスムーズに進む。しかし，物忘れやおかしな言動が徐々にあらわれる場合は，家族の戸惑いが大きく混乱の期間も長引くことが多い。とくに，この時期の家族・介護者は起こった事態を客観的に正しく把握することが困難な状態にある。

「怒り，否認，抑うつの段階」では，家族や主な介護者は，「ぼけ」を認めざるを得ないのだが，その人がかつて元気に社会参加していた頃の全体像と重なり，なかなか現実をうけとめることができないという自己矛盾と葛藤に悩むのである。

「適応への期待の段階」は，混乱や心理葛藤のあとの一種の退行期ともいえる。つまり，現実から逃避したいという願望が，時に他の家族や援助者に対しての全面的依存というかたちであらわれる。家族はこの事態をなんとかして切り抜けたいという考えや，再適応への期待をもちはじめるのだが，現実的，具体的行動までに至らない。

「再適応への努力の段階」では，再適応への期待が具体的行動となる。高齢者の問題状況を正しくとらえようとしたり，事態に直面している自分自身をみつめたり，さらには，痴呆に関するさまざまな情報や社会資源についての情報を収集したり，専門機関へのはたらきかけを行なうことになる。このような行動・行為からの手ごたえが，受容への動機づけへとさらにつながっていく。

「受容,共働関係の回復の段階」では,家族は介護を引き受ける用意と覚悟が固まってきている。今後も,痴呆のさまざまな症状のあらわれ方によっては,さまざまな問題や困難が起こりうるが,援助者らの支援をうけつつ解決していく見通しをもつことが可能となる。もちろん,実際の事例では,この過程を順に経ないこともあるし,いくつかの段階が重なることもあるだろう。また,痴呆老人本人の側からのコミュニケーション関係の深化も存在するはずである。筆者は仮説的に,①「問題意識が無自覚な段階」,②「他者に問題を指摘されるが受け入れられない段階」,③「介護者の変化を受けとめかねている段階」,④「自己の状態を了解する段階」,⑤「共感・共働関係の回復の段階」があることを提示した。

こうした,痴呆老人本人の側からのコミュニケーション関係の深化は,「小山のお家」の利用者が「物忘れ」をどのように受けとめ向き合ってきたのか。その過程について文章化されたものからも伺い知ることができる。

「物忘れは物忘れとして居いて,また何かの別の事をかんがえる」(原文のまま紹介)[10]

小汀　婦美(83歳)

　物忘れがひどく,自分ながらこれからどうなるかと心配でたまらない様な毎日がつづいて居りました。物忘れがあっても庭に草あれば,少しでもきれいに草とりに熱中すれば気がまぎれました。小学校の下級の時は物おぼえが良く長くおぼへて居るので,お前には何も話せんとよく祖父に言われました。物の忘れがきにかかり,夜はおそくなるまで眠れませんでした。私はもうこれで何もできなくなのかと悲しく,夜になると涙が流れて困ってしまいました。

　その内,物忘れが少しづつ良くなりましたので,少しづつですけど先にあかりが見える様に成って,間で大分良く成って居る人を見ると,自分もよくなるのだと思う様に成りました。そう思ふと気分も良く成りました。

最近は気分が良くなったためか，物忘れがなくなった様思って居ります。今は始に思った事は忘れ様と思って居ります。
　これからの人生をどげしますだ。いい風が吹いてくれます様にといのって居ります。やっぱり自分が努力をしてがんばって行こうと思います。

（平成 7 年10月 4 日午後 1 時55分記す）

　つまり，介護者の側が痴呆という障害を受容しながら，最終的に痴呆と向かい合い患者に最善の利益をもたらす方向での関係を修復していく過程が存在している。と同時に，痴呆老人本人の側からのコミュニケーション関係がどのように深化しているのかというもうひとつの側面である。これは，直接本人に確認することができない。しかし，介護者の目に映った本人の言動や対応を介護記録から拾うことにより，あるいは，最近では上に紹介した当事者の人たちの発言により，このことが浮き彫りにされてきている[11]。生活障害の原因をつきとめながらも，こうした，コミュニケーション関係の深化の諸段階を踏まえた援助の提供がアプローチをより有効なものにしていくのである。

Ⅵ 「臨床社会学」への期待

　痴呆により社会から排除されてきた当事者および関係者が「痴呆とともに生きる」実践へのアプローチを通して，従来の「痴呆概念」の転換と本人にとってより豊かな生活を実現することに結びつけるケアの提供を行なってきた。本村汎は，児童相談所などに持ち込まれる問題状況の解決・緩和のプロセスを例にあげ「家族臨床」の概念が登場してきた背景と必要性について説明している。ここでは，「個」の関係だけでなく，「個」が属している家族システムのあり方，家族システムが有している規範，あるいは価値体系を絡めて介入していかなければ，「個」の本質的な問題が解決できないことを指摘している[12]。痴呆性老人のケアも同様に，家族システムが有している規範，あるいは社会の価値体系

を絡めての介入が必要であり，その可能性は，医療，看護，福祉，介護現場と社会学の対話が前進するなかでこそ実現するものと考える。つまり，社会学の固有の発想を臨床や福祉実践の場において具体的に展開することにある。

　筆者は，10年余り医療保健の場のソーシャルワーク実践を展開してきた経験からも，従来，ソーシャルワーク実践の場で展開されてきた方法・技術が，たとえば，痴呆性高齢者や知的に障害をもつ人たちの「内面的な世界」をどこまで理解しアプローチをしてきたのかは検討の余地がある。前項で述べてきた「相互作用に焦点をあてた援助のあり方」がソーシャルワーク実践の場において理論的な検討課題としては取り上げられてきたものの，「問題行動」・生活障害の解明に向けて，必ずしも，個人的因子と社会的な環境的因子との関係性や，そこで対象とされる問題の適切なアセスメント，必要に応じた援助の形態と具体的なアプローチへの手法は見過ごされてきた。ともすれば，ソーシャルワークは，社会資源の活用や他の機関との連絡調整にとどまっていたのではないだろうか，むしろ，それは，一種の残余的なソーシャルサービスであり，ソーシャルワークではない。

　また，ソーシャルワーク実践のアセスメントの技法をひとつ取り上げてみても，従来，医療保健や社会福祉の場面でなされていたアセスメントの方式は，政策的な意向をうけて，ともすれば「問題解決指向」型のチェックリスト方式が採用されることが多くあった[13]。その結果が意味することは，援助職者もしくは援助機関の枠組みのなかで，利用者の「現在」の状況を細分化し問題の所在を明確化することを一方的に行なう要素を有していた。

　しかし，直接的な援助を提供するために，最初に行なわれる個別的なニード査定に関わる調査（介護保険では要介護認定のための調査）は，「個別支援計画」，「施設支援計画」（フェースシート・アセスメント票に基づいて実施される聴き取り調査）と一体化され，個々の障害をもつ人に応じた支援目標と支援課題（ケアプラン）が明らかにされなければならない。また，ニーズ査定の場面に当事者が参加することの意味は，単に日常生活動作のレベルにおいて「できないことは何か」を

確認することではない。本人と援助職者との面接・対話を通して情報を交流しながら生活課題を共有することに意味がある。すなわち，地域での「人間らしい暮らし」を実現するために，これらを妨げている要因や方策を心身機能だけに求めるのではなく，多面的で総合的な視点からアセスメントすることが重要である。そして，「その個人の今の生活のありようについて理解（生活理解）を進め，生活のなかに必要とされる社会福祉サービスの組み込み方を臨床的課題とする」のである[14]。ただし，生活ニーズというものは，本人や家族にとっては必ずしも自覚されていない場合があるだけに，共に生活を見つめ直す共同作業をしながら生活の実態を浮かびあがらせることが大切である。

　そのためには，日常の福祉現場での実践がどのような視点に着目して援助がなされているのかに注目してみることが重要である。なぜなら，アセスメントの視点と方法は日常の援助実践の着目点と重なっていてこそ援助課題が浮き彫りにされるし，利用者との援助者の関係性や，利用者の置かれている環境との関係性のなかでこそより具体的に明らかになってくると考えるからである。こうしたアセスメントの視点と方法こそが生活困難・生活問題の社会的解決の志向をもたらすのであり，生活理解のための臨床的な「知」として社会学への要請がある。

　さらに，ソーシャルワーク実践の場で臨床社会学が具体的に展開が可能な領域として，社会福祉調査に関心を払う必要がある。

　ソーシャルワーク実践に関わってはさまざまな調査活動が行なわれている。たとえば，間接援助活動として行なわれるニード調査，直接援助の最初に行なわれる個別的にニード判定に関わるアセスメント調査，具体的な援助実践を有効に進められる過程と並行して実施される調査，援助実践そのものの業務分析調査などがそれである。そして，これらの調査方法や収集するデータも多様である。調査結果の数量的把握をめざして全員に同じ質問紙票を配布する調査もあれば，面接やインタビュー，手記などの質的データを収集する調査もある。いずれも，ソーシャルワーク実践の場でなされている調査活動は，福祉現場で

の援助活動の現実的な必要性から編み出されてきたという顕著な特徴を有している。ところが，従来の社会福祉調査は，情報の収集過程にだけ関心を払う傾向が顕著であった。だか，大切なことは，社会福祉調査がどのような関心によって生み出され，その調査が援助活動や専門性にどのような影響を与えているのかについての分析を行なうことである。そのため「科学的」な手続きでないと一見思われる情報収集活動を議論の外におくのではなく，福祉実践におていは「科学的」には客観化しにくい要素も含めて情報収集伝達の対象としなければならない。すでに，現実の福祉実践の場面では必要に応じてさまざま行なわれている。このように，あらためて福祉現場における調査活動に社会学的な手法を導入することが有効な領域と方法を明らかにする作業が求められている。社会福祉の仕組みが大きく「措置制度」から「利用契約」制度へと踏みだし，福祉サービスの「質」と専門性があらためて問われようとしている時期だけに，政策へのコミットメントが臨床社会学のひとつのテーマであるとするなら，こうした分野への介入も避けてとおることができない重要な課題のひとつとして期待されている。

注）
1）この点については，横山寿一「現代の政策動向と日本的特質」『国民生活と社会福祉政策』かもがわ出版，2002. 古川孝順「社会福祉基礎構造改革と援助パラダイム」『社会福祉21世紀のパラダイムⅡ方法と技術』誠信書房，1999.
2）古川孝順『社会福祉　基礎構造改革』基礎構造改革についての「検討会報告」「中間まとめ」について，さまざまな論点からの分析を試みている。
3）この点について，二宮厚美は，措置制度の廃止によって住民の福祉請求権が希薄化すること。公費負担が利用者補助金に変質すること。さらに，福祉市場に営利企業が参入する。こうした福祉制度の質的転換が，結論的には，日本の社会保障・社会福祉が限りなく所得補償一元化主義の方向に進むことを論じている。「福祉構造改革路線の進路と岐路」『月刊ゆたかなくらし』全国老人問題研究会，1999.
4）石倉康次との共同研究として「痴呆老人の問題行動と社会環境要因のかかわりについての研究」文部省科学研究費補助金基盤研究Ｃ2），1996.

また，痴呆老人からみた世界はどのようなものか。彼ら，彼女たちは何をみ，何を思い，どう感じているのかという点については，20年余りにわたっての臨床経験，事例を通して分析したものに，小澤勲『痴呆老人からみた世界—老年期痴呆の精神病理—』岩崎学術出版，1998．小澤勲『痴呆を生きると言うこと』岩波書店，2003．

5）たとえば，『その人らしく生きる〜ゆたかなくらしをもとめて〜』社会福祉法人七野会，2002．

6）『ひとりだけど ひとりじゃない 小山のお家』エスポアール出雲クリニック，1994．野津美晴「悠々たりぼけ人生—長寿文化の創造」『発信②出雲 心をひらいて痴呆とともに』出雲在宅ケア研究会，1996．

7）島林禎一・小汀婦美・石橋典子「もの忘れのつらさ」『発信②出雲 心をひらいて痴呆とともに』出雲在宅ケア研究会，1996．

8）石倉康次「痴呆老人問題をどうとらえるか—社会学の視点から—」『形成期の痴呆老人ケア—福祉社会学と精神医療・看護・介護現場との対話—』北大路出版，1999．石倉康次「痴呆老人の虚像と実像」『痴呆老人と介護保険—問題点と改善への提言—』クリエイツかもがわ，2000．

9）介護記録の分析の詳細については，植田章「痴呆老人介護模索期の在宅介護の実態—ある在宅痴呆老人の介護記録から—」『形成期の痴呆老人ケア—福祉社会学と精神医療・看護・介護現場との対話——』北大路出版，1999を参照して欲しい。

10）島林禎一・小汀婦美・石橋典子「もの忘れのつらさ」『発信②出雲 心をひらいて痴呆とともに』出雲在宅ケア研究会，1996．

11）原田勉「座談会 ボケてもわが人生」『いい風吹いて—痴呆老人出雲からの報告—』松江今井書店，1997．

　　クリスティーン・ボーデン（檜垣陽子訳）『私は誰になっていくの？—アルツハイマー病者からみた世界』クリエイツかもがわ，2003．

12）畠中宗一・本村汎・広瀬卓爾・井上真理子「座談会 なぜいま臨床社会学なのか」『現代のエスプリ—臨床社会学の展開』2000．

13）介護保険制度の要介護認定のための調査シートはその典型的なものといえる。

14）窪田暁子「食事状況に関するアセスメント面接の生まれるまで」『生活問題研究』3号，生活問題研究会，1991，p.58, p.61．

第12章 隣接科学からの期待：臨床教育学の立場から

I 教育臨床への臨床社会学的射程
—— 「対象としての臨床」と「方法としての臨床」——

　周知のように，1990年代以降，わが国では阪神・淡路大震災，神戸児童連続殺傷事件をはじめとする数々の凶悪な少年事件，学校現場における不登校やいじめの深刻化などを契機にして「こころのケア」や「こころの教育」が盛んに提唱され，臨床心理士やカウンセラーといった「こころの専門家」が多く輩出されつつある。こうした状況のなかで，私たちは何か問題が生じたら，その原因をすぐに「こころ」に求めてしまうというサイコバブルの傾向が強まりつつある。学校もまた例外にもれず，こうしたサイコバブルの大波に呑み込まれつつある。その具体的なあらわれは，不登校やいじめ等の学校問題に対する解決策として施行された，スクール・カウンセラー(SC)の学校への導入，および教師や養護教諭に対するカウンセリング・マインドの奨励である。

　以上，私たちの日常の思考や関心は，否応なしに「こころ」へと焦点化され，社会や学校はサイコバブル状況に置かれているわけであるが，このように，すべてが「こころ」へと収斂してしまう社会とは一体どのような社会なのかについて，さまざまな臨床現場へのコミットメントを通じてその内側から問い直す新しい学問分野が，社会病理学から進展してきた臨床社会学である。

　ところで，現時点で臨床社会学とは何かと問うても，その入門書や専門書を概観する限り，研究の対象と方法の両面において多義的に規定されていて，明確に答えられないのが実状である。極端にいえば，臨床社会学の定義は，その研究者の数だけあるとさえいえる。ただ，この状態は学問的な混乱を意味するのではなく，さまざまな臨床現場に社会学的に関与することを共通認識とする

臨床社会学特有のものではないかと思われる。したがって本章では，SC をはじめ，サイコセラピーが教育臨床(学校臨床)の現場に与える影響や問題点について社会学的にアプローチした野口裕二の臨床社会学理論[1]を海図にしながら，臨床教育学における臨床社会学の意義と可能性について述べることにしたい。なお，最近，臨床教育学という名称の学問が構築されつつあるが[2]，現時点ではその輪郭が明確ではないので，ここではそれを広義に「学校を中心とする教育臨床現場の実践学」と規定したい。

野口によると，臨床社会学には大きく分けて2つのスタイルがあるという[3]。ひとつは臨床とよばれる現象を研究対象とするスタイル，すなわち「対象としての臨床」であり，もうひとつは，臨床的な関心や方法を重視するスタイル，すなわち「方法としての臨床」である。後で詳述するように，野口の場合，「対象としての臨床」が，社会学的な実践としてのナラティヴ・セラピー(物語療法)を介して「方法としての臨床」へと接続されていくところに，彼独自の臨床社会学のスタンスと明晰さがある。ただここでは結論を急ぐことなく，彼の臨床社会学における思考の筋道を辿ることにする。そこでまず，「対象としての臨床」，すなわちサイコセラピーが教育臨床に与える影響について社会学的に検討していくことから着手していくことにしたい。

II 現実の社会的構成過程
──「現実の心理学化」と「心理学の現実化」──

臨床教育学の立場からみて，野口の臨床社会学理論の最大の功績とは，彼が社会構成主義の源流であるバーガーとルックマン(Berger, P.L. & Luckmann, T.)の知識社会学を援用することにより，第Ⅰ節で述べたような，社会や学校で起こっているサイコバブル状況(現実の心理主義化もしくは心理学化)が「心理学の現実化」に基因するということを看破したことである。つまり，私たちが何らかの問題が生じた場合，その原因を「こころ」に求めてしまう背景には，自分の内的世界を「こころの言葉(＝こころをあらわす言葉)」または心理学の言

葉(概念)によって表現しようとする心性があるということである。教育臨床に特有の問題に入る前に，バーガーとルックマンの現実の社会的構成過程を通じて，「心理学の現実化」のメカニズムについてみていくことにしたい。

　彼らによると[4]，現実の社会的構成過程は，「外在化」「客観化」「正当化」，「内面化」といった4つのプロセスが順次継起することによって成り立つ。まず，人間は肉体的，精神的な実践活動によって自己および他者に向けて何らかの意味(主観的な意味世界)を外に向けて投企していく。これが「外在化」のプロセスである。そして，その外在化された対象が客観的な存在(モノ)として人間に対して立ちあらわれてくる。これが「客観化」のプロセスである。この2つのプロセスを通じて主観的な意味が客観的な対象(モノ)へと転化されることになるが，それは「制度化」とよばれる。そして今度は，すでに「制度化」された客観的現実が，人間に対して客観的に機能することにより，主観的に受け入れられるようになる。これが「正当化」のプロセスである。そして，その客観化されたものが再び個人の主観的世界に再投射され，個人の意識のなかに取り入れられるようになる。これが「内面化」のプロセスである。これらの契機の循環(円環)を通じて現実は，主観的世界と客観的世界との弁証法的関係として成立する。こうして，現実は社会的に構成されることになる。

　前に，外在化された対象が客観的な存在として人間に対して立ちあらわれてくると述べたが，その最たるものは言語という制度である。「言葉は意味と経験の厖大な蓄積の客観的な貯蔵庫となることができる」[5]のであり，現実は言語的に構成される。むしろ言語化されない現実は，現実たり得ないのである。

　以上が現実の社会的，言語的構成過程の理路であるが，実はバーガーとルックマンは，1960年代のアメリカ社会のなかで心理学理論の有する自己現実化の力をとらえて，つぎのように述べている(驚くべきことに，そのことはそのまま，1990年代以降，わが国において生じているサイコバブル状況に当てはまる)。「心理学はいったん社会的に確立されるようになると(つまりそれが客観的現実の正しい解釈として一般的に受け容れられるようになると)，それが説

明すると称する現象のなかで強力に自己を現実化しようとする傾向をもつ。心理学の内面化は，それが内的現実と関係するという事実によって促進され，その結果，個人はそれを内面化するという他ならぬこの行為のなかで，それを実現化するのである。繰り返せば，心理学はその定義からしてアイデンティティの問題と関係せざるを得ないがゆえに，その内面化は同一化をともないやすく，それゆえ，実際問題として，アイデンティティの形成にも結びつきやすい，ということである。内在化と同一化がこうして密接に結びつく，という点において，心理学は他の型の理論とはかなり異なったものとなっている」[6]，と。つまり私たちは，意味の外在化と客観化によって制度となった言語，とくに「こころ」に関する説明や理解（心理学的理論）を「こころ」そのものへと「内面化＝同一化」することによって心理学を現実化することになる。しかも「心理学は自己の内的世界に説明の言葉を与えることで，私たちが生きる現実を『心理学的現実』へと変貌させる」[7]。その意味で，「『心理学の現実化』とはすなわち『現実の心理学化』ということである」[8]。

しかも重要なのは，バーガーが別の論稿のなかで[9]，「制度化」の進行にともない，制度（言語という制度）そのものが客観的な規準となって人間の主観的意味世界を疎外し支配する，いわゆる物象化——人間と人間が生み出した意味世界の関係の転倒・倒錯としてのモノ化——が理論に関与する知識人の意識水準においてだけでなく，ごく普通の人たちのレベル，すなわち，理論以前の意識水準においても生じると指摘していることである。つまり，教育臨床（学校臨床）の場合でいうと，心理学そのものの物象化は，理論に従事する知識人（精神科医や臨床心理士等）のみならず，理論以前の意識水準にあるごく普通の人たち，すなわち親や教師，さらには子どもにまで起こり得ることになる。こうして，「心理学の現実化」および「現実の心理学化」は，サイコバブル状況を生きるすべての人たちにとって自明のものとなり，彼らは，「こころの言葉」——たとえば「居場所」「劣等感」「無意識」「コンプレックス」，さらには専門的な概念としての「トラウマ」およびそれに関連のある「アダルトチルドレン

(AC)」「心的外傷後ストレス障害(PTSD)」「多重人格」等々——によって自らの内面や日常生活の場面を説明するとともに，世界そのものを心理学的現実へと変貌させるのである。彼らにとっては，「こころの言葉」なしには何事も語り得ないし，理解し得ないとさえいえる。ここでは彼らが「こころの言葉」，すなわち「セラピー的語法」[10]の使い手であることから，「セラピー的語法者」とよぶことにしたい。

こうした言葉のなかでも，「アダルト・チルドレン(AC)」という概念は，心理学の現実化の現在的象徴である。具体的には，この概念は，すべての面で「生きにくさ」を感じていた人たちによって受け入れられるとともに，思いも寄らぬ新たな心理学的現実を創造している。それは元々，「アダルト・チルドレン・オブ・アルコホリック」といわれるように，アルコール依存症の親をもつ家庭のなかで成長しておとなになった人だけを示す概念であった。しかし近年，この概念は拡大解釈され，機能不全の家族のなかで育った成人すべてを指すようになった。現在，ACは，幼児期に親によって満たされるべき，ナルシシズム欲求や健全な自己感情を充足できず，真の自己を無意識のなかに抑圧したまま——したがって"自分はダメだ"という自己否定感をもったまま——偽りの自己(「良い子」)を作り上げてしまう成人全般を指している。ここで幼児期に充足されるべき欲求や感情の阻害は，子ども時代にうけた心的外傷となって彼らの無意識のなかに冷凍保存され，何らかのきっかけを通じて幾度も病理現象(神経症)として発現することになる。こうして，「生きにくさ」を実感していた人たちは，その原因を幼児期の歪んだ親子関係，とくに愛情の欠落した親からうけた「トラウマ」に見出す(「心理学の現実化」)とともに，一方で，たとえばこうした不幸な人たちを輩出しないようにと，幼児期からあらゆる葛藤や矛盾を取り除き，子どもを保護すべきだとする育児論や教育論を生み出したのである(「現実の心理学化」)。

以上，「心理学の現実化」が「現実の心理学化」へと連動していく理路を野口やバーガーとルックマンの社会学理論を通してみてきたが，こうした事態は

学校臨床の現場においても起こっている。とくに，理論以前の意識水準にある生徒（学校の子ども）において，心理学の物象化はいちじるしい。たとえば最近の生徒は，不登校やいじめに際して「私（僕）の居場所がない」という表現を使うことが少なくない。この場合の「居場所」とは，「こころの居場所」，すなわち，ありのままの自分自身を受け入れてくれるような理念的な意味での言葉のことである。つまり生徒は，セラピー的語法者として自らの「内面の真実」，すなわち，自らの不安や悩みを「居場所のなさ」という「こころの言葉」によって説明・表現することで自らの内面を整序している。「居場所」という言葉は，AC 概念のように，新たな心理学的現実を創造することに直結することはないにしても，生徒がその言葉に呪縛されるとき，自分自身を受容してくれるような居場所がどこにも（家庭にも学校にも）みつからないという不満や不安を作り出し，さらには増幅してしまう可能性がある。この場合，生徒自身の不満や不安，すなわちその子なりの「こころの問題」は，「こころの言葉」によってつくられたといえる。その問題は，言葉への呪縛によって生じるがゆえに，かえって自らのこころを隠蔽してしまうことにつながる。そのため，こうした生徒の閉じた「内面の真実」に唯一接近し得るものとして「こころの専門家」やカウンセリング・マインドが要請されることになるのである。その意味では，生徒によって表現される「こころの言葉」もまた，AC 概念と同じく，「こころの専門家」やカウンセリング・マインドの要請という新たな心理学的現実を創造しているといえる。

　それでは，こうしたサイコセラピー的現実を自らのライフスタイルのなかに埋め込む，セラピー的語法者としての今の生徒たちは，学校において教師とどのように関わるのであろうか，つぎに，サイコセラピーが学校臨床，とくに「教師―生徒」関係に与える影響と問題点に焦点化して述べていくことにしたい。

Ⅲ 臨床社会学からみた教育関係の病理
——「心理学の現実化」にともなう学校秩序のゆらぎ——

　前節で述べたように、今の生徒たちは「こころの言葉」を駆使することにより自らの「内面の真実」を整序するセラピー的語法者であった。このように、「内面の真実」を重視する生徒とはどのような生徒かというと、それは、教師に対して自分の本当の気持ちやこころを理解してもらいたい、否、わかってくれるはずだといった期待を抱いている生徒だといえる。万一、教師が生徒のそうした期待に応えられなかったならば、彼(彼女)は教師に対して不信感や失望を抱くことになろう。ただ今日、親でさえわが子のことを十全に理解しているとはいいがたい現状を考えた場合、一挙に多くの生徒たちを受けもつ教師が、生徒個々人を理解し尽くすのは不可能であり、よって彼らの期待が裏切られるのは必然的なことだといえる。

　たとえば、つぎに示す、教師に向けて綴られた生徒の直筆メッセージは、教師に対する期待が裏切られたことにともなう自らの憤りをさらけ出している。

　もっと、私の気持ちを理解してほしかったです。……話を聞いて少しでも協力してくれるという私の気持ちに気づいてほしかった。絶対にしてほしくなかったのに、先生は私をいじめている２人を呼んで、"仲良くしてやれよ"などといった。まずしてほしかったのは、私の心のなかの気持ちと相手の心のなかだったのに。先生というのは、生徒の気持ちを、まっ先に考えるべきだと思います。(中学３年生)[11]

　この短いメッセージのなかに、「(私の)気持ち」が４回綴られていることからもわかるように、生徒は教師に対して「内面の真実」をもって相対しようとしている。一見、こうした生徒の態度は、教師に対して隠し事をせずにホンネで関わろうとしているという意味で、評価されるべきことだと反論されるかも

知れない。というのも，一昔前の生徒たちは，仲間内でならばともかく，教師に対して自分の本当の気持ち(ホンネ)を出すことはまずなかったからである。

しかし，見方をかえれば，こうした生徒の態度は，個人的な欲望(主観)を絶対視した上で，「内面の真実」——裏を返せば「むきだしの自我」——をそのまま，教師にぶつけていくといった短絡的な行動ではなかろうか。この場合，生徒にとっては個人的な欲望を通すことが可能か否かだけが対他関係の成功・失敗の規準となる。平たくいえば，生徒からみて教師が自分と感覚的に合うか合わないかのいずれかでしかないのである。このように自らの欲望に忠実な「むきだしの自我」は，内なる心理的な幸福の体験，すなわち無制限の自己実現や自己表現の最大化を図るという点で，ベラー(Bellah, R.N.)のいう「表現的個人主義」[12]に酷似している。

また，「内面の真実」をもって教師に相対しようする生徒とは，学校の集団的身体ではとらえ切れない個別的身体，すなわち，集団的身体を逸脱した，固有名をもつ，かけがえのない単独者としての「この子」だといえる。従来，生徒は自らの役割存在に応じて行動し，教師との関係を取り結んでいた。こうした教育関係のことを「役割ゲーム」[13]とよびたい。これに対して，今の生徒，正確にはかけがえのない「この子」が教師に対して要請してくるこの新しい教育関係は「エロスゲーム」[14]とよぶのがふさわしい。

ところで，「エロスゲーム」の特徴とは，生徒がその役割を逸脱して，教師に対してひととひと(「我と汝」)という平等で対等な関係を求めてくることにある。そのため，生徒は自分自身が納得しない限り，教師の指示・指導を受け入れることはあり得ない。むしろ，教師のいうことが生徒にとって気にくわなかったり自らを傷つけるものであれば，容赦なく教師に反発・抵抗する。ときにはキレて，暴力をふるうことも珍しくない。「エロスゲーム」とはひととひと(我と汝)，よくいえば「この，かけがえのない私＝本当の自分」同士の，悪くいえば「むきだしの自我」同士の，関わりなのである。

ところで，現在，生徒たちがエロスゲームに興じる一方で，教師をはじめ学

校関係者はみな一様に生徒理解といえば、こころの理解であり、そのためにはカウンセリング・マインドが必要だといわれている[15]。とりわけ、教師が生徒を真に理解するためには、ロジャーズ(Rogers, C.R.)のクライエント中心療法よろしく、生徒一人ひとりに深い関心を示し、生徒の気持ちを相手の立場や枠組みに立って受容すること、すなわち、共感的に理解することが求められている。宮台真司によると、「生徒のこころを理解せよ」(「こころの理解」)という課題達成は、それに成功しても失敗しても、「もっとこころを理解しよう」というように終わることはない、つまり「課題への障害が、課題達成の誤りよりも、課題達成の不完全さを意味するものだと理解され、課題は永続する」[16]。そうした意味で彼らは、「こころの理解」とはルーマン(Luhman, N.)のいう「コミュニケーション・メディア」、すなわち、「コミュニケーションを永久に循環させる触媒装置」[17]だと指摘している。

このように、教師は理念としてはカウンセリング・マインド、具体的な方法としては共感的理解によって生徒を理解しようと努力し、こころの理解を通してしか彼らと向き合えなくなりつつある。その意味では、前述したように、日頃から自分のことをわかって欲しい、またはわかってくれるはずだといった期待を教師に抱く生徒たちの心性は、教師のカウンセリング・マインドと符合しているのである。したがって、今まで役割ゲームを遂行してきた教師は、カウンセリング・マインド(心理学)の内面化を契機に、生徒のエロスゲームに引きずり込まれてしまいかねないといえる。

ところで、「生徒理解＝こころの理解」に奔走する教師と、教師に対して「内面の真実」の理解という期待を抱く生徒の双方に共通するものとは何かというと、それは、セネット(Sennet, R.)のいう「親密さ」(intimacy)[18]とよばれる心性である。彼は、現代社会における公共性の衰退の原因としてこの親密さをあげ、つぎのように述べている。「今日支配的な信念は、人と人との親密さは道徳的善であるということである。今日支配的な熱望は、他人との親密さ、温もりの経験を通じて、個人の個性を発展させたいというものである」[19]、と。

従来，公共的なるものとしての教育関係は，教師と生徒が互いの期待と承認を認知し合うという規範的な行動の構造（制度）を基礎に安心して相互的な関係を形成してきた。しかし，心理的関心を規準とする親密さの支配は，教育関係を保持してきた公共的な規範をゆるがしている。

　親密さが公共性の衰退の原因だということは，ごく日常の授業場面を思い起こすだけで十分説明できる。普段，ほとんど気づかないことであるが，一般の授業の自然な秩序そのものは，それに参加する教師と生徒たちがおのおのの役割に応じて互いに不自然な演技をすることによって作り出されている。言い換えると，授業に参加する教師と生徒たちが，おのおの，自らの「こころ＝内面」に忠実な言動に出てしまうと，たちまち授業そのものが成立しなくなってしまうのである。そのことは，生徒たちがたとえば勝手に歩き回る，騒ぐなど自らの思い通りに行動することで起こる学級崩壊をみれば一目瞭然であろう。たとえ学級崩壊に至らなくても，万一どちらか一方——エロスゲームの場合は，生徒——の役割のたがが外れてしまうと，教師（生徒）は生徒（教師）がつぎに何をするのかがわからず，不安になってしまう。役割機能が失効した状態においては，教師と生徒は互いに相手の出方で自分の出方を決めようとするため，両者は膠着状態，すなわち，「ダブル・コンティンジェンシー」(double contingency)[20]に陥ってしまうことになる。

　このように，教師はともかく，授業に参加する生徒たちが「自分のしたいこと（欲望）を抑えて，適度に授業に集中する」といった自我（エゴ）のコントロール，裏を返すと「こころにもない行動＝演技」を行なわない限り，授業の自然な秩序は成立し得ないのである。つまり，教師は教師らしいふり（たとえば，教えるものに相応しい威厳のある態度など）を演じ，生徒たちは生徒らしいふり（たとえば，教えられるものに相応しい真摯な態度など）を演じつつ，それでいてそうした役割演技を無意識的，隠匿的に遂行していく——これが授業実践の自然な秩序，一般的には公共空間の成立条件にほかならない。

　この章を通して述べてきたように，サイコセラピー的現実において生徒たち

は，巧みなセラピー的語法者となり，教師とエロスゲームに興じる，その一方で，教師は，カウンセリング・マインドを通じて生徒たちと親密な関係を結ぶように強制されるのであるが，両者に共通する親密さという心性は，公共空間としての学校の秩序をゆるがす元凶にほかならない。

Ⅳ 臨床社会学との対話に向けて

　以上，野口の臨床社会学理論を海図にしながら，現実の社会的，言語的構成と要約される，バーガーとルックマンの社会構成主義を中心にして，「対象としての臨床」の側面からサイコセラピーが教育臨床(学校臨床)の現場にもたらす影響と問題点について論述してきた。ただ，第Ⅰ節で述べたように，彼独自の臨床社会学のスタンスと明晰さは，サイコセラピーの影響と問題点を批判するだけに留まらず，「対象としての臨床」を「方法としての臨床」，すなわち，ナラティヴ・セラピーへと接続していくところにある。

　ところで，ナラティヴ・セラピーとは何かというと，野口はつぎのように規定している[21]。つまりそれは，家族療法の領域で1990年代以降注目されるようになった臨床実践のひとつであり，その実践は，セラピストとクライエントが共同で「物語としての自己」を構成していく実践である，と。

　その主な特徴のひとつとは，セラピストとクライエントの関係が「共著者」[22]であり，対等な立場で会話(対話)を重ねていく臨床実践だということである。従来，サイコセラピーといえば，セラピストが専門的な知識や技術によってクライエントを「診断」し「治療」するというのが一般的であった。セラピストは特定の正解，すなわち病因論と治療論をもっていて，その正解に向けてクライエントを誘導してきた。

　これに対して，ナラティヴ・セラピーではセラピストとクライエントを「共著者」というように，対等な立場だとしている。ナラティヴ・セラピーの場合，両者がいま・ここで繰り広げられる，不断の自由な会話を重視しつつ，その行

き先を定めないという基本態勢のもと，セラピストは，他者や社会の選好に合わせるような形で語られる自己物語(「ドミナント・ストーリー」[23])からクライエントを解き放して，クライエント自身が自らの生活史上の個人的な経験のなかから今まで語られなかったもうひとつのストーリー，すなわち「オルタナティブ・ストーリー」[24]を発見するとともに，ストーリーの書き換え，すなわち「再著述」[25]を行なえるように援助していく。ストーリーの書き換えを行なう契機となる「自由な会話」という考え方の萌芽は，野口がいみじくも述べるように，すでにバーガーとルックマンの「会話」のなかにある。すなわち，「現実維持のもっとも重要な媒体は会話である。われわれは個人の日常生活を，彼の主観的現実をたえず維持し，変形し，再構成する，会話機構のはたらきのなかにみることができるかも知れない。……会話の機構は現実を維持すると同時に，たえずそれを修正する」[26]，と。会話が現実の維持機能に加えて，現実の修正機能を有するがゆえに，クライエントは，他者との会話を通してストーリーの書き換えを行なうことができるのである。しかもセラピストは，クライエントとの会話に際して，自由な展開を妨げるような，特定のアプローチ，技法およびマニュアルに依拠せずに，あくまで徹底した「無知のアプローチ」[27]で臨むことになる。「無知のアプローチ」は，セラピストがクライエントと対等な立場に立って初めて可能になる技法なき技法なのである。

　もうひとつ，その特徴として重要なことは，ナラティヴ・セラピーが「自己とは物語である」「人は物語を生きる存在である」[28]という視点に立つことにともない，従来のサイコセラピーで重視されてきた，「こころ」という概念それ自体が背景へと退くことになるという点である。つまりナラティヴ・セラピーは，「サイコセラピーがこれまではたしてきた『心理学化』という社会的役割に異議を唱え，それを大きく革新するもの」という意味で，「脱心理学化の動き」[29]として位置づけられる。臨床教育学の立場からみて，こうした「脱心理学化の動き」としてのナラティヴ・セラピーの位置づけは画期的なものである。

第12章　隣接科学からの期待：臨床教育学の立場から

　本章を通じて述べたように，学校秩序のゆらぎの原因は，今の生徒たちがセラピー的語法者であり，（そのことに連動して）エロスゲームの担い手であることにあった。したがって，彼らがセラピー的語法者を降りて，ナラティヴ・セラピーのいう物語の語り手へと転身するとき，学校臨床の現場における現実の心理学化および心理学の現実化は解除され，思いも寄らぬ変革につながると思われる。セラピー的語法者から物語の語り手への転身こそ，「対象としての臨床」を「方法としての臨床」へと接続するポイントなのである。したがって臨床社会学は，単なるサイコセラピーの批判に留まらず，ナラティヴ・セラピーを方法とすることで社会学的に臨床実践を行なうのである。

　それでは，臨床教育学は，ナラティヴ・セラピーを方法に据えて社会学的な臨床実践を行なう臨床社会学に何を期待することができるのであろうか。

　ひとつは，すでに述べたように，ナラティヴ・セラピーが従来のサイコセラピーによって心理学化され尽くした，教育臨床（学校臨床）の現場を「脱心理学化＝社会学化」することである。もうひとつは，ナラティヴ・セラピーが従来のサイコセラピーに代替することを前提とした場合，それが学校臨床の現場，とくに教育関係にもたらす多大な影響である。前述したように，ナラティヴ・セラピーは従来のサイコセラピーと異なり，セラピストとクライエントが対等な立場に立ちながら，双方が自由な会話を継続するなかから，クライエントが「現実＝物語」の再構成を行なう臨床実践である。ここで想定されている，対等な「セラピスト―クライエント」関係およびその関係のもとでの自由な会話はそのまま，学校臨床の現場で必要とされる実践モデルだといえるかも知れない。ただ第Ⅱ節でも述べたように，教育関係が教師と生徒が対等なエロスゲームを遂行する場合には成立し得ず，双方がおのおのの役割に応じた――裏を返せば，対等でない（非対称の）――役割ゲームを演じる場合に初めて成立し得る，ということを顧みるとき，原理的には，ナラティヴ・セラピーが提示する実践モデルを無条件で学校臨床の現場に適用することはできないのではないかと思われる。

ただ最後に，そうした疑問を払拭するものとして，ナラティヴ・セラピーが学校臨床の現場に導入された実践例があげられる[30]。そこでは学校現場における生徒への臨床実践が，個々人の「内面＝こころ」への働きかけによってではなく，さまざまな他者との会話によるストーリーの再構成によってなされている。詳述するための紙数はないが，そこにはナラティヴ・カウンセラーが，「トラブルメーカー」と悪い評判が立っていた生徒に対してこころのケアを施すのではなくて，会話を継続するなかから「オルタナティブ・ストーリー」が進展するような新しい領域や新しい展開に対する好意的聴衆を探索することにより，「成熟達成者」という新しい評判を学校のなかに作り出していく様子が詳述されている。

　したがって，臨床教育学の立場としては，今後，臨床社会学が学校をはじめ，さまざまな臨床実践の現場において自らの適用可能性を実証していくことを期待したい。一方，臨床教育学もまた，臨床社会学に学びつつ，それと対話を行なうなかから，学校現場へのナラティヴ・セラピーの導入を試みたいと考えている。

注）

1) 野口裕二「社会構成主義という視点—バーガー＆ルックマン再考—」小森康永・野口裕二・野村直樹編著『ナラティヴ・セラピーの世界』日本評論社，1999，pp.17-32．および，「サイコセラピーの臨床社会学」大村英昭，野口裕二編『臨床社会学のすすめ』有斐閣，2000，pp.14-35参照．
2) 小林剛・皇紀夫・田中孝彦編『臨床教育学序説』柏書房，2002等参照．
3) 野口裕二，前掲書，2000，pp.32-33．
4) バーガー，P.L. & ルックマン，T.(山口節郎訳)『日常世界の構成—アイデンティティと社会の弁証法—』新曜社，1977，pp.82-312．
5) 野口裕二，前掲書，1999，p.21．
6) バーガー，P.L. & ルックマン，T.，前掲書，pp.302-303．
7) 野口裕二，前掲書，2000，p.17．
8) 同上
9) バーガー，P.L. & プルバーグ，S.(山口節郎訳)「物象化と意識の社会学的批判」

現象学研究会編『現象学研究2』せりか書房，1974，pp.92-117.
10) 野口裕二，前掲書，2000，p.21.
11) 中学コース編集部編『助けて！いじめ・学校拒否・自殺　中学生10606人の真実の声』学研，p.242.
12) ベラー，R.N.(島薗進・中村圭志訳)『心の習慣―アメリカ個人主義のゆくえ―』みすず書房，1991，p.55.
13) 中井孝章「学校における〈関係性〉の破綻と修復」日本教育学会編『教育学研究』第69巻第1号，2002，pp.51-53．および，「教育学の逆襲―スクール・カウンセラーは子どもを救えるか―」『教職研修』346，348，350，351，353号，2001参照．
14) 同上参照．
15) 酒井朗「"児童生徒理解"は心の理解でなければならない」今津孝次郎・樋田大二郎(編)『教育言説をどう読むか』新曜社，1997，pp.131-134.
16) 宮台真司「学校の何が問題なのか」宮台真司・藤井誠二・内藤朝雄『学校が自由になる日』雲母書房，2002，p.71.
17) 同上書．
18) セネット，R.(北山克彦・高階悟訳)『公共性の喪失』晶文社，1991，p.361.
19) 同上書．
20) パーソンズ，T.(佐藤勉訳)『社会体系論』青木書店，1974，pp.42-51.
21) 野口裕二，前掲書，2000，p.28.
22) 同上書．
23) ナラティヴ・セラピーの主要概念については，浅野智彦『自己への物語論的接近―家族療法から社会学へ―』勁草書房，2001，pp.75-129参照．
24) 同上書．
25) 同上書．
26) バーガー，P.L.&ルックマン，T.，前掲書，1977，pp.257-258.
27) 野村直樹「無知のアプローチとは何か」小森康永・野口裕二・野村直樹(編著)『ナラティヴ・セラピーの世界』日本評論社，1999，pp.167-186.
28) 野口裕二，前掲書，2000，p.28.
29) 同上書，p.31.
30) ウィンスレイド，J.&モンク，G.(小森康永訳)『新しいスクール・カウンセリング―学校におけるナラティヴ・アプローチ―』金剛出版，2001.

◆ 索　引 ◆

あ 行

ICD-10　54
アイデンティティの揺らぎ　142
アサーショントレーニング　184
アセトアルデヒド　67
アセトアルデヒド脱水素酵素　68
足立叡　25
アダムス, J.　95
アダルト・チルドレン（AC）　81, 231
アルコールハラスメント　69
アルコホリック・ソーシャル・システム　70
アルコール依存症　67
アルコール関連問題　71
意思決定プロセス　35
逸脱行動論・レイベリング論　190
飲酒人口　76
飲酒文化　69
インフォーマル・コントロール　135
インフォーマルケア　116
インフォームド・コンセント　176
ウィンターニッツ, M.C.　18
ウェーバー, M.　193
ウォーク・イン・クリニック（24時間サービスの）　98
ウォルトン, H.　69
牛窪浩　24
エスカレーション・プロセス　96
エタノール　67
MRI　177
エロスゲーム　234
殴打児童症候群　99
オウム真理教教団　187
Organization Man　153
同じ目線　162
おばあちゃんたたき　116

か 行

オルタナティブ・ストーリー　238

カーグマン, M.　21
ガーディアン・エンジェルス　134
外在化　229
介入プログラムの策定　41
介入プログラムの事後評価　42
介入プログラムの実行　42
介入プロセス　36
科学的社会学　35
柏熊岬二　25
過食症　50
仮想の進化実験　187
家族病理の"内攻化"問題　157
価値葛藤論　190
価値自由説　193
家庭外保育　109
家庭裁判所に対する親権喪失宣告の申立て　102
家庭裁判所に対する児童福祉施設等への入所承認の申立て　102
家庭的家庭外保育　109
過程目標　42
加藤正泰　24
過度な一般化　156
過度な特殊化　156
カプラン, G.　98
観察の重要性　151
感受概念　191
関心共同体　139
記憶障害　218
危機介入　98
危険運転死傷罪　72
虐待　127
客観化　229
キャットン, W.　21

243

教育臨床　228
共生循環型社会　151
共存条件確保水準　188, 203
共同作業　162
　　——による問題の解決　95
共同作業論　160
協同と連帯　213
共働　180
強度行動障害　218
緊急一時保護　102
緊急精神科サービス　98
空間の膨張　141
グールドナー, A.　21
苦情処理　213
クライエント・システム　37
クライエント中心療法　235
グラウンデッド・エンカウンター・セラピー　97
グラス, J.F.　19
グリーフ・ワーク　159
Creation　145
グループホーム　215
Care　144
ケース研究　41
結果目標　42
ケッセル, N.　69
顕在的アルコール関連問題　74
見当識障害　218
ケンプ, C.H.　99
コーネル・メディカル・インデックス(CMI)　87
国連平和維持活動(PKO)　137
こころ
　　——の居場所　232
　　——の教育　227
　　——のケア　227
　　——の専門家　227
5Cと5Mの理論　144
コスベルグ, J.L.　116
個性記述的な説明モデル　38
個体要因優位説　48
コットレル, L.S.　95

Coordination　145
子ども虐待防止協会(イギリス)　99
子ども保護登録制度　106
個別の善の追求水準　188, 204
コミュニケーション・メディア　235
Communication　144
コモンズ　139
コレクション　Collection　145

さ 行

サイコセラピー　228
サイコドラマ　216
作為の「Abuse」　127
作為の行為　118
策出法　187
サポートグループ　159
サンダース, B.　195
支援介入法　86
支援費制度　212
シカゴ学派　153
時間の収縮　141
自己一対象イメージ　53
自己誘発性嘔吐　50
事前評価　40
実験室直面化法　22
児童虐待防止・処遇法(アメリカ)　99
児童虐待防止法　108
児童相談所　102
　　——の司法的対応　102
　　——の福祉的対応　102
児童福祉司　108
児童保護機関　104
社会学的カウンセリング　35
社会学的サイコセラピー　22
社会システム論アプローチ　36
社会セラピー　97
社会的虐待　125
社会的共同サービス　213
社会・認識的家族セラピー　96
社会病理学　190

索引

社会福祉事業法　212
社会福祉調査　224
社会福祉のパラダイム転換　211
社会福祉法　212
社会崩壊論　190
社会有機体説　189
シュレンバーグ, J.　21
情報の開示　213
職業的自立　213
所得補償の一元化　213
自立した個人　213
自律神経失調症　178
親権　110
心電図　177
親密さ　235
スクリーニング　178
スティグマ　214
ステインメッツ, S.K.　116
Street Corner Society　153
スワン, L.A.　18, 97
生活機能の障害　190
生態学的環境条件　200
生態学的設計　202
正当化　229
制度化　229
成年後見制度　213
生物心理社会　36
セキュリティ企業　135
摂食障害　49
セツルメント　96
セネット, R.　235
セミフォーマル・コントロール　135
セラピー的語法　231
潜在的アルコール関連問題　80
総称概念　190
ソーシャルワーク実践　211
措置制度　212

た 行

対象としての臨床　228

多角的で相対的な象徴体系　151
立ち入り調査権　108
脱心理学化＝社会学化　239
ダブル・コンティンジェンシー　236
田村健二　25
ダンハム, W.　21
地域安全マップ　147
地域共同体　139
地域生活権利擁護事業　213
地位不平等モデル　39
チーム・コンファランス・アプローチ　25
チェックリスト方式　223
知的障害　218
「痴呆概念」の転換　211
「痴呆とともに生きる」実践　211、222
チャイルド・マインディング　109
地理情報システム(GIS)　147
治療的里親　109
ディートリッヒ, R.　21
DSM-IV　54, 178
デイケアハウス　215
DV防止法　72
テイラー, J.　21
デュルケム, É.　49
動作法　177
当事者主義　193
道徳的義務　106
トーマス, W.I.　95
ドミナント・ストーリー　238

な 行

内面化　229
内面の真実　233, 234
「なかよく」しない権利　200
生のスタイル　200
ナラティヴ・セラピー　97, 228
ナルチシズム　164
ニーチェ, F.W.　188
人間生態学的アプローチ　36
人間的自立　213

245

人間白紙説　53
年齢差別　115
ノーマライゼーション　213
野口裕二　228

は 行

ハーヴィッツ, N.　96
バーガー, P.L.　228
パーキンソン病　219
バージェス, E.W.　18
バーストン, G.R.　116
バトラー, R.　115
パニック障害　176
ハル・ハウス　96
犯罪統制の主体　137
犯罪防止 NPO　135
ピットマン, D.J.　71
表現的個人主義　234
FACES　87
フェミニスト・セラピスト　159
フォーマル・コントロール　135
フォーミュレーション　41
不作為の行為　118
不作為の「ネグレクト」　127
物象化　230
フラクタル(自己相似)な関係　142
フリードマン, J.A.　195
フリッツ, J.M.　18
ブルーン, J.G.　153
フロイト, S.　48, 49
文化的アプローチ　96
文化的拘束症候群　57
ヘインズ, G.E.　19
ベラー, R.N.　234
ホワイト, W.F.　153
ホワイト Jr., W.H.　153

ま 行

牧野巽　24
負け犬論　160

マゾヒズム　165
ミード, G.H.　49
メーヨー, E.　153
Message　145
Moisture　146
Model　145
本村汎　18
Monitor　145
モニタリング　179
Mobilization　145
問題解決指向　36
問題解決志向　154
問題探索性　156
問題の複層性　166

や 行

薬物療法　214
役割ゲーム　234
山根常男　49
横山定雄　24

ら 行

ライトホール, F.　21
ライフサイクル・アプローチ　36
リー, A.M.　20, 51
臨床研究　36
臨床的アプローチ　36
リンドマン, E.　98
ルーマン, N.　235
ルックマン, T.　228
ルバック, H.M.　153
ロウ, E.E.　116
老人虐待　117
ロジャーズ, C.R.　235
ロール・モデル　97
ロールプレイ　184

わ 行

ワース, L.　19, 95

社会病理学講座 4	社会病理学と臨床社会学
	── 臨床と社会学的研究のブリッジング

2004年2月10日　第1版第1刷発行
2005年9月15日　第1版第2刷発行

編著者　畠中　宗一　他

発行所　株式会社　学　文　社

発行者　田中　千津子

〒153-0064　東京都目黒区下目黒3-6-1
Tel.03-3715-1501　Fax.03-3715-2012

ISBN 4-7620-1272-6

©2004 HATANAKA Munekazu　Printed in Japan
乱丁・落丁本は，本社にてお取替致します。　　　http://www.gakubunsha.com
定価は，カバー，売上カードに表示してあります。〈検印省略〉　印刷／新灯印刷㈱